宗教の経済学

信仰は
経済を
発展させるのか

THE WEALTH OF
RELIGIONS
The Political Economy of
Believing and Belonging

ロバート・J・バロー
レイチェル・M・マックリアリー
田中健彦 訳　大垣昌夫 解説

慶應義塾大学出版会

はじめに

共著者のロバート・バローは経済学者で、レイチェル・マックリアリーは倫理学者である。そのために二人は人間の営みや、人が行動を選択するときの信念を研究するうえで、普通より多様なツールや視野を持ち込むことができた。従来の社会学者や経済学者は、経済学の理念やアイディアを宗教に応用する際には、宗教を一つの社会的な構成要素として取り扱ってきた。だが本書では少々異なる手法を用いた。スタートポイントとして、私たちはマックス・ヴェーバー（一八六四～一九二〇）の主張にベースを置く。すなわち、宗教心というものは、勤勉、誠実、節約などの教会で徹底的に教え込まれる価値観を通じて、人々を生産的にするよう導くというものだ。私たちの分析では、個人の特性を形成するのに、宗教心の果たす役割に重点を置いている。特に死後の世界（天国や地獄）に関する宗教の教えの役割である。私たちの解釈では、正規の宗教活動への参加、宗教教育、そして個人の祈りに割く時間が重要な意味を持つのは、それが主に宗教心や特性に影響を与えるからだ。実際に、「宗教生産関数」というものが存在し、そのインプットは時間やその他のリソースであり、信仰心や価値観がその主たるアウトプットである。こうした個人の特性は生産性に影響し、それにより経済成長にも影響するのだ。

本書の各章は、著者二人の過去十六年にわたる共同研究で発表した論文をベースにしている。本書を説くにあたり、まずは基本的概念のフレームワークを述べることから始める。宗教と経済行動の関係を、双方向の因果関係と見ることによって検討していく。つまり経済成長が宗教に与える影響と、その逆の影響である。ここで使用するフレームワークは、アダム・スミスの『国富論』による競争のアプローチ、およびマックス・ヴェーバーの『プロテスタンティズムの倫理と資本主義の精神』による信仰心と性格への洞察をベースに置いている。ここで、社会学者と経済学者の近年の分析結果を紹介する。つぎにこの概念フレームワークから、私たちのアイディアを発展させるトピックス、およびこの分野での他の学者のトピックに移っていく。

二〇〇一年以降、私たちは宗教の政治経済学について、ハーバード大学で一連のセミナーを主催してきた。このセミナーはジョン・テンプルトン財団、ブラッドリー財団、ハーバード大学のポール・M・ウォーバーグ基金、ハーバード大学のプロボスト・オフィスの協力によって実現したものだ。数百人もの学者と学生がこのセミナーシリーズに参加しそれぞれの研究を発表し、また二つの会議では私たちはハーバード神学校と共にホストを務めた。すべてのセミナー参加者がアイディアを共有し活発な議論をしてくれたことに感謝すると共に、それらが著者たちの理解を深め、さらに重要なことは、宗教の経済学、宗教の社会学に大きな貢献をしたことに感謝をささげる。

特にハーバード大学での同僚、ウィリアム・ハチソン（故人）、デビッド・ホール、ポール・ピーターソン、レナード・ファン・デル・カイプ、アシム・クワジャ、フィリペ・カンパンテ、デビッド・ヤナギザワ＝ドロット、エドワード・グレーザーおよびネイサン・ナンに対して、彼らの知的な取り組みと、彼らの支援と、それぞれの貢献に感謝する。ロバート・エクランド、ロバート・ヘバート、ロバート・トリソン（故人）はこの仕事を成し遂げるように早い時期から積極的に励ましてくれた。

私たちは夥しい数の同僚や学生たちとの討論から多くのものを学び、そのことに謝意を表したい。また以下に挙げる方々との数年に及ぶ交流について、特別の感謝をしたい。ローレンス・イアナコーン、サシャ・ベッカー、ティムール・クラン、ムラト・アイギュン、イーライ・バーマン、イブリン・レーラー、マーク・チェイヴズ、ロジャー・フィンケ、グレース・デイビー、チャールズ・キーズ、ジャリッド・ルビン、スリヤ・アイヤー、ホセ・ウルスア・ラン・アブラミツキー、ポール・フローズ、エリック・チェイニー、ジョナサン・フォックス、ダニエル・チェン、ダビデ・カントーニ、リカルド・ペレス゠トゥルグリア、ブライアン・ウィートン、ジェイソン・ファン、アレクサンダー・マッコイドの諸氏である。

プリンストン大学出版局のシニア編集者であるジョー・ジャクソンには特別の謝意を記しておきたい。彼がまだオックスフォード大学出版局に在籍しているときにはじめて出会った。ジョーと一緒に働くことは楽しかった。本書の原稿は名前を明らかにされていない二人によって査読された（その二人が誰かは、およそ見当がついているのだが）。本書をさらに良いものにしてくれた彼らのコメントや助言を、私たちは喜んで受け入れた。

目次

凡例

- 訳注は、本文中に〔　〕の中で示した。長くなる場合は、奇数ページの左端に脚注の形で示した。
- 原著の強調のイタリックは、和文の場合、読みやすさを考慮してゴチあるいは傍点として表現した。
- 文献表記は、読みやすさを考慮して文末などに適宜移動させた。
- 原著の図版に関して、版権の問題と、内容読解に特に支障が生じないため、掲載していないものがある。
- beliefは、「信仰」もしくは「信仰心」、religious beliefは「宗教心」と訳した。
- religiosity、religiousnessは、主に「宗教性」とした。

第1章 市場としての宗教

ロバートと私は医院の待合室で座っていた。そこに一人の年配の男性と息子が入ってきて、私たちの向かいに座った。すこし間をおいて、男性がロバートにこう話しかけた。「あなたは牧師さんでしょう?」ロバートはびっくりして答えた。「なぜそう思うのですか?」すると男性は即答した。「だって、黒い服を着ているし、靴の先がひざまずくのですり減っていますから」。

医院の待合室で老人がロバートを聖職者だと勘違いしたように、私たちのセミナーや、宗教と経済のクラスでも、人々はときどき私たちを宗教家か、少なくとも熱心な信者だと思い込むことがあった。ほとんどの場合、私たちの個人的な信仰について質問された。その答え方として、一つのうまい方法は、犯罪経済学を研究する同僚の例え話を引用することだ。このテーマで彼がセミナーを持つとき、彼が犯罪者かと尋ねる人はいない。それなら、宗教の政治経済学でもなんら異なることはないではないか?

宗教に対する社会学の学問的調査が、その他のトピックと異なるのには立派な理由がある。宗教は個人的なもの、という点だ。研究のために誰かにインタビューをすると、彼らは私たちの個人的な信仰を知ろうとするのだが、これは決して彼らが偏狭だとか、合理性を欠いているからではない。それぞれの宗教心の深さは人々の日常生活で大切な力になっている。人々が私たち自身の宗教への姿勢や信仰心を知ろうとするのは、きわめて自然なことだ。それはこちらが発する質問の意味を教えてくれる。それは質問者である私たちが信仰、儀式、組織をどう理解しているのかを教える。宗教的な現象への人間の理解を深めるこの研究を自分たちがどう解釈しているのかも教えてくれるのだ。もし私たちが無神論者なら、信仰心が人々の生活を改善してくれると理解してもらうのは難しい、と彼らは思うだろう。逆に、私たちが熱心な宗徒なら、宗教にはマイナスの影響があると考えるのは私たちにとって難しいと思うことだろう。

私たちの宗教的なバックグラウンドや信仰心を聞きたがる人たちのなかには、宗教を文化的な作り物とか、原始的な社会の痕跡、たとえば迷信や、新時代の心霊主義に近いもの、と考える人がいる。この考え方では、宗教は非合理的なものとなる。このような人たちは、宗教と政治経済の相互作用を客観的に分析しようとする研究者の能力を見下そうとする。もし宗教が一人の研究者の個人生活にとって重要なら、その人は信仰心が個人の行動や組織の成果に対して、プラスの影響とかマイナスの影響を及ぼすなどと、簡単な結論を出そうとはしないことだろう。

物理学者のカール・セーガンや哲学者のティム・クレインなど多くの無神論者は、宗教について敬意をこめた理解を示している。たとえばセーガンは、彼のギフォード講義のなかで、神が存在すると証明することもまた存在しないと証明することもできず、ただ個別の概念化を評価することしかできない、と結論づけた（Sagan［1985］2006, pp. 148–168）。この結論は多くの学者、たとえばジークムント・フロイトにより以前から到達されていたものだ。フロイトと同様に、セーガンは宗教のある側面、特に祈りは、人々にポジティブな影響を与え得るものであり、それは神を信じない人々にも同様であると考えた。宗教を信じない人にとっての祈りの重要性は英国における最近の調査でわかってきた。アレックス・グリーンによれば無神論者と不可知論者を合わせたなかの4分の1は、神の存在を信じないし神が祈りを聞いているとは信じていないにもかかわらず、祈りを捧げているという（Green 2018）。

無神論者のクレインは宗教をポストモダン風の科学のレンズを通して見ている。すなわち、宗教は科学の試みと同様、カオスに秩序を与えようとし、超自然的な「真実」や信仰で自然界を説明しようとする。クレインの仮説によれば、科学と宗教はともに宇宙を説明しようとするが、宗教が私たちの住む世界のわからないことを一定のところで心地よく抱き止めてしまうのに対して、科学はそれを最後まで説明しようとし続ける。

研究者である私たちは、経験に対する単なる客観的な観察者や記録者ではなく、アクティブな参加者でもある、という立場をとる。哲学者のスティーヴン・トゥールミンによれば、「私たちの住む場所は私たちが研究しているのと同じ世界の中にあり、私たちが到達するすべての科学的理解は、自然のプロセスの参加者の誰もが手にすることができるような理解でなければならない。つまり、私たちの内部からの理解ということだ」（Toulmin 1982, pp. 209–210）。したがって、学問の探究者として、私たちは自分たちの物の見方を、実際の状況のなかに持ち込む、すなわち私たちが調査している環境に持ち込むのである。だが同時に研究者として、自分たちが取り扱う暗黙の概念を意識すること、また研究からの実証的な発見や、他の学者の発見に照らしてそうした概念についてどんな問いを立てるべきかに責任をもっている。

もう一人の哲学者であるトマス・ネーゲルは、主観的な把握（knowing）と客観的な把握を比べ考えようとしたが、客観的な見方を強く擁護している（Nagel 1986）。「真実はときに孤立した視点からもっともうまく理解される」と彼は主張する。客観性は理論の知的創造、知識の前進、そして究極的には真実の発見を可能にする。ネーゲルはこの境地は孤立への緩やかなプロセスのなかで到達可能であるが、完全な孤立であってはならないと提言する。完全な孤立状態は誤謬、つまり一人よがりであり、デカルトの誤謬、「我思う故に我あり」に至ってしまう。「私たち自身の心の探求と再組織化」は独立した研究のテーマになるものであり、私たちが本書の研究を進めるのに設定する仮定ではない。宗教を研究するのは、それが個人的なものだけにデリケートである。だが私たちは、この問題について独立した観察者であるべきで、調査結果に対して公平無私でなければならないというネーゲルの主張に賛成である。

もう一つの要素は、米国だけでなく世界中の大学が自然科学と人文科学を分離していることである。物理学と社会科学における研究手法、および「科学探究」にふさわしいと考えられているテーマの研究方法は、多くの観点からみて世俗的である。ネーゲルは言う。「科学主義とは理想主義の一つの形であり、（…）そのもっとも近視眼的見方においては、森羅万象が科学理論の力で理解できなければならない、と仮定するのだ」（Nagel 1986, p.9）。言い換えると宗教に関する問題は、つい最近まで知的な懐疑主義により実証的および「科学的」な調査の対象外とみなされてきたのだ。

私たちは自分たちのアプローチを、高等教育における宗教研究のための補正的手段の一つと位置づけている。宗教を社会科学の手法で研究することは、宗教がいかに進化し、競争し、私たちを豊かにしたり貧しくさせたりするか、そして世界中の人々の日常生活にいかに影響しているか、という問いに答えようとする意味では有効な手段だ。宗教の経済学は、本来、神学、教義、宗教的な信仰の中身には関わらない。むしろ私たちは、一定の信仰を持ち続けることの経済的なコストと利点、そしてそうした信仰が人の挙動にいかに影響するのかに興味を持つ。私たちが賛同するのは「学界内外の世俗主義者たちが、公的な場所や、教育機関、ボランティア団体の活動などから、他の〔世俗主義以外の〕世界観を追い出そうとするのは、暴政にも等しい」とするチャールズ・L・グレンの立場である（Glenn 2017, p. 77）。私たちは宗教が社会科学の議論の中に入ってほしいと願うし、それはハーバード大学のような極めて世俗的な機関においても同様である。

では学問の探究者として、私たちの立場は何か？　宗教をどんな視点から調べ、それと関わっていくのか？　著者らが明確に言い切ることができるのは、宗教が経済、政治、そして社会的な力にいかに影響し、また影響されるのかを理解する研究を、客観的に実行しようとしているということだ。私たちが立てた仮定、手法、そして発見したことを繰り返し反芻することにより、なんらかの答えを得ることができるだろう。つまり、私たちは「真実の探求」を目指しているのであり、宗教を擁護するのでも、中傷するのでもない。この努力がどこまでうまくいっているかは、読者の判断にゆだねたい。そして、この時点で、私たちの個人的な信仰それ自体について何かを述べるつもりはない。

宗教の経済学——信仰は何より大事

宗教という言葉を聞くと、私たちはまず宗教団体とそれに参加する信者のことを想起する。信仰心を持つことは、団体に参加しなくてもできる。しかし宗教団体が生き残るには、熱心な信者の参加が必要である。宗教組織間の信者の獲得競争は、宗教の市場によってコントロールされている。この市場に対する私たちのアプローチは、救済、天罰、あの世などへの信仰、そして神、神々、天使、悪魔などの超自然的存在に関する信仰に焦点を絞っている。特にこうした信仰を持つと、人はどう行動するようになるのかに分析の焦点をあてたい。信仰というものは組織化された宗教への参加や個人的な祈りに限らず、人間の経済的な行動を導くための大切なメカニズムなのである。

信仰は、それぞれの宗教での教えに沿って行動しようとするように、人に強いインセンティブを与える。もし人が自分の努力次第で救済されるチャンスを増大できると信じるなら、その人の宗教で教えられる道徳的な価値を信じ込み、それに沿って行動しようとするのは当然である。仕事に励むこと、節約すること、正直であること、そして信頼性などの道徳的な価値は、あの世での暮らしを改善する（つまり地獄でなく天国に行く）という目的のために個人的な行動を律する。あの世で楽に暮らすことができる、と信者が思えば、規定された道徳に従い、宗教的な活動に時間を費やすことなど、やすやすとできるようになる。

社会学者のマックス・ヴェーバーは有名な著書『プロテスタンティズムの倫理と資本主義の精神』（Weber [1904–1905]1930）のなかで、信仰は人間の職業倫理、正直、節約などの特性を育てることを通じて経済成長を促す、と主張しているが、私たちはこれを重要なものと受け止める。また、宗教団体に納める税金、非宗教のチャリティへの献金、宗教学校設立への寄付などの、分配的な経済活動も経済全体を活性化するのにおそらく貢献するだろうと考える。つまり、宗教は信者らに授けられた信仰や慣習を通じて、経済成長を促し得るのである。

経済学者のコリー・アッズィとロナルド・エーレンバーグは、宗教活動を家計の選択に含めることにより、時間の経済的価値（正規の労働市場で働く人の実質賃金）が、人が宗教活動に使う時間に影響することを発見した（Azzi, Ehrenberg 1975）。彼らの分析は、人のライフサイクルにおける宗教への参加パターンがU字形を描くと予測するものだった。若い時には、時間の経済価値は低く、宗教活動に長い時間を投入するのは合理的だ。しかし人が労働に参加するようになると時間の価値は上昇するので、宗教に投入する時間は減少する。ところが退職期に達すると、時間価値は減少し、宗教への参加は再び増大する。

この宗教参加のライフサイクルモデルは、人が時々、たとえば中年期に、信仰は失わないまま正規の宗教への消費時間を減らすパターンと一致している。つまり、一人の人が強い信心を持ったまま正規の宗教には時間を費やさなくなるのだ。たとえ過去ほどは宗教活動に参加しなくなったとしても、信仰心のおかげで人が仕事に熱心に取り組み、家族を扶養するため節約し、同僚や友人との関係で信頼を築くようになるのである。

経済学者のジョージ・スティグラーによれば、宗教活動は参加自由で繰り返す行動が多い、という点で、商業取引と似ている（Stigler 1982, pp. 22–23）。どちらも自由意思によるため、その「取引」をする以前に比べて参加者をより幸福にしなければならないのだ。また繰り返しが多いため、宗教活動は正直と透明性を奨励し、お互いに信頼し、参加者が不正をしたり嘘をついたりする誘惑に抵抗できる環境を作り出すのである。スティグラーは、ほかの経済主体と同様に、宗教の信者を「効用最大者」と見ている。つまり信者は宗教に参加することの費用と便益を秤にかけている人たちだ。

一九八〇年代中ごろに、アダム・スミスの『国富論（第6版）』（Smith 1791）および『道徳感情論』（Smith 1797）の考えをベースにした、宗教学についての革新的なアプローチが登場した〔後出の原注

1の文献参照〕。この新しいアプローチは、一九五〇年代から一九六〇年代の米国で生まれたユートピア的宗教共同体の登場によって刺激を受けた。こうした共同体は老人も若者も、また子どもをもつファミリー層まで、数千人もの人々を惹きつけた。これらの運動のいくつかは、米国の人民寺院を率いたジム・ジョーンズ（一九七八年のガイアナ共和国の大量自殺と殺人事件の首謀者）や、統一教会を率いた文鮮明師などのカリスマ的指導者に統率された非正規のキリスト教セクトだった。その他に、マハリシ・マヘーシュ・ヨギのような導師やヨガ行者の周りに作られたヒンズー教道場がある。ヨギは、ビートルズの精神的な導師になり、国際学生瞑想協会を創設した。これらカルト集団の信仰、修行、組織についての異端性は、これらの運動に改宗することの任意性について疑問が投げかけられた。なぜ、大きな自己犠牲や不名誉な行動を強要するようなインドの導師や自称キリスト使徒についていこうとするのだろう？　「教義の押し付け」、「洗脳」、「メンタルプログラミング」、「マインドコントロール」などの形式をとる強制的なカルトへの改宗の実態は大きな議論と話題を巻き起こした。[*1]

経済学者のローレンス・イアナコーンは、こうした新しい宗教的運動の魅力について、別の見方をしている。ラディカルな宗派やカルトへの帰依の心理的特性は、一般的なキリスト教の集団のそれとなんら変わることはないと示した（Iannaccone 1992）。そうした一般的キリスト教徒はプロテスタント宗派か、カトリック教会に属している。イアナコーンは新興宗教への帰依に合理的選択のアプローチを応用し、人は宗教を選択するときに、費用便益分析を通じて自らの目的を最大化する方向に自由意思で決めるのだ、と主張した。経済の基本的原則とは「最大化行動、市場均衡、安定的な選好」としたゲーリー・ベッカーによるまとめ（Becker 1976, p. 5）を、イアナコーンは見事に個人の宗教の選択を理解する正式なモデルとして応用したのである（Iannaccone 1988）。

宗教において最大化行動とは、個人の宗教ニーズを満足させてくれる団体や教会（寺、モスク、シナゴーグなど）を見つけることである。私たちは宗教集団を、人々が消費するサービスを提供する団体と見ることができる。たとえば、儀式、教義、信仰内容などは人が選択できる宗教製品のタイプである。私たちはこうした宗教商品が、仮想の数直線上の一つの端では厳格、もう一方の端では寛容さのどこか一点に位置すると考える。[*2] 一つの宗教集団の商品が厳格であればあるほど、独自性、隔離性、そしておそらくは宗教集団間の敵対性と社会的意味の程度が高まる。一つの宗教集団とその周囲との緊張が高いほど、その集団に属することのコストが高くつくことになる。宗教集団と社会文化的環境の間の緊張が低い宗教集団は、世俗世界に受け入れられやすくなる。

イアナコーンはジェームズ・ブキャナン（Buchanan 1965）によって開発されたクラブモデルの一バージョンを使い、カルトの厳格な要求事項は、あまり熱心ではない信者（フリーライダー）を内に入れず、会員であり続け組織を高く評価する信者のために上質の宗教経験を維持することを示した。犠牲や特異な行動（スティグマ）を強要することを通じて、会員に強いコミットメントを要求することにより、彼らの宗教的経験を豊かなものにすることができるのである。

イアナコーンのクラブモデルを使うと、効用最大化を目指す個人がなぜ通常の社会の基準から逸脱するような報酬構造を持つラディカルな宗派に参加したがるのかが説明できる。ドイツの社会学者マックス・ヴェーバーは一九〇四年に米国を訪問したとき、「非情なまでに信者に厳格な行動を規定する」キリスト教の宗派にどうしても帰依したいと個人が希望する動機は、救済を含む高い宗教経験を得たいというものである、と述べた。[*3] ある宗派に改宗するということは、その宗派の他の信者と同じくらい深い信仰を持ちたいという改宗者の願望を示す。その宗派のメンバーから受け入れてもらうことは、宗派の外の人たち、たとえば家族や友人から受け入れられることより重要なことだった。

このクラブモデルは、なぜ人々がハマス、ISIS、タリバン、さらにはイスラエルの共同社会集団であるキブツなどの暴力的な宗教集団に入ろうとするのかを説明するのに使われてきた[*4]。過激派イスラム集団の場合、これから戦士を目指す人たちは、競合する集団に入ったときの便益と費用を比較して選択する。戦士にとっての便益のなかには、給料や物質的な給付だけでなく、医療サポート、戦死したときの死後の手当てや家族への支援などの保険も含まれている。正式な保険の保証は存在しない（戦争で疲弊した国では到底その国力がない）ため、戦士たちは各集団の評判に頼るしかない（Mironova 2017）。

イスラム過激派の視点からみると、もっとも信頼でき忠誠心のある志願者のみが欲しい人材である。このような人材を発掘し、不良品を減らすために、イスラム過激派は、志願者の戦闘能力とは直接関係ない、厳格な宗教戒律に従うことを要求することで、入会のハードルを上げた。イスラム過激派のメンバーは、たとえば伝統的な服装をまとい、1日に5回の祈りを捧げ、禁酒禁煙をすることを求められる。これらの宗教規則は、武装集団の生き残りに欠かせない集団内部の均質性と忠誠心を強く示すものだ。こうした宗教上の規則はまた真のイスラム信仰の規範を示すものであり、それはイデオロギー戦争への参加を支える特性である。もっとも効率的な戦闘集団になるためには、イデオロギーをスクリーニングの道具として使うことと、それが軍事および政治戦略に影響しないようにすることとの、微妙なバランスをとらなければならない。

一九九〇年代まで、政治経済学の実証研究では一般的に宗教の影響を無視してきた。しかしアッズィとエーレンバーグ、およびイアナコーンらが、経済原理を宗教の多様な側面に適用する道を切り開くことにより、最近の政治経済学の研究は宗教の次元をしばしば含めるようになった。その一つの重要なトピックは、宗教性が経済発展と、政府による規制、補助金、圧迫にいかに反応するかという点である。またその他の疑問としては、一部の国がなぜ正規の国教を定めて維持しているのか、国の補助金と規制が宗教活動にいかに影響しているかという点もある。また同様に重要なのは、宗教の信仰と習慣が生産性、経済成長、そして民主主義などの政治制度の維持にいかに影響するかという問題である。たとえば最近のある研究は、経済成長が、様々な信仰の程度および組織宗教への加入の程度にどのように関係するのかを検討している。

私たちの中心的課題は、経済と政治の原理を、いろいろな国と時代の宗教に適用することだ。たとえば、宗教の教えに従おうとするとき、人はトレードオフに直面する。宗教の奉仕に使う時間は、友人や家族とのつながり、スポーツやジムに参加すること、旅行、テレビを見ること、読書、あるいはショッピングモールに行くことにも使うことができる。しかし宗教の儀式や奉仕に参加することは、メリットをもたらしてくれる。信者たちは教会での礼拝で歌い、祈り、聖書を読み、説教を聞き、信仰を共にする人々と交わることから、多くのものを得ることができる。人々はまた正式な礼拝（自宅ではなくてモスクなどでの礼拝）に参加することにより、信仰をさらに深めるという恩恵を得る。この恩恵は、自分の子供を正規な宗教で育てるときには、特に重要だ。各人は宗教活動にどの程度参加するかを決めるときに、心のなかでこれらの費用と便益を比較しているのである。

宗教の経済学における基本的な認識として、人々が自らの目的を達成することに体系的、意図的に努力するということがある。つまり、**合理的選択理論**は、通常は個人と社会の意思決定に適用されるが、同様に宗教にも適用される。経済学の用語を用いるなら、私たちは宗教に時間とリソースを費やすという意味では、宗教の商品を「購入」するのである。もしある宗教が、正式な礼拝に毎週行くこと、日に5回の祈禱をすること、所得の20％を献金すること、目立つような特別の服装をすること、特別な食事をすることなどを要求したら、あなたはそれはあまりにもコストが高すぎると判断し、参加の度合いを低めるとか、もっと安い宗教を選択するかもしれない。一人の信者として、あなたは宗教的な商品やサービスの消費者であり、つまり、宗教への需要をもっているのだ。

宗教には供給もある。その一部は正式な宗教サービスという形で、組織的な宗教から提供される。私たちはこうした組織のインセンティブを分析し、特に宗教市場への政府の規制によってそれがいかに影響されるかを注視する。公的、もしくは国家的な宗教の存在は、この規制の重要な要素である。

本書の概要

この本は二部に分けられる。それらは宗教の研究への経済学の応用において、それぞれ違うところに力点を置いている。まず第1部では、宗教と経済成長の間の相互作用を各章で議論する。

第2章は宗教と経済成長の間の双方向の作用を紹介する。経済の結果が宗教性に影響し、逆に宗教性が経済成果に影響する姿である。次にこの章では第一の因果関係を検討する。つまり経済成長と宗教市場への政府の規制がどのように宗教への参加と信仰に影響するか、という点だ。

一つの鍵となるアイディアは、**世俗化**仮説である。ここでは収入、教育、都市化、平均余命が増大すると、個人の宗教性と統治に果たす宗教の役割が薄れるとされる。極端な、反実仮想的な仮説では、教育と科学志向が高まると宗教への需要を極端に減少させる。別の鍵となるアイディアは宗教市場モデルだ。ここでは国教の設立を含む国家の規制が、宗教市場における競争（宗教の多様性）に影響し、これにより宗教製品の品質と宗教への参加度合いが影響を受けるとするものである。

世俗化仮説は、ジャン・カルヴァンのジュネーブ市とその経済活動への規制に関するいくつかの側面に当てはまる。特に利子と高利との教義的な区別についてである。利子は商業的および財務的な取引上必要なものであり、当局からも認められていた。最高の利子率である5％は、ジュネーブ政府と宗教会議で規制されていた。宗教会議とは政府の宗教・道徳委員会であり、その決定は市議会によって施行された（公的監視や、破門、投獄、追放など）。そして5％を超える利子を課すことは、「過剰な」利子であり、高利とみなされた。このような高利は宗教的に禁止され、違反すると宗教会議で定められた罰が科せられた。

カルヴァンの生存中には利子の最高率は5から6・7％にまで引き上げられたが、一五六四年に彼が死去すると、ジュネーブ政府はさらに10％にまで引き上げた（Kingdon 1959, pp. 37-38）。カルヴァンの友人であり、ジュネーブの牧師協会の書記でもあったニコラス・コラドンは、説教壇からこの利子の高騰を公に批判した。この牧師協会は、コラドンの理論的立場を支援するどころか、この協会から彼を追放し、さらに彼のジュネーブからの国外追放の下地まで作り上げた。しかし牧師協会が「利子と高利」に関するカルヴァンの神学的スタンスに対峙し、その擁護者を相手かまわずに追放したこと、および利子率引き上げに関する法令について、ジュネーブ政府の側に立ったことは、むしろジュネーブにおける経済活動の世俗化を推進することになった。

第3章は、もう一つの因果関係、すなわち宗教性がいかに経済と政治の成果に影響するかを検討していく。この章では私たちはマックス・ヴェーバーが『プロテスタンティズムの倫理と資本主義の精神』で展開したテーマと主張を扱う。ヴェーバーはいくつかの宗教上の概念が経済的精神、もしくは経済システムのエートスに与える影響を探究した。

現代のデータを定量分析することで、私たちはより深い信仰心、特に地獄と天国の存在についての信仰が経済成長と正の相関があることを発見した。この場合、信仰心の深さは宗教行事への参加率との関連で測定する（宗教行事への参加率は主に正式な礼拝への出席回数で数える）。私たちはヴェーバーが主張する通り、信仰心が正の効果をもつ理由は勤勉や節約などの習慣を奨励することがもっとも大きいとみている。その一方で宗教活動への参加〔率〕は、経済成長と負の相関がある。そのもっとも大きな理由は、それが資源の消費であり、また〔参加率は〕経済と法律面を測る代用になっていることだ。そして、別の効果として挙げられるのは、プロテスタントにおいて聖書の精読を奨励することで、個人の識字率が上がり、それが経済成長を促したというものだ。

第4章では、イスラムに焦点を当てるが、特にその法律と経済的な規制について検討する。イスラム教徒の支配地域は一一世紀を通じて、科学技術の発見に優れ、一六世紀には軍隊能力において他を圧倒した。しかしイスラム諸国は、一七世紀に始まった産業革命以降、キリスト教の国に比べて急激に経済面で衰えた。ティムール・クランが説くように（Kuran 2004）、イスラム諸国は企業形態、相続、信用および保険市場、そして契約執行の面での規制に縛られた。こうした法的制度と市場は、産業革命によるビジネス組織の規模拡大にともない、格別に重要となったため、そうした規則が一七世紀以降イスラム社会の経済における相対的な衰退につながった。

本書の第2部は、宗教と政治経済との結びつきを強調する三つの章で構成される。第5章は国教を扱うが、これは私たちの宗教性の分析において一つの役割を担う。ある国では国教が成立し、またある国ではそれが存在しない理由を説明したい。ある宗教が国教かどうかは、その法の整備状態よりもむしろ宗教活動によって判断するが、それは一つの国の中でほとんどの人が一つの宗教に属するときにおこりやすい。このパターンはその宗教のタイプとは無関係に成立するが、主たる宗教がイスラムの場合には若干のプラスの影響がある（つまり国教が成立しやすい）。ある国が高い経済成長を持つことは、国教を持つかどうかの確率にほとんど影響しない。しかし人口と国教の関係は逆U字カーブを描く。すなわち人口が非常に多い国（たとえばインド）も人口が非常に少ない国も公的宗教を持つ可能性は低い。共産主義国家では国教はほとんどゼロである。また国教は驚くべき耐久力を持つ。一六世紀のイングランドとスウェーデンの宗教改革によるカトリックとプロテスタントへの分離、および一〇五四年のコンスタンティノープルの東方と西方キリスト教教会への分離など数世紀も前の選択が、今日の宗教組織の形に依然として大きく影響しているのである。

第6章ではカルトを含む組織化された宗教集団を見ていくが、これにはブキャナンとイアナコーンのクラブモデルを用いる。このモデルではメンバーは、集団のミッションや社会的結束に貢献しようとしない「フリーライダー」を排除するために、しばしば集団に属するための高いコストに耐えている。私たちはこの枠組みをテロリスト集団に当てはめ、これによりパレスチナ地区でのように、宗教を背景とする暴力がなぜ発生するのかを説明できると考える。

かつて研究者は、宗教の経済学のアプローチを一神教に適用しようとする傾向があった。その例としては、欧州でのプロテスタンティズムの勃興（Ekelund et al. 1996）、あるいは欧州のカトリックとプロテスタント間の戦争に対するオスマン帝国軍の関わり方などがある（Iyigun 2008）。経済学者のスリヤ・アイヤーは宗教の経済学の概念を用いて、インドにおけるヒンズー教とイスラムの非営利組織の役割を検討した（Iyer 2018）。

第6章では第5章の国教に関する知見をクラブモデルに適用して、一五世紀から一七世紀のチベットで仏教がなぜ国教のステータスにまで登ったのかを説明する。一二世紀のチベット地域のような宗教市場が未整備な状態では、独占が発生してもおかしくない。独占を維持するのには大きな固定費の存在が非常に重要であり、各種の信仰を作り出し、それを普及させるのにも固定費がかかる（たとえば修道院の建設、現世的ご利益のある儀式の庇護、聖人の言葉の本の出版許可、そして伝記の出版などである）。こうした固定費に比較すると、会費とか別の宗教への参加のコストは小さい。したがって、人々が別の代替の宗教を自分の身近な存在と感じるなら、宗教の乗り換えがおこり、一つのタイプの宗教が普及して均衡になるだろう。チベットの場合は、主流になったタイプが大乗仏教だった。

第7章では引き続き競争のテーマを取り扱う。具体的にはカトリック教会が「聖人作り」をプロテスタンティズム、特に福音派の存在に対抗するメカニズムとして使うことを見ていく。聖人を作り出すことは、伝統的にカトリックである地域において宗教への熱を再点火することに役立つ。また聖人作りはカトリック教徒が宗教から一切離れてしまう傾向への対抗措置と私たちは、考えている。カトリック教会が列福を行う傾向が全世界的に、特にラテンアメリカなど伝統的にイタリアや欧州各国のようには光が当たってこなかった地域に認められることは喜ばしいことだ。この聖人のグローバル化は教皇の指名にも適用されており、最近の三つの人選はすべてイタリア以外から行われているのである。人気を集めた旧教皇を列福することが増加しているが、これもカトリック教会が宗徒の中で人気を増大させるための策である。

各章を通じて、私たちは経済学の概念と理論を用いている。そうは言っても私たちの手法は学際的であり、経済理論を、社会学、人類学、歴史学、地理学、神学、哲学と組み合わせている。こうした学際的研究がこの分野のさらなる進歩のために必須だと信じている。

経済学と社会科学の考え方が、宗教と社会の相互作用を理解するのに役立つ、と本書の読者に納得してもらえることを願っている。私たちは宗教が社会においてどんな存在なのかを学んで感銘を受けたが、読者にもこの感動を分かち合ってもらえればと思う。

第2章　何が宗教性を決めるのか

宗教は、唯一の神（一神教）だろうと、複数の神（多神教）だろうと、人間社会を超越した存在についての信仰を提供するものだ。ある人が、人の営みに干渉できる超自然的な存在を信じているなら、その人は宗教を持っているということになる。この定義に従うなら、宗教とは単に神話、文化、習わし、儀式を共有する信者の共同体ではなく、それ以上のものだ。さらにそれは社会的な関わりや集団的なサポートのネットワークをも超えている。宗教心を持つとは、人と超越的存在との関わりについての信仰心を持つ状態のことである。

宗教性は、政治経済との間で双方向の作用を持つ[*1]。第一に、宗教を従属変数ととらえるならば、中心的な課題とは経済発展と政治的制度がいかに宗教への参加と信仰に影響するか、を問うものとなる。この作用の一つの側面は、収入、教育、都市化、平均余命の増大が宗教性に与える影響を含んでいる。別の側面は、政府の宗教活動への規制（おそらくは国教の設立までも含む）が宗教性に与える影響に関するものだ。本章では、第一の因果関係、つまり一つの国で、何が宗教性を決定するかを見ていくことにする。

次の第3章で、第二の作用、すなわち宗教が経済、社会、政治の挙動に与える影響を見ていく。宗教を**独立変数**と見ると、中心課題は宗教性というものが、個人の労働倫理、正直、節約などといった個人的な特質にいかに影響し、それにより経済の成績にいかに影響を与えるかという問題だ。私たちは勤勉、規律、正直、順法精神などの特性を人的資本の形として解釈する。ある意味で教育と訓練に類似する。また別の切り口は、宗教のより広い意味での識字率や教育への影響であり、ここから経済の生産性への影響を見ることになる。さらに、宗教の後押しで成立した法律や規制により、経済の成績は変化することがある。このような制限は、金融市場、企業構造、相続に影響する可能性があり、さらに男女の役割、不妊、労働時間、店舗の開店時間（たとえば、日曜日の労働を規制するブルー法〔一七世紀に英国から米国に導入されたとき青い紙に印刷されたことに由来する。〕は日曜の開店時間を規制する）などに影響する可能性がある。

宗教の需要と世俗化仮説

この章では、第一の作用を追求する。すなわち経済政治制度が社会において宗教にどう影響するかという問いである。宗教を従属変数と考えると、私たちの分析を需要サイドと供給サイドのアプローチに分割することができる。もっとも、経済学者は本能的に需要と供給を一緒に考えるのだが。影響力のある需要サイド分析の一つは、**世俗化仮説**である。このフレームワークでは、経済が発展すると個人の正式な宗教活動への参加が減退する。それは組織化された宗教からの脱退とか、組織化された宗教の政治的選択や統治を減じるところまでいくことがある。経済発展はまた信仰や個人の祈りの習慣を減退させる。ただし、こうした作用は、世俗化が無神論に至ることを必ずしも意味しない。言い換えると、宗教性の減退は宗教の拒否と同じではない。

世俗化仮説の系譜を追っていくと、少なくともメソジスト主義の創始者であるジョン・ウェスレーによる「金銭の使用法（The Use of Money）」の説教（一七四四年）にまで遡る。この講話のなかで、彼は彼の信者たちが裕福になるにつれて、信心が薄れる傾向にあると説いた（Wesley 1978, pp. 258-261）。この仮説をさらに詳細に説いたのは、ドイツの社会学者であるマックス・ヴェーバーの古典的著書『プロテスタンティズムの倫理と資本主義の精神』であり、この概念を社会学者ピーター・バーガー（Berger 1967）とブライアン・ウィルソン（Wilson 1966）がさらに発展させた。

ヴェーバーによれば、経済が発展するにしたがい、組織化された宗教が政治的決定に、もっと一般的には、経済、社会、法的なプロセスにまで与える影響は減少する。世俗化のプロセスはまた、個人が宗教からしだいに離れていく現象を示す。それを正式の宗教行事に参加する回数で測定したのだが、彼にとってのもっとも大きな関心事は、信仰心の深さである。

ヴェーバーにとっての世俗化とは、一八世紀から一九世紀初頭に至る産業革命において宗教が果した大きな役割への、いわば振り子の振り戻しの一つであった。ヴェーバーは、プロテスタンティズムが産業革命の初期において重要だったと考えた。たとえばドイツと英国では、それが人々に精勤せよとの道徳的規律と、心理的な義務感を与えたからである（精勤はプロテスタント的倫理だ）。組み立てラインや自動機械などの技術的な進歩により、単調で繰り返しの多い作業を進んでこなしてくれる労働力が必要になった。ところが一九世紀末までには、道徳や労働倫理は、天国に行くか地獄に落ちるかというような来世の補償から分離するようになったとヴェーバーは考えた。近代の資本主義は、自己の利益追求や「お金を稼ぎたいという欲求への献身」への精神的な土台を作り出した。もっとも重要な点は、この土台は宗教にもはや依存しないことだ。そこでヴェーバーは「近代資本主義は支配的になり、かつての色々な支援から自由になった」と明言した。

ヴェーバーは、産業革命、そしてもっと広く経済的成功は、個人の宗教的な参加と信仰を減らす方向に働くと信じた。ここで彼の言う「信仰」とは、神、来世、天国、地獄等々を意味していたか、もしくは人々が単に特定の宗教や宗派に属するというよりは、自分が霊的なものを信じると認識する傾向を指していたと思われる。後述する経験的な事実は、一つの国が裕福になると宗教への参加と信仰は薄れる傾向にある、という仮説を実証している。

スコットランドの哲学者デイヴィッド・ヒュームは、世俗化仮説についての極端な見解を示した（Hume［1757］1993）。すなわち、信仰は主に恐怖と無知の反映としたのである。精神分析の創始者であるジークムント・フロイトは、宗教とは人間の欲求と証明不能なものに基づく幻影であると断じた（Freud［1927］1964a, p. 31）。ヒュームとフロイトは（結果的には事実とは異なることになったが）、宗教は教育と科学の進歩により急激に衰退すると予測した。宗教はまた経済が農業から離れ、進歩して都市化された経済という、より安定した方向に向かうにつれて縮小するというのだ。カール・マルクスの分析によれば、予測される宗教の衰退は「近代化」に向かう広いトレンドの一つの表れであるという（Marx［1859］1913）。

経済学者のコリー・アッズィとロナルド・エーレンバーグは世俗化説の理論的フレームワークを作り出したが、その方法は、**合理的選択アプローチ**を宗教の需要に適用することだった（Azzi, Ehrenberg 1975）。このモデルの中核的な特徴は、宗教性と救済の確率を結びつけることだった。その結びつきとは、宗教行事に参加したり祈りをささげることの目に見える効果すなわち「良い仕事」をすることの効果は、あの世で救済されるチャンスを増大することにつながるという意味だった。アッズィとエーレンバーグとは対照的に、一五一七年に始まる宗教改革の指導者、マルティン・ルターは、罪びとが救済されるのは「仕事」によるのではなくて、信じることだけであると強調した。ルターの神学によれば「良い仕事」とは、信じることを通じて人が仕事をなしたことによって積み上げられるのだ。毎日の普通の仕事は信心をとおして実行されたのなら「良し」である。「『良い仕事』とは、人が取引をし、歩き、立ち、食べ、飲み、眠り、自分の体のためになること、人の暮らしに役立つことすべてを行うことであり（…）神はそれらに満足されるだろう」（Hart 1995, p. 36）。ルターの理解では、適切な態度と意欲で行う日常の活動は良い仕事なのである。

ルターと同時代のジャン・カルヴァンは、ルターと同様の考えをもち、普通の日常の活動は信心により行われるべきであるとした。「一家の長がすべての強欲、野心、その他の肉の欲望を捨て、特定の天職の中で神に奉仕することを目的にするとき、神は家庭の敬虔な管理を高く評価する」（Calvin [1541]1845, 4. XIII, p. 16）。この信心を通じた勤勉の倫理は予定説と選民の神学によってさらに強化された。カルヴァンは、しばしば新約聖書の「テサロニケの信徒への手紙2」第2章第13節を引用しながら、一部の人々は神に救済され、その他はされないと主張した。「多くの人は（…）人類の大きな集団のなかで、ある人々が救済に予定され、その他は破滅に予定されるというのは、あまりにも腑に落ちないと感じている。私は、この神命が恐ろしいと認める。しかし神が人間を創造する前に人間の終わりがどうなるかを予め知っておられたことを否定することはできず、知っておられたのだ。なぜなら神はその神命によりそのように予定されたからだ」。信者は自分が救われ、選民の一人であることを、どうして知ることができるだろう？　カルヴァンによれば、救済が行われるという保証は不可能だ。だからこそ、自分が選民であるかどうかが心配になるのだ。救済の兆しがもしあるとするなら、それは心の内の主観的な保証の感覚、および経済的な成功のような神からの確かな祝福だ。

アッズィとエーレンバーグのフレームワークでは、信心の深さは救済の機会を大きくする可能性があるので、信心と宗教に奉仕する時間やその他のコストとの間に、明確なトレードオフが存在する。もし正式な宗教奉仕への参加や個人的な祈りが時間集約的な活動であるなら、時間の価値（正規の労働市場で働く人の実質賃金）が上昇するにつれて、その参加の度合いは減ると予測でき、それは世俗化説にも一致する。このモデルが暗に意味するところは、正式な宗教奉仕や個人の祈りに使う時間は、時間の価値が低い人、たとえば退職者や伝統的社会で労働市場に出ていない女性の場合に多くなるということだ。さらに、もし救済の確率がその人の全人生での宗教活動のトータルに依存するということなら、高齢の人ほど宗教に時間を費やすことだろう。そのような影響力は、もし人生の終わりの活動が救済にもっとも効果があるというなら、ますます強くなるだろう。このことはカトリックにおける懺悔とかその他の贖罪の方法で、過去の罪が消せるという教えを考えると説得力を持つ。[*2]

宗教の供給と宗教市場モデル

供給サイドアプローチの一つの重要なものは宗教市場モデルと呼ばれるものである。これはしばしば近代的な経済学の最初の書とされる『国富論』を書いたアダム・スミスの考えに沿っており、これを深めたものだ。[*3]宗教市場モデルでは、政府の規制が宗教提供者間の競争に影響し、これによって宗教製品の性格が影響を受けるというものだ。スミスは特に、宗教サービスの独占的な提供者は（一般的にどの独占でも同じだが）、革新性を失い怠惰になる傾向があると説く。この傾向が生じるのは、国教においては宗教への財務支援と「顧客」への品質サービス提供の間の関係が弱いからである。スミスによれば、宗教というものは宗教と国との距離が離れているほど、生き生きとしているのであり、それは国教が存在しないと宗教提供者の間での競争が活発になる素地が生まれるからだ。さらにこの競争により、顧客が選択できる宗教の多様化が進むのである。そこでスミスは国教の存在は宗教への参加率を下げ、これにより信仰心も弱くなると予測した。

米国は自由な宗教市場と、多様な宗教サービスが揃っている国の好例である。アレクシ・ド・トクヴィルは『アメリカのデモクラシー』（de Tocqueville［1835］2000）のなかで、このような多元的な環境では、競争が生む宗教「製品」は品質が高く、厳格性その他の特性についての、一人ひとりの好みに適合するようになる、と述べている。そうなると正式な宗教奉仕への参加率、および、おそらくは信仰心のレベルも上がる傾向を示す。

英国の社会学者であるデビッド・マーティンも、米国は「宗教に関する実験的モデルの普遍性を持つ」（Martin 1978, p. 31）と評している。それが意味するのは、米国は君主国（ジェームズ一世）や国教（英国国教会）の聖職権威の上に存在する神を信じる人たち、つまり国教に反対する宗徒たちによって作られた国だ、ということだ。トクヴィルが米国を訪れた一八三一年にはジョン・ウェスレーのメソジスト派が国内での最大勢力になっており、しかも急激に成長していた。*4 メソジスト派では普遍的で、誰にも手にできる救済を説いており、そのことが万民を受け入れ、市民権を付与するという米国の民主的価値へと結びついていった。この米国の宗教モデルは、活発な宗教市場に必要なすべての条件を備えていた。この市場の特徴は、正式な宗教行事への参加率と、信仰心の高さである。

この宗教市場モデルの主張するところによれば、北欧やその他多くの国に見られるように確立した国教が存在すると、複数の宗教が併存することが少なく、したがって組織化された宗教への参加率も低いという結果を招く。しかし複数の宗教の併存と宗教心の結びつきは、複数の宗教の併存と正式な宗教行事への参加率との結びつきより弱いようだ。たとえば社会学者のグレース・デイビー（Davie 1994）は、第二次大戦後のイングランド（英国国教会がすでに確立されていたが）では、人々は時間とともに正式な宗教への参加をやめる傾向にあったが、宗教心そのものは高いままだったと述べている。何かに所属することよりも信じることの方を選ぶ人が多いということがあり得るし、実際にこのパターンは私たちの実証研究（第3章で詳述）においても経済成長を促す要因になることがわかった。

社会学者のマーク・チェイヴスとデビッド・キャン（Chaves and Cann 1992）は、宗教活動への国の関与と干渉の程度を計測する手法を開発することにより、この宗教市場モデルをさらに発展させた。[*5] チェイヴスとキャンは、国が宗教を規制する度合いを、他にもいろいろな尺度があるなかで、政府が宗教の指導者を指名したり承認したりするかどうかで計測し、その度合いが強いほど宗教提供者の効率が低下し、その結果、宗教行事への参加率が下がると主張した。

歴史的に、政府は宗教への参加と競合するような世俗的活動を規制することで、宗教を保護しようとしてきた。現代のイスラエルの法律は、ユダヤ人が伝統的に守ってきた安息日に商店を営業したり、酒類の販売をすることを禁じてきた。現代のイスラムの国家では、いろいろな種類の世俗的活動が禁じられている。米国でも日曜日には多種類の活動が、俗に「ブルー法」と呼ばれる法律で禁止されているが、これは礼拝との競合を最小にすることが狙いだ。ブルー法の効果の実例は、経済学者ジョナサン・グルーバーとダニエル・ハンガーマンによる米国でのブルー法廃止の研究の中で示されている（Gruber and Hungerman 2008）。この研究の主たるサンプルには、一九五五年から一九九一年までの、全米16件のブルー法廃止のケースが含まれている。[*6]ブルー法が廃止された後、礼拝の参加や宗教への貢献行動が低下したことがわかった。彼らはさらに米国青少年長期調査（National Longitudinal Survey of Youth）のデータを使って、ブルー法の廃止後に酒や不法ドラッグの消費が増えたことも見つけた。予想されたとおりこれらの効果は、以前は教会に行っていたのに、ブルー法の廃止後には行かなくなった人たちに集中していた。

政府が世俗的活動を締め付けると、宗教の信仰や活動がより厳格になる傾向も見られる。マイケル・マクブライドによれば、世俗的活動が禁止されると厳格さを上昇させるコストが安くなるために、厳格化が進む（McBride 2010）。宗教の代替となる世俗的な活動、たとえばショッピング、スポーツ行事への参加、ドライブ、旅行などを政府が禁止すると、厳格な宗教の独占化が進む傾向にあるという。マクブライドによれば、このような傾向は、世俗的活動を厳しく制限するイスラムの各国で明確になっている。

国教が敷かれている場合、宗教活動への補助金が支給されることが多く、これには聖職者の給料の支払い、聖職者教育への補助金などがあり、一方では使途が宗教目的に限定された税金の徴収もある。例を挙げると、サウジアラビア政府はスンニ派の拡大のために、国外にいる聖職者や宗教職員にまで補助金を支払ってきた（Lacey 2009参照）。同様にイランはシーア派の推進のために、国境を越えて援助をしてきた。こうした補助金を国が支出する理由は、それが正式な宗教活動を活発化させると期待できるからだ。たとえば、政府が聖職者や、教会や、宗教教育の増大や、聖典の印刷のために資金を出すと、当然私たちは、聖職者が増え、教会が増え、宗教教育が活発化し、この宗教の理念の普及がさらに進むことを予想することができる。人員が増え、施設が拡充すれば、これに帰依する人の数も増えるだろう。つまり、補助金を通じて、国教は正規の礼拝への参加率を高めることが期待できるのだ。

補助金の逆は弾圧である。一部の政府は公式の宗教を、個別にせよ、全体的にせよ、弾圧してきた。旧ソ連、旧東ドイツ、中国などの共産主義国家は組織化宗教を根絶する努力をしてきており、公的な場でも、また程度の違いはあれ、個人的なレベルでも行ってきた。この弾圧の根拠は、組織化宗教というものが、共産主義の疑似宗教性（Froese 2008）に政治的に競合するものとみなされたことだろう。旧ソ連は七十年間も宗教を弾圧し、その結果、「科学的な」マルクス・レーニン主義の国を作り出し、真実の独占を得る（Gellner 1995）ことができた。

旧ソ連政府は主だった組織化宗教を弾圧したが、その結果、思いもかけぬ怪しげな宗派やカルト集団の発生を招いた（Froese 2008, p. 146）。これと同様の宗教の台頭が一九四九年以降、中国でも見られた。政府による宗教への弾圧や厳格な規制が多様な宗派やカルトの地下経済を作り出したのだ（Johnson 2017）。

習近平国家主席の下の中国政府は、宗教については両面作戦をとってきた。一九八〇年代以降の宗教への高まる需要を認識し、その国家再生プログラムの下、党が呼ぶところの「伝統文化」である禅仏教、道教、儒教、民間宗教を好ましいものとし、その一方、キリスト教、イスラム、大乗仏教（チベット）、ユダヤ教を制限してきた。[*7] ユネスコの「無形文化遺産」カテゴリーを借りて、政府は各種の民間の慣行への制限を緩和した。これらには、占い、民俗宗教のカルト、ハーブ治療や針灸や吸角法やヨガなどの民間療法、仏教武術、太極拳、気功などが含まれる。[*8] 伝統的な宗教的、精神的な行為を価値やモラルの養成手段ととらえて、政府はこれらを腐敗防止運動の一部として許可したのである。

中国政府は「伝統文化」を推進する一方で、キリスト教、イスラム、大乗仏教を国家に対する「外部からの安全への脅威」として取り締まってきた。政府はこれらを禁止もしくは厳しく制限するなかで、これらの宗教が、中国の文化的習慣を取り込み、固有の神学（Johson 2017, p. 328）を発展させるという意味での土着性を持たぬよう、積極的に目を光らせてきたのだ。中国共産党がこれら宗教の「中国化」を望まない主たる理由は、これらが外国の信者の共同体とつながっていることである。たとえば中国のプロテスタントはカナダ、オーストラリア、米国の移民教会とつながりを持つ。イスラム教徒は世界的なウンマ（宗教共同体）に属し、その一部はハッジ〔メッカへの巡礼〕に参加する。中国の開封市のユダヤ人共同体はイスラエルとのつながりを持っている。チベットから追放されたダライ・ラマは、追放の身にありながらも、中国政府からはチベット自治区の統治への、直接の脅威とみなされている。中国政府は大乗仏教の根絶に力を尽くしてきたが、特にダライ・ラマがメンバーであるゲルク派はその中心的存在である（その歴史については、第6章で詳述）。

最近、中国の国家宗教事務局は宗教関連の法律を改正し、これが二〇一八年二月に発効した。これらの規制のなかには、宗教に関するインターネットでの討議、宗教教育、宗教を目的とするビルの建設や賃貸、外国の同宗信者との交流や、送金が含まれている。中国政府は一九九〇年代以降、宗教に関する白書を発行していないが、中国人のプロテスタント信者は推定で6700万人、カトリック信者が1500万人である。推定で8200万人のキリスト教徒の約半数は未登録の「ハウス」教会〔個人宅に集まって礼拝する小グループ〕に属するとみられる。世界キリスト教徒データベースは、中国のプロテスタント信者は二〇四〇年までに4億5000万人に達すると予測している。共産党はプロテスタンティズムを制御不能の巨大な民衆組織であり、したがって党の権威に対する脅威であるとみなしている。[*9] この脅威は教会を通じた外国からの目に見える影響というだけでなく、プロテスタントの牧師や宗徒たちが表現の自由や政府の役人に法を適用せよという声を公に上げ始めるという形をとる。キリスト教共同体、特にプロテスタントの共同体の規模と、この大国で広範囲に広がっていることを考えると、新しい規制はキリスト教徒全体を迫害するというよりも、一部の遠慮のない批判をする目立つ教会に対する抑止力として実施されることになるのだろう。

経験的な見地から言えば、共産主義が宗教への参加や信仰の深さにどう影響するのかだけでなく、一九九〇年代初期に多くの国から共産主義が消えたあとにどんな変化が生じたのかを調べるのは興味深い。問題は、共産主義が消滅すると宗教心が元に戻るまでに、つまり共産主義が存在しなかったならば到達したであろうレベルに戻るまでに、どれだけの時間がかかるかである。旧ソ連と中国では宗教は急激に元に戻った。旧共産圏の多くの国でも同様だったが、東ドイツだけは例外だ。後述するように、過去の共産主義の宗教心への影響が弱まるのには長い時間を要することがわかっている。

礼拝出席者数の長期データ

世俗化仮説をテストする一つの方法は、多くの国での宗教性のトレンドを長期的に調べることである。しかし宗教のトレンドの長期的なデータを入手するのは困難だ。なぜなら米国のギャラップのような調査は第二次大戦まではほとんど実施されてこなかったためだ。多くの国では質の良いデータは少なくとも一九八〇年代以前には存在しない。

ローレンス・イアナコーンは、このデータ問題の一部を国際社会調査プログラム（International Social Survey Programme : ISSP）の情報を使うことで乗り越えた。これにより、正式な礼拝への参加者率を31ヵ国について、一九二〇年代まで遡って推定したのである。*10 ＩＳＳＰの調査では、調査対象者に昔の記憶を質問しており、子どものころに親がどれくらいの頻度で教会に行ったのかを答えてもらっている。イアナコーンはこの回答に着目した。さらに彼は、調査対象者自身が11歳から12歳のときに、どれくらいの頻度で正式な礼拝に行ったのかの回答にも着目した。ＩＳＳＰの一九九一年と一九九八年の調査では、いろいろな年齢の人が調査されたため、これらの回答から一九二〇年代における礼拝参加者率を推定することができたのである。さらに彼は大人（調査対象者の親）と子ども（まだ子どもだった調査対象者）についての別々の推定も得ることができた。

米国については、イアナコーンが調査した月間の礼拝参加率は、高い数字のまま長期間にわたって推移していた。たとえば大人の率は一九三〇年に61％、一九八五年に55％だった。一方、子どものほうは一九三〇年に74％、一九八五年に56％だった。大人と子どもの数字を比較すると、二つの典型的な事実が見えてくる。礼拝参加率は子どものほうが大人より高い傾向にあること。さらにこの格差は多くの国で時間とともに縮まってくるということだ。

西欧では世俗化傾向が明白に表れている国がいくつかある。フランスでは大人の月間礼拝参加率は一九三〇年で56％だが、一九八五年ではわずか19％になっている。子どもの数字はそれぞれ68％と32％である。ドイツでは大人の月間礼拝参加率は一九三〇年で60％、一九八五年では29％であり、対応する子どもの数字は、66％と41％だった。英国の場合は、大人の数字は一九三〇年で39％、一九八五年で19%であり、子どもの数字はそれぞれ77%と28%だ。イタリアでも大人の礼拝参加率は明確な減少を示したが、他の3ヵ国ほどではなかった。そして子どもの礼拝参加率は一九三〇年から一九八五年にかけてわずかに落ちたにすぎなかった。

北欧各国ではそもそも礼拝参加率がずっと低いままであるという点で異なっている。たとえばスウェーデンでは大人の礼拝参加率は一九三五年でわずか19%であり、一九八五年で11%だ。対応する子どもの数字は、それぞれ24%と12%である。デンマークとノルウェイの結果も同様である。この他では日本がずっと非常に低い数字で推移している。ここでは親の数字が一九三〇年で12%、一九八五年で7%だった。このケースでは子どもの数字も同様で、一九三〇年で13%、一九八五年で7%となっている。

最後に礼拝参加率が長期にわたって異常に高い二つの国を挙げておきたい。アイルランドでは大人は一九三〇年で98%、一九八五年で89%である。対応する子どもの数字も同様だ。一九三〇年に98%、一九八五年に90%だった。[*11] ポーランドでは大人の参加率は一九三〇年に85%であり、一九八五年に67%である。対応する子どもの数字は、それぞれ86%と81%である。

イアナコーンのデータをすべて並べてみると、私たちは世俗化説の概念に納得してしまう。しかし、だからと言って、宗教への参加が急激に消滅しつつあるとまで結論づけるべきではないだろう。そして、一部の豊かな国、なかでも米国では、宗教への参加が見事に維持されているのだ。

宗教性に関する最近の国際的データ

私たちは一九八〇年代以降については宗教性についてもっと多くのデータを持っている。そうしたデータは現在多くの社会学者や経済学者が使用している国際的な調査からもたらされたものだ。これらの調査は100に近い国々をカバーしており、幾度かにわたる世界価値観調査（World Value Survey：WVS、一九八一年、一九九〇年、一九九五年、二〇〇〇年、二〇〇五年、二〇一〇年に実施）、およびＩＳＳＰ（一九九一年、一九九八年、二〇〇八年に実施）で構成されている。

正規の宗教行事への参加については、私たちは一九八〇年代以降の情報をもっており、それはイアナコーンが使用したものよりずっと詳細なデータだ。私たちは毎週およびそれ以上の、また、毎月およびそれ以上の参加率に特に注目している。それに加えて、一九八〇年代以降については、個人的な祈りの頻度のデータも所有している。

また一九八〇年代以降については、いろいろな信仰の、たとえば天国と地獄や来世や、あるいはもっと広く「神」に言及した詳細な情報がある。これらの概念は、ユダヤ教とキリスト教の文脈では容易に定義されるが、その他の宗教、たとえばヒンズー教の解脱や仏教での彼岸（悟りの境地）の達成にも拡張することができる。ＷＶＳやＩＳＳＰの信仰に関するデータはすべての国と宗教をカバーしようと試みている。私たちはまたあまり具体的でない質問にも注目した。たとえば人々が自分を信心深いと思うか、また宗教が自分の人生にとって重要と思うかなどである。

宗教性を決定する諸要因

私たちはこの宗教性に関する一九八〇年代のおよそ100ヵ国にわたるデータを使用して、経済成長やその他の変数のレベルからの影響を調べた。私たちは、この研究からの主たる知見を議論することにする。

世俗化パターン

礼拝参加についてのイアナコーンの長期的データに平仄が合うことだが、1人当たり実質国内総生産（GDP）で計測して、経済発展の数値が高い国ほど、宗教性のすべての要因が弱い、つまり両者が負の関係にあることがわかる。このパターンは、礼拝参加率の要因にも当てはまり、これはイアナコーンが用いた変数、すなわち月間、週間の正式な宗教サービスへの参加と類似している。この負の関係は、信仰心の要因、すなわち地獄、天国、来世、神などの信仰や、人が自分を信心深いと思うかどうかにも当てはまる。この意味では世俗化説への全体的な強いサポートがあると言える。しかしこの発見はいささか皮肉である。世俗化理論を推進してきた学者はこの数十年で、おおむね減りつつあるからである。たとえば社会学者のピーター・バーガーは世俗化説を擁護する彼の初期のスタンスを撤回した（Berger 1996）。対照的に、別の社会学者、ロドニー・スタークは宗教が退潮しているとは考えもしたことがない（Stark 2015）。

非世俗化論者（たとえば社会学者のロドニー・スタークやロジャー・フィンケなど）の主張を支えた根

拠の一つは、豊かな米国が正式な宗教への参加と信仰心を長年にわたって高いレベルで維持している点だ。論争のもう一つの側面は、ヒュームやフロイトなどの世俗化説者たちが、法外なほど極端に走り、宗教は顕著な社会権力としては急速に消滅すると事実に反する主張を展開してきたことである。より正確に表現するとすれば、経済発展が宗教性に与える負の影響は、ゆっくりとした、漸進的なプロセスなのである。

宗教市場に対する政府の規制

私たちは政府による宗教市場への干渉がいかに宗教性に影響するのかを調べた。まず二つの指標に注目した。一九七〇年における国教の存在、もう一つが一九七〇年代の宗教市場における規制の形態である。国教に関する本書の指標の詳細については、第5章で述べる。チェイヴズとキャン（Chaves and Cann 1992）によるモデルの規制変数は、教会の指導者の任命が政府によって行われるかどうか、または、政府の承認が必要かどうかを一つの指標にしている。

国教の存在は、本書で検討する宗教性の項目すべてに対して正の相関を示している〔つまり国教が存在すると宗教性が強まるという関係がある〕。このパターンは国教に付きものの宗教団体への補助金という結果を招いていると私たちは解釈している。一方、規制変数のほうは、本書が論ずる宗教性の指標のすべてに対して、負の相関を示している〔政府の規制が強いほど宗教性は弱まる〕。この結果に対する私たちの解釈は、政府の規制が競争を阻害し、宗教商品の質の低下を招いているというものだ。

私たちはまた、共産党政権が宗教市場への政府の規制の極端な事例になっていることを取り上げた。このケースでは共産主義が、本書で定義する宗教性のすべての指標に明確にマイナスの影響を及ぼしていることがわかった。こうした影響は共産主義圏が壊滅した後に、徐々に消えていく傾向にあり、それがもっとも典型的に見られたのは一九九〇年代の初期である。ただし、このマイナスの影響の半分くらいは十年以上も残った。

私たちはまた宗教性と信仰を固守する形態との間の興味深いパターンを発見した。寺院や教会の礼拝参加について、もっとも率が低いのは仏教で、続いて主流のプロテスタント諸派、ユダヤ教、ヒンズー教の信者である。参加率が高いのは、その他のキリスト教（主に福音派）、カトリック、イスラムの信者だ。地獄とか天国などへの宗教信念については、もっとも低いのは主流のプロテスタント、続いて仏教、ヒンズー教、ユダヤ教であり、高い方は（大差があるが）、福音派などの他のキリスト教、イスラムである。

経済発展と宗教性

すでに述べたように、多くの事実が示すところによれば、貧しい国は豊かな国より信心深く、また宗教性は国が豊かになるほど薄れてくる。しかしこのパターンを理解するためには、経済発展が多くの変革を伴うことを理解しなくてはならず、その変革には教育、都市化、平均余命などの拡大が含まれる。経済発展と宗教性との関係を考えるためには、まず経済発展のどの側面を見るかをはっきりさせなければならない。

まず教育を見ていこう。世俗化理論の一つの根拠は、正規の教育を多く受けた人ほど科学的方法を信じる傾向にあり、したがって超自然的な力に頼る信仰を拒絶する方に傾くということだ。言い換えるならば、もし信仰が基本的に無知をベースにするならば、教育レベルの高い人ほど信仰心が薄くなることになる。この見方はヒュームとフロイトによって支持されている。

これと真っ向から対立する主張は、信仰は抽象的思考を必要とするもので、それは多くの理論的仮説や特に容易には立証できない概念と同様であるとするものだ。もし、より高い教育を受けた人ほど知的な探求に必要な抽象化ができるというなら、そういう人は信仰を支えるのに必要な抽象化も、より自由に行うことができ、またそれを欲することだろう。したがって、この観点に立つなら、教育を受ければ受けるほど信仰心が深くなる。驚くべきことに、この主張はまたフロイトその人によっても行われたのであり、彼は人生の後半になって、宗教へ傾斜していった（Freud [1939] 1964b）。

私たちの実証研究によると、1人当たりのGDP、平均余命、都市化の度合いを一定に保った場合、教育を受けた年数が長いと宗教性が下がるという証拠は全国的なデータの中には見当たらないのである。通学した年数が正式な礼拝参加率に与える影響はほぼゼロであり、信仰心への影響、特に地獄と天国に関する信心へのプラスの影響がわずかながらもある。こうした結果は、ヒュームや初期のフロイトの、宗教はそもそも不合理なものだという主張とはどうしても食い違うのである。

おそらく個人の宗教性に影響を与えるのは通学の年数ではなく、むしろ教育の質である。ユダヤ教などの一部の宗教では、人生の初期に聖典を読むことを高く評価する。この結果、ユダヤ教では初等教育をすべての子どもに受けさせる制度を支援した（Botticini and Eckstein 2012）。ユダヤ人のミシュナーとタルムード〔いずれもユダヤ教の古典〕の学習には推論とディベートが含まれており、これにより知的好奇心と精神的な規律を鍛えようとしている。この相互作用は教育と宗教心との正の相関にうまく調和する。

次に都市化を取り上げる。全国的なデータによると、宗教性のすべての指標は一国の都市化率との間に強い反比例を示している。地方での宗教行事への参加率は都市部のそれより明確に高い。クロード・フィッシャーによれば、都市に住む人たちは博物館、劇場、ショッピング、政治活動参加などいろいろと時間を費やすものがあるため、宗教はこれらと競合しなければならない（Fischer 1978）。したがって、都市化が進むと、宗教参加は多くのなかの一つの選択肢にすぎなくなり、人々は正式な宗教行事に足を向けなくなるのだ。

その他の可能な説明としては、地方の住民はこうした地域で特に重大な自然災害、たとえば竜巻、洪水、干ばつなどに対処するために宗教に頼ろうとするというものだ。自然界の不確定性と宗教との関係はいくつかの最近の研究で分析されている。ダニエル・チェンは、一九九七年にアジア通貨危機が発生した際、インドネシアの家庭がいかに経済的な苦痛に対応したのかを調査した（Chen 2010）。それによると、1人当たりの消費の落ち込みで計測した経済的苦痛が大きいほど、宗教への依存が強くなったのだが、これはコーランの勉強やイスラム学校への参加で計測したものである。チェンの解釈は、経済危機により、宗教団体が提供する相互援助の保証への需要が強まったというものだ。逆に、すでに裕福で支払能力のある家庭では、経済的苦痛による宗教への依存は強まらず、この見解を支持している。

宗教性を計測するための別の方法として、宗教指導者への評判がある。エリック・チェイニーは一二世紀から一五世紀のデータを使用して、次のような記録を作成した（Chaney 2013）。すなわちナイル川の洪水レベルが異常に高かった、あるいは低かった時期には、エジプトの宗教権威の最高位であるウラマーはスルタンから交代を命じられることが少なく、同時にこのようなときには、宗教機関への支出は増大した。つまり、ナイル川の洪水が酷いときや、水位が非常に低いときには、ウラマーはスルタンからより大きな援助を引き出すことができたのである。その理由として、こうした自然災害のときには、スルタンを含む人々は超自然的な力の施しを欲し、ウラマーに仲介者としての役目を求めたからである。穀物飢饉（洪水もしくは干ばつによる）のときの食糧暴動の可能性が増大すると、それは民衆とスルタンに対するウラマーの政治的な権威増大につながった。全体的な結論として、異常な洪水によって引き起こされる外因的な経済の悪化は、経済的な不安をもたらし、その結果、宗教指導者の権威を増大させたというものである。

同系列の議論として、マリアーノ・ベロック、フランチェスコ・ドラゴ、ロベルト・ガルビアーティは、中世のイタリア諸都市での地震から、自然災害の宗教への歴史的な影響を調べた（Belloc, Drago and Galbiati 2016）。西暦一〇〇〇年から一三〇〇年にかけて、多くのイタリアの都市国家は政治体制を独裁制から民主主義に変えていった。私たちの発見によると、地震が発生した都市の場合、この変化はより民主的な体制に移行するのではなく、宗教指導者（司教）が政権に独裁的なコントロールを残す傾向があった。その地の環境で地震やその他の自然災害が発生する確率が高く、リスクが高い場合、民衆は宗教的な指導者の権威が残ることを欲したためと考えられる。こうした効果は、地震がそれほど大きな災害を残さなかった場合でも顕在化しており、資本ストックや経済活動への直接的な影響より、神への恐怖のほうが重大であったことを示している。さらにこの効果は世俗的な独裁者が支配していた都市には当てはまらず、地震の宗教性への影響は関係していない。加えて、宗教的権威が支配していた都市では、地震は宗教的建築物への投資を増加させる傾向にあり、その場合、高まる不安と宗教性の強さの直接的な結びつきが示されている。

もっと最近の事例としては、クリスティン・ビンツェルとジャン＝ポール・カルバリョが、一九八〇年代中ごろから九〇年代のエジプトで起こったイスラム復興を分析している（Binzel and Carvalho 2017）。その主たる要因は一九五二年革命に伴う広範な層への教育普及の推進だった。当初、この推進は雇用機会の拡大を起こし、これが人的資本の拡大と合致した。しかしながらその後、しっかりした教育を受けた青少年の雇用機会が少なくなった。これは特に一九八〇年代初頭の公共部門の雇用減少が大きく影響した。ビンツェルとカルバリョは、このエジプトのイスラム復興を、このような満たされない熱望（しばしば「相対的欠乏」と呼ばれる）に対処するためのメカニズムととらえた。すなわち高等教育をうまく活用する仕事が存在しないという、教育と雇用のミスマッチである。二人の主張を端的に言うならば、このイスラムの動きはムスリム同胞団の勃興も含めて、教育を受けた若者の不満によって引き起こされたものでなる。

ナンズ（Nones）の増大

研究者が世俗化仮説を評価するのに用いる別のアプローチとして、「ナンズ」と呼ばれるグループの増大を子細に検討するという手法がある。ナンズとは正式な宗派に属さない人で構成され、宗教教育を受けた人や受けなかった人、なんらかのスピリチュアル系の信心を持つ人、不可知論の人、および決められない人などが含まれる。ナンズには、神の存在を信じるなど一般的な信心を持つ人や、「スピリチュアル系」と自称する人や、宗教に関して明確な態度を持たない人も含まれる。ナンズは神の存在を否定する人（無神論者）とは異なるカテゴリーである。

ナンズは世界的にも増加する社会セグメントで、特に欧州、北米、中国、日本などの出生率が低くて高齢化が進む地域で顕著である（Pew Research Center 2015a）。さらに、国が豊かになると、信者の礼拝参加率はやや減少する一方で、非信者の参加率は激減する（Huber 2005を参照）。

研究者たちは、被験者に対して宗教心についての次の三つの質問を行い、それに対する回答が、回答者が固い信者か、リミナルズ（中間的な人、つまりある時は信仰があると言い、ある時は信仰がないと言う人）か、信仰心のまったくない人かに強く相関することを発見した。[*12] その三つの質問とは、神の存在を信じるか、聖書（もしくは同様の聖なる書）は神の言葉そのものか、正式な宗教儀式への参加の度合いはどれだけかである。この三つの質問に高い得点を得る人は強い信仰心を持ち、低い得点の人は信仰がない人である傾向がある。このスコアが中間的な人は宗教団体にも属さず、宗教を否定もしない。マイケル・ハウトは、最近のデータから、米国人の70％が一貫して宗教を持ち、10％が宗教を持ったことがなく、20％の人が、ある時は持ち、ある時は持たない（リミナルズ）と推定している（Hout 2017）。これらの結果から、米国人の5人に1人は、リミナルズと言えるだろう。

ナンズの多くは、宗教的な伝統の下に育てられている。ピュー・リサーチ・センターによるこの発見はハウトとクロード・フィッシャーによって確認された（Hout and Fischer 2014）。二人によれば、宗教的な伝統の下で育った人は、大人になるにつれて宗教的な好みを述べなくなるという。これは一つの事例だが、コメディアンのピート・ホームズは福音派のプロテスタントとして育ち、そのような正規の教育を受けた。二〇代の後半になり、彼は人生の最初の二十二年間に教え込まれた宗教に疑問を持つようになった。彼は仏教など、他の選択肢を追求し、今日では自分をどの宗派にも属さない「キリスト寄りの精神的探究者」と位置付けている。[*13] 無宗派の人の多くに見られるように、ホームズもまた宗教的選択肢を一つだけに絞りたいと思わない。このタイプの宗教性は俗に「宗教アラカルト」と呼ばれてきた。多くの無宗派の人たちは、特定の宗教が与えてくれないような精神的な充足感を探し求めているのだ。彼らは信仰を選択するが、それは一つの宗教的な伝統のなかからかもしれないし、もっと広いものの中からの選択かもしれない。

宗教に無縁な環境で育つ米国人の割合は、ゆっくりと上昇しており、一九七〇年代初期には3％だったが、この十年では8％になった（Pew Reseach Center 2012b）。無宗教で育った人の約40％は成人してもそのまま無宗教であり、3分の1が中間的であり、4分の1が宗教に帰依した（Hout 2017）。一九八一年から一九九六年の間に生まれ（ミレニアルズ世代）、宗教の下で育った人のなかで、22％が二〇一二年時点で無宗教だった。このパーセンテージは、生まれが二十年早い人よりも50％高く、生まれが五十年早い人の5倍だった。さらに歳をとると、ナンズであるミレニアルズの割合はさらに上昇する可能性が高い。

これらのパターンは、ハウトとフィッシャーによるもっと早い時代の発見と一致する（Hout and Fischer 2014）。それによると、一九六〇年代に育った米国人は、一九六〇年代以前に無宗教で育った米国人と比較して、成人してから無宗教を選択する率が高かった。一例として、一九六〇年代に生まれて無宗教で育った人のなかの60％が成人してからも無宗教のままであった。一方、一九三〇年代に生まれて無宗教で育った人では、成人してからインタビューを受けて24％のみが無宗教と回答したのである。

ハーバード大学におけるナンズと宗教性

私たちは二〇一五年と二〇一七年に、勤務先であるハーバード大学の「宗教と政治経済学」クラスにおいて、大学生の宗教観を調査する目的で学生に質問を行い、その結果、世俗化仮説とナンズの役割に関して、前述の諸調査に比べてもっと個人の内面に踏み込んだ知見を得ることができた。その一つの発見は、約40％の学生がナンズもしくは無神論者だったことである。彼らは一九九〇年代に生まれたいわゆるミレニアルズ世代の最後尾に属する。ミレニアルズ世代は米国におけるナンズの最大のグループを構成し（二〇一五年で35％）、私たちのハーバード大の調査からの推論ではこれらの学生ナンズの多くは、正規の宗教に帰依しない親、もしくは子供に宗教教育を授けない親の下で育っている。

この結果は大学新聞のハーバード・クリムズンが実施した新入学生を対象とする調査結果とも符合する（Harvard Crimson 2015）。「まったく宗教を持たない」と自己認識した学生の割合は、二〇一三年から二〇一七年の新入学クラスの31％から34％だった。また「まったく宗教を持たない」と、「あまり宗教に関心がない」の合計は57％から60％だった。

ハーバード大学はしばしば「神のいない」場所と表現されてきたが、この大学が一六三六年に会衆派（清教徒）の聖職者を教育するために創設されたことを思えば、皮肉な話である。[*14] この「神のいない」ことについての近年の評判を考えると、ハーバード大学での四年間の教育は、大学生たちの信仰と礼拝参加にさらに世俗化影響を与えてしまう、と誰しもが思うことだろう。私たちが意味する「世俗化」は、個人的な信心と礼拝参加の減退のほかに、宗教団体への帰属意識の減少を含む。ところが、事実は異なる。調査の結果では、宗教への帰属意識を持たぬ学生の多くは、ハーバード大学に入る時点ですでにそうだった。調査の結果では、ハーバード大学に通っている間に宗教団体への帰属意識や宗教心が目に見えるほど減少する傾向は見えなかったのだ。したがって、ハーバード大学の教育が学生たちに世俗化の影響を与えると結論づけるのは誤りである。むしろハーバード大学、そしておそらくは同様のトップ大学が、宗教心の薄い人たちを惹きつける何かをもっているのである。

私たちの調査結果は、パーカー・ロスマンとその同僚たちによって一九五九年にハーバード大学の学生を対象に実施された調査とも一致する（Rossman et al. 1960）。二〇一五年と二〇一七年に調査した学生と同様、一九五九年のハーバード大学の学生は神の存在は信じるものの、その信仰を詳細な教義に結び付けるのではなく、人々に浸透する「存在」としての一般的な方法で信じる傾向にあった。学生たちは、信仰を自分なりの合成物に形成するという意味で、宗教的というよりもスピリチュアルだった。また回答者の多くに不可知論が広がっており、神を「広大で、非人間的な秩序の理念、もしくは自然な統一性」と表現していた。リミナルズもこの調査では現れており、不可知論者の85％は、神の存在を肯定できないと同様に否定もできない、と回答していた。

一九五九年の調査の結論は、学生の多くはこのような信仰の特徴を持った状態でハーバード大学に入学し、宗教についての変更があるとするならば、大学ではなく、大学院での可能性が高い、というものだった。入学した学生たちは米国社会の世俗化傾向の一部を構成したが、その社会は高等教育を「現代のテクノロジー社会の土台となる知識を成長させてくれる中心的な組織」と見ていた（Nichols 2017, p. 171）。ロスマンたちが言うように、「この調査からは、ハーバード大学が学生のモラルと倫理を変化させる重要な場所ではないように見える。ただしハーバードは宗教の意見よりも政治の意見への影響を持つことが推論できる。ハーバードの学生は、まさにリベラルに変化するのだ」（Rossman et al. 1960, p. 30）。

この一九五九年調査からの最後の知見は、最近の事実と食い違う。二〇一七年に学生はハーバード大にリベラルとして入学する傾向がみられた。入学した学生の70％が自らをそのように述べたのである。特に88％がドナルド・トランプ大統領を好ましいと思わず、86％がバラク・オバマ前大統領を好ましいとした。ハーバード大は学生にリベラルになるような影響を与えているとは思えない。むしろ学生は大学に入る前から自らをリベラルと認識していた。このパターンはもっと広範な若者のパターンにも合致するもので、ミレニアルズ世代は民主党員の割合が55％と最高であり、その前の世代では27％だったのと、大きな差がある（Pew Research Center 2017a）。

改宗について

ほとんどの人々は自分の育てられた環境の宗教を維持するものだが、一生の間に改宗する人も多い。たとえばJ・S・バッハの曲を研究するマイケル・マリッセンは、バッハが育てられた宗教をオランダのカルヴァン派と説明している（Marissen 2016, p. xv）。その後の人生で、彼はメソジスト派に転向し、さらに再建派ユダヤ教に転じ、最後には不可知論者になっている。私たちは宗教の選択を（それが自分が育った宗教であったとしても）自由意思に基づくものであり、合理的な選択だと考える。つまり、それについても正式な宗教行事への参加を理解するときと同じ種類のフレームワークを適用する。しかしながら、改宗の手続きには政府や宗教団体の締め付けが影響することもあるのだ。

概念的フレームワーク

ある人が、ある時点で、別の宗教が提供する特性やサービスを好ましく思ったとしよう。[*15] たとえば、ある宗教は別の宗教より規律が厳しいが、人はそれぞれ厳格性について異なる好みを持っている。さらに、その人はその地域で入会できる色々な宗教から選択することができるとしよう。他の信者と一緒の体験をすることや、正式な礼拝に来ることや、子どもへの宗教のトレーニングなどに誘うことなどができるという理由で、その人の住む地域において魅力的な勧誘ができる宗教は、普通二、三の宗教に限られるだろう。

ある宗教から別の宗教に乗り換えることは、たとえば改宗に伴う法的手続きが必要だったり、別の宗教があまり親切ではない場合には、高いコストが必要になる。こうした改宗のコストのなかには、社会階級からの追放（背教者）や、以前属していた宗教での宗教的および人的なネットワークからの離脱も含まれる。しかし私たちは、宗教を変えることは一定のコストを払えば可能だと考える。このコストが高いほど、改宗の傾向が低いのは予想できる。

改宗のコストを考慮しても、現状の宗教に比べて別の宗教が大いに魅力的であるときには、改宗の傾向は高まる。通常、親から影響を受けた若者は自分たちの属する宗教を高く評価するが、人生の大きな変化（たとえば別の宗教を信じる異性との結婚）が起きると、現状と別の宗教との間のギャップには変化が起きるかもしれない。たとえば福音派の劇的な成長により、主流派プロテスタントの信者の多くはこの新しい選択肢に惹きつけられた。一般的に、ある国や領域で普及活動をする宗教の数が多いほど、通常の人にとって宗教の選択肢はより良いものとなり、したがって改宗率も増加する。

人がもっとも好ましく思う宗教から離脱するコストは、その人にとって正式な宗教がどれほど大切かに依存する。たとえばもしある人が宗教全般にあまり興味がないなら、宗教を変える手間をわざわざかけるほどの意味もない。一つの例だが、旧東ドイツや旧ソ連などの共産主義政権は、人々がもっていた礼拝や信心への強い気持ちを消し去ろうとやっきになった。人々の価値観へのこの影響が共産主義の消滅（多くの国では一九九〇年代の初期）、の後も残る限り過去の共産主義による改宗への負の影響はこれからも続くことだろう。

エドワード・グレーザーとブルース・ササードートなどの一部の研究者たちは、宗教の与える恩恵の一つに社会的ネットワークの役割があると主張する（Glaeser and Sacerdote 2008）。こうした恩恵は、教育程度の高い人ほど大きい傾向がある。教育が高くなるほど「正しい」宗教を持つ恩恵も高くなるので、改宗しようとする人も多くなるというわけだ。

すでに述べたように、宗教を変える傾向はその転換を行うコストに依存している。こうしたコストの一部は外部からの締め付けを反映している。たとえばほとんどのイスラムの国ではイスラムから別の宗教に出ていくこと、および他の宗教からイスラムに入ってくることを禁止ないしは制限している。また非イスラムの国を含む一部の国では、改宗に密接にかかわる活動、たとえば改宗を勧誘することや、異宗教間の結婚を制限している。一般的な予測としては、改宗への制限が厳しいほど、データ上の改宗の率は下がることになる。

個人のレベルでは、宗教を変えるコストの重要な決定要因は教育である。十分な教育を受けた人は学習と新しい考え方への順応がうまいので、宗教を変えることには抵抗が少ない。さらに教育をしっかり受けていると別の宗教に関する情報をたくさん得ることや、別の信仰を行う人たちとの接触にも前向きになる。そこで私たちは高い教育が高い改宗の率につながると予測する。つまり改宗に伴うコストが下がり、前述した正しい宗教を持つ恩恵への効果が強まるのである。

私たちはすでに典型的な世俗化のパターンを検討してきた。つまり1人当たり実質GDPが上昇すると正式な宗教行事への参加や信仰心で計測した宗教への需要が減少する、というものだ。この観点に立つなら、1人当たりGDPが上昇すると改宗も減少すると予測されることになる。しかし正式な宗教行事への参加や信仰心が下がることは、人々の宗教への出費を押し下げるとは限らず、この消費額は宗教全体に置かれる価値を定量的に示すのである。所得が上がれば消費額（宗教およびその他の消費）も増加するから、1人当たりGDPが改宗に及ぼす全体的な影響はあいまいである。

すこし以前の調査で、私たちはISSPとWVSが提供した情報を用いて、40ヵ国での改宗に関する実証的な諸要因を分析した。私たちは、これらの調査（ISSP 1991; 1998, WVS 2001）での二つの質問に対する回答を分析に用いた。

現在、どの宗教を信じていますか？

子どものときに（11歳もしくは12歳の時点で）どの宗教を信じていましたか？

ここではサンプルとして当時30歳以上の人を抽出した。というのは、私たちは一九八八年版の総合社会的調査（General Social Survey: GSS）の宗教モジュールから、ほとんどの改宗はその年齢より以前に起こったことを知っていたからである。*16

各ケースの回答を八つの大まかな宗教タイプに分類した。すなわちカトリック、プロテスタント、イスラム、ヒンズー、東洋宗教（仏教を含む）、ユダヤ教、正教、その他とし、無宗教のカテゴリー（無神論を含む）も設けた。その結果、このデータで1人の人間（30歳以上の人）が子ども時代から現時点までに少なくとも1回、宗教を変えた（改宗した）かどうかがわかるようになった。この分析では、無宗教への、あるいは無宗教からの転向は改宗には含めなかった。また主要グループのなかでの改宗、つまりプロテスタントとかイスラムのなかでの改宗はカウントしなかった。そして改宗の数を計算した。つまり30歳になってから子ども時代とは異なる宗教を持つに至った人の数である。[*17] 改宗率は、この数字に対して、子ども時代に何かの宗教を持っていた人の数との比となる。

このデータの一つの欠点は、キリスト教のなかの諸形態、つまりカトリック、プロテスタント、正教（英国国教会はプロテスタントに含まれる）の間での改宗はカウントされるが、イスラムやその他の主要グループのなかでのタイプ間の改宗はカウントされていないことだ。イスラムの中でのタイプ間の改宗が含まれていないことはこの分析では重要ではなかった。なぜなら改宗率の計算で用いられた質問が行われた国は、いわゆるイスラム諸国ではなかったためだ（ただし、WVSは多くのイスラム諸国をカバーしている）。おそらく他の宗教で育ったかどうかの質問は、その可能性を尋ねること自体がイスラム諸国の中では侮辱にあたるために行われなかったと思われる。さらにピュー・リサーチ・センター（Pew Research Center 2012a）によれば、イスラムのなかの主要な二つの派、スンニ派とシーア派の間での改宗は稀であるという。

私たちがデータをもっている40ヵ国のなかで、改宗率が10％超であるのは、カナダ、米国、ニュージーランド、チリである。一方、改宗率が1％未満の国は、フィンランド、ルーマニア、スロヴェニア、ブルガリア、スペイン、イタリア、ハンガリー、スロヴァキア、キプロス、ポーランドである。

経験的に言うと、改宗率のもっとも重要な決定要因は、その国の宗教的な多様性であり、これはその国でもっとも人気の高い宗教に属する人の割合に反比例する。主要な宗教ではない宗教の普及活動が盛んな国、たとえばカナダ、スイス、ドイツ、オランダ、米国、オーストラリアは、改宗が多い傾向にある。単一の宗教が支配的である国、つまり北欧諸国、スペイン、ベルギー、ポーランド、日本、イタリア、スロヴェニア、ポルトガルなどでは改宗は少ない傾向にある。

通学した年数で教育程度を測った場合、学歴が高い国ほど改宗率が増加する結果になった。この結果は私たちの理論的な予測と一致する。すなわち、学歴が高くなるほど改宗のコストは下がり、自分が「適切だ」と思う宗教を持つ便益も上昇する、というものだ。その一方で、同じ教育レベルで比較すると、改宗率は1人当たりGDPで計測した経済発展の程度には無関係だった。この結果は、1人当たりGDPから予測される影響があいまいであるという意味では、理論と一致する。

私たちは、他の要素が同じとした場合、共産主義の存在（一九七〇年の前と後で計測して）が改宗率を引き下げたことを発見した。私たちのサンプルでは、この共産主義の過去があった旧ソヴィエト連邦の6ヵ国と、東欧の8ヵ国（そのうち2ヵ国がユーゴスラヴィアの一部）にうまく当てはまる。

改宗への法的な制限を計測するために、私たちはジョナサン・フォックス（Fox 2018）の情報を使った。彼はこれらの制限の四つの項目に関する一九九〇年から現在までの情報を提供してくれる。第一は少数派の宗教への改宗、第二が多数派の宗教からの改宗、第三が改宗の強制、第四が異なる宗教間の結婚である。しかし私たちのサンプルの40ヵ国では最初の二つに関する法的な制約はなかった。こうした改宗に関する直接的な制約は、通常はイスラムが大半を占める国で見られる。フォックスの調べでは、50%以上のイスラム信者がいる39ヵ国のうち、25ヵ国が主要な宗教からの改宗と少数派の宗教への改宗のいずれかの制約を有し、18ヵ国はその両方への制約を有していた（Fox 2018）。すでに述べたようにこのようなイスラムが圧倒的な国は、私たちのサンプルには一つも含まれていない。したがって、分析では改宗への法的制限については、改宗への規制と異なる宗教間の結婚についての制約が一九九〇年前後に存在したかどうかだけで見ていくことにする。私たちのサンプルではこのような制限は10ヵ国に存在した。実証分析の結果、こうした制約の存在が改宗率を引き下げたことがわかった。

それ以外のいくつかの変数が改宗に顕著に関係してはいないこともわかった。たとえばこの章の最初に論じた二つの変数は改宗に関係していない。すなわち国教が存在するかどうか、および宗教市場への規制が存在するかどうか（政府が宗教指導者を任命、あるいは承認するかどうかで見る）である。改宗は、すでに述べた宗教行事への参加や信心の程度という変数にも関係していなかった。最後に、宗教支持者の構成はおおむね重要ではなかったが、例外として、イスラムの信者の割合からの小さな負の影響がみられた。おそらくこの割合が、私たちが計測できる変数では十分にとらえきれない改宗への制約を反映しているのだろう。

宗教性を決定するものは何か

本章では宗教性の決定要因の複雑性を示した。各研究者たちの国際的な調査をする能力、およびその結果を分析する能力が改善したため、宗教が経済成長にどう反応するのか、そして政府の規制や補助金にいかに反応するのかを理解できるようになった。また世俗化仮説を支持する証拠を見つけることができた。その仮説は社会が豊かになるにつれて、人々は正式な宗教行事への参加や、地獄・天国といったものの存在についての信仰心や、政治的意思決定への宗教の役割が減ると主張するものだ。政府の宗教市場への規制が競合を減らし、その結果、宗教行事への参加や信仰を減らす傾向にあることも明らかにした。しかし国教の存在は、宗教団体への補助金を通じて、あるいは、日曜日のスポーツイベントへの参加などの世俗的行事の制限を通じて、宗教心の増大を図ることができる。

工業化された社会での信仰心や礼拝参加の減少がホットな話題になった一九六〇年代に、「世俗化」という言葉は「宗教性」の反対語として扱われていた。現在ではこの言葉を私たちは多様な現象を示すものと理解し、そのなかでは宗教の消滅はほんの僅かな部分を占めるにすぎない。この多様なスピリチュアルな経験への対応の一部として、学者たちは経済発展の文脈のなかでの宗教への信仰や所属のあり方の変化をもっと細かく把握するために、「ナンズ」とか「リミナルズ」のような新しいカテゴリーを発明した。人々はそれぞれの宗教心を選択（アラカルト宗教）する際に、教義的な正純性をあまり重視しないようになり、これにより宗教市場はより流動的なものなっている。

中国は、宗教と政治経済との関わりをさらに検討するうえで、特に興味深い。漢民族が多数派を占める多様な民族で構成される中国国民は、近年、ますます正式の宗教、典型的には福音派プロテスタントの諸派に惹かれつつある。この現象は、福音派のグローバル性を示すとともに、明確なモラルの基軸を達成したいという個人と政府双方の強い思いを表している。特に宗教は中国で広がっている腐敗に対処するのに役立つかもしれない。ここで重要な質問とは、福音派をさらに魅力的にしたのは、一九七〇年代以降、中国に資本主義的概念と政策が導入されたことなのかどうか、および中国が経済的に自由化するにつれて今後も宗教市場を開放し続けるのかどうかである。

将来の研究のために現在調査中の第二のトピックは、国家による厳しい宗教への弾圧の下で起きる宗教の退化だ。宗教的書物、儀礼、教育をそれぞれ禁止することは、教義、信仰、習慣についての知識が数世代にまたがって失われることを意味する。知識を承継する信者の共同体と宗教指導者なしには、人の信心を構成するものや人の信心を強固にするものへの無知が、誤った考えに人を誘導してしまう。宗教の資産は、他の人的資本と同様、それが得られなければ無知に行き着く。これは「型にはまらない」あるいは「創造的な多文化の」信仰心や概念を取り込むことに道を開く。

次章では宗教を独立変数の一つとして見ていく。つまり宗教が経済成長やその他の結果にどのように影響するのかということである。ここでの鍵となる課題は、宗教性が労働倫理、正直、節約などの個人的な特性を変化させることを通じて、あるいは教育を通じて、生産的な人的資本の蓄積に影響することにより、いかに全体として経済成長に影響するのか、という点である。

第3章　宗教は経済成長を促すのか
——プロテスタンティズムと資本主義

　すでに第2章で述べたように、宗教が経済成長を促すという有名な説の出所は、ドイツの社会学者マックス・ヴェーバーの著作『プロテスタンティズムの倫理と資本主義の精神』である。ヴェーバーの考えは、宗教的な信仰が経済に影響するのは、主として労働倫理、正直（そこから生ずる信頼）、節制などの特性を伸ばすことを通じることによる、というものだ。こうした特性は一六世紀のプロテスタント改革に刺激され、一八世紀から一九世紀の産業革命に貢献したと彼は考えた。つまり産業革命がイングランドや、一部のドイツや、オランダなどのプロテスタント地域において、カトリック地域のフランスやイタリアよりも早く立ち上がったのは、そのためだと主張するのだ。

　ヴェーバー的なフレームワークのなかにおける宗教に関するキーポイントは、宗教的な信仰こそ経済的な成果物の核となるという点である。このアプローチは、正式な宗教行事への参加にかかわる人脈形成は成長を促す可能性があるとする社会資本的な見解とは対照的である。このもう一つの考えは、正式な宗教への参加を社会資本の構築や地域文化の形成のための多くの方法の一つとしている、という意味で宗教をあまり重要視していないようである。一方、ヴェーバーにとっては、礼拝所はそもそも、社交クラブの一つなどではなかった。宗教の特徴的な点は、それが重要な特性や価値観を人に吹き込む可能性があること、言い換えると人的資本を蓄積するところにあった。

救済と世界宗教

私たちは宗教が全く独自なものであるという立場をとる。来世での裁き（救済、地獄、涅槃など）は、この世でどう振る舞うかに対する大きなモチベーションになる。ヒンズー教、仏教、イスラム、キリスト教などの世界の主要な宗教は、いずれもなんらかの経済的なインセンティブにつながる救済の存在を明示している[*1]。

鍵となる概念は、救済のメリットと呼ばれているもので、ある人の存命中の活動を、その人の心のなかでの救済の確率に結び付けるものだ。いくつかの宗教では、救済のメリットを生存中に少しでも多く獲得することにより来世で優位な結果（地獄落ちでなく救済されること）を得るチャンスが増える。仏教のように救済のメリットを重要視する宗教は、信者に対して、精神的に上昇するための様々な現世的な機会を与える。たとえば正直な方法で富を獲得し、それをサンガ（僧のコミュニティ）の支援のために使うこと、喜捨すること、家族や友人たちに寛大な心で接することなどがある。ヒンズー教、カトリック教、イスラムなど、救済のメリットが中程度の宗教では、現世での精神的な上昇を獲得する機会が与えられることはあまりない。このように機会が制限されていることの見返りとして、それと同様に重要な罪とか悪行を償う機会が与えられている。最後に、救済のメリットがゼロもしくはほとんどないプロテスタントのような宗教では、人間の行動は救済や地獄落ちに影響を及ぼさないとみなされている。

この救済のメリットの分析モデルが示しているのは、来世での補償についての信仰が、正直、労働倫理、節約などの一人ひとりの性格を育てることにより生産性を引き上げる可能性がある、ということだ。別の面から見ると、死後の世界に関する信仰から生まれる強力な力は、暴力を含む反社会的な行動、いわゆる「宗教の暗い側面」を生み出す可能性もある。

キリスト教、特にプロテスタントでは、宗教的な義務を果たすことへの個人の意思と責任に重きが置かれている。プロテスタントにおいては、来世での救済を求める方法は、一人ひとりが考えるものとされ、個人が神への責任を果たすことが重視されているのだ。一方、イスラムではもっと法律や共同体への意識が強く、ウンマと呼ばれるイスラム共同体の一員として、宗教的な義務だけでなく社会的、法律的な義務を果たすことが強調される。預言者ムハンマドが説いたウンマやそのなかでの個人の責任をコーランが伝えているように、フィトナ（誘惑や苦悩）の思想も争いや衝突、反乱、誘惑などを引き起すような行動や思想を非難することで共同体の調和を維持している。[*2]

キリスト教、特にプロテスタントとは異なり、イスラムでのシャリーアは、宗教原理を日常生活に適用することにより正しい行動を教える宗教法の集大成である。ウラマー（イスラム学者）によると、このシャリーア精神を培った宗教的な活動こそイスラムの中核的組織原理なのである（Turner 2010）。ローレンス・ローゼン（Rosen 2000）は、イスラムの世界観において、イスラム教義への違反は社会を破壊することと同じとされていると主張した。なぜなら、違反は容易に争いを生み出しかねず、争いがおこると人の信仰への疑念が社会的な大混乱になるからだ。

イスラムでの人間の営みの基本的な側面は、プロテスタンティズムとは明確に違う。イスラムでは、外から見える挙動の本質が、その人の持つ意図や、違反に伴う社会危害を決定するのである。たとえば、近くに他人がいるのに気づかずに誰かの悪口を公の場で言ってしまう過ちは、不注意とか一時的な感情の吐露ではなく、意図的な悪行であるとみなされる。その論理は、「彼が言ったことは、そのつもりではなかったとしても、まともな人間がそんな発言を公の場でするはずがない」(Rosen 2000, p. 192) というものだ。[*3] そのような偶発的行動を罰しないでおけば、ウンマの秩序には重大な危機が生じてしまう。つまりイスラムにおいては、適切に運営されたウンマの宗教社会的団結の最高の価値とは、西洋的な感覚で言えば、人間行動の法的解釈の中に埋め込まれていると言える。

私たちの考えでは、宗教の社会資本的および文化的な側面、つまり共同礼拝、儀式、宗教学校などは、それらが主に信心や、それに伴って挙動に影響するという意味において重要である。ある信仰にとって、地域活動に使う時間が多ければ多いほど、それは信者への、そして地域全体への経済的な負担になってくる。さらに、正規の宗教のコストには宗教活動のために信者と宗教団体関係者が消費する時間が含まれる。加えて、建物や聖なる物などに費やす時間やお金が必要だ。後述する実証的な証拠に基づく私たちの見解では、信じることは所属する（参加する）ことよりも、宗教の経済的およびその他の社会的な結果により強く影響を与える。

宗教改革の諸思想

マルティン・ルター

ヴェーバーの研究によると、マルティン・ルターは、一五一七年に九五ヵ条の論題をドイツのヴィッテンベルクにある諸聖人教会の扉に貼り付けることで宗教改革を始めた[*4]。ルターのこの論題は腐敗した宗教行事をことごとく批判したものであり、その中には免罪符や聖職位の販売が含まれていた（それはカトリック教会による膨大な富の蓄積に役立っていた）。ルターは教会から離脱して別の宗教を創始することこそ選択しなかったが、そのかわり抜本的な改革を強力に推進することを論じた。予想したとおり、カトリックの大組織は、ルターとその信者に鋭い敵意で反撃し、そのことはカトリックによる反宗教改革への道につながった。これは一五四五年から一五六三年のトリエント公会議で実現することとなった。この敵意はその後、長期にわたる宗教戦争の芽となり、最終的には三十年戦争の荒廃をもたらした後、ウェストファリア条約による和平が一六四八年に実現したのである。

経済的インセンティブに関する神学の用語として、ルターが強調したのは「召命（the calling）」（『プロテスタンティズムの倫理と資本主義の精神』第1章3節を参照）という概念で、これは現世での個人の義務を示した神の布告のことだ。ルターは、中世の他の同時代人と同様、この召命のことを、人間が生まれながらに到達し、逆らうことが罪になるような社会経済的な状態と解釈した。この召命の具体的な形は人それぞれ異なり、社会での労働の効率的な分業に一致している（この概念はのちに説明するが、アダム・スミスの『国富論』（Smith 1791）の中でよりわかりやすく説明されている[*5]）。しかしもっとも重要なことは、ルターのアプローチは勤勉と物質的成功に寛容であり、カトリック教会で擁護された禁欲的、苦行の生活スタイルを擁護しなかったことだ。人の信心は、その人が日々に行うすべてのことのなかに伝わるのだ。「あなたの生き方の中に、あなたへの報いが現れる」。ルターによれば、人の挙動を観察することで、信心に沿って行動しているのか、信心がないのかがわかる。ルターは日常生活に禁欲主義を持ち込んだために、彼の説教では人が召命に沿うことにどんなインセンティブがあるのかが不明確になった。だがここで重要なのは、彼は「良い仕事」の概念を明確に否定したことである。良い仕事とは、現世で申し分のない行動を取ることによって来世での救済のチャンスを高めることであり、その考えは彼の信条には合わなかった。

ジャン・カルヴァンと予定説

ヴェーバーによれば、「宗教改革はルター自身の宗教的成長なしには起こり得ず、また彼の個性が長い間、精神的な影響を与えてきたが、彼の仕事はカルヴァニズムなしには恒久的で明確な成功には至らなかったことだろう」。それゆえ彼は次のように述べた。「このためわれわれはプロテスタントの倫理と資本主義の精神の関係を研究する出発点として、カルヴァンの仕事を取り上げるのである」(Weber [1904–1905]1930, pp. 89–90)。

ルターは、そしてカルヴァンもずっと弱いながらも、神の与えた人間の目的は仕事であると信じた。アリストテレスの言葉にあるように、「笛吹きや、彫刻家や、芸術家、そして機能を有しもしくは活動するすべてのもの一般はこうした機能を果たすことにその善とよさがあるのであり、同様に人間も、もし機能を持つなら同じことが言える」のである(Aristotle 1941, NE1.7, 1097b pp. 22–23)。カルヴァンは「世界は神学上、キリスト教の神によって秩序が与えられた」というルターの概念を共有したが、人間の機能の本質については意見を異にした。ルターのプロテスタンティズムは、人間の機能を、神がそうせよと命じられた場所で毎日働くことと断定した。ルターは人の生まれながらの天職、たとえば皮なめし業、鍛冶屋、簿記係などはその人の人生における適切な場所と考えた。この与えられた場所で日々の仕事をすることが、倫理と宗教的な善と合致したのである。もしも働くことを止めたなら、私たちは怠惰になり、体の衝動や肉体的な快楽に負け、落ち着きを失い、精神的に集中できず、自制心を持てず、最終的には「愚行と無分別」に落ち込むのである。ルターとカルヴァンはこの見解では一致していたが、彼らの神学体系は仕事の具体的な意味合いについては食い違いがあった。ルターは仕事（すなわち召命）を政治的安定と社会経済的な秩序を維持するものととらえていたが、カルヴァンの主張は、仕事が一人ひとりに対して「安定と秩序」を与えるというものだった（Troeltsch［1931］1992, pp. 641–650）。つまりルターの見解とは異なり、カルヴァンの考えでは職場を変えることや待遇の良い職を求めることは、正しい目的に従う限りは許容できるものだった。職場の環境の質を向上させるという概念は、必要に応じて仕事を変えることも含めて、神と聖なる国からの召命の一部である。[*6] カルヴァンはこの見解に基づいて、繊維業をジュネーブに導入し、貧しい人や失業者を雇用することに積極的にかかわった（p. 642）。ここでは経済的繁栄と徳義とは表裏一体のものであり、労働の利益が神からの祝福として受け取られた。

カルヴァンの思想の鍵となる要素は、予定説の教義である。その概念とは一部の人々が神の祝福を受けるために、神によって選ばれたというものだ。その他の人たちは、この世で道徳的に正しいことをしても救済されないのだ。しかし、自分自身が選ばれたグループの一員かどうかは、どんな人もまったく知る手がかりを持たない。さらに人々は他人がその一員に入っているかどうかも知りえない。

この予定説は、一見したところでは、個人がよく働き、節約し、倫理的に振る舞うなどの善行をする意欲を著しくそぎ落とすように見える。つまりこのような宿命論は、怠惰や低い生産性を奨励しているように思える。救済がもともと決まったものであるなら、この世でなぜあくせく働き、正しく振る舞う必要があるのか？　あるいは最低でも、物質的成功や善行へのモチベーションはこの世での報酬だけになる、すなわち救済との関連宗教は存在しないことになってしまう。

しかしカルヴァンは、この理論を次のように転換させた。人々は自分が神によって選ばれたという印を探し求めると主張したのだ（Calvan［1563］1845）。ヴェーバーによると、「救済を獲得するのに善行がいかに無力だとしても、それは選ばれた印として不可欠なものなのだ」。つまり、物質的な成功は神の承認の印であり、したがってその人が選ばれたことの証になる。ゆえに勤勉と富を蓄積するモチベーションは、物質的成功と神の承認とは結びついていると信じることから生まれる。人は自分が救済されるというしっかりした保証は得られないものの、救済の確率を高くするか低くするかについての心のなかにおける印を得ることができるのである。

カルヴァンの主張では、神は一人ひとりに対し、啓示神学に示される道徳にしたがって一生を通じて善行を積むことを命じられる、という。[*7] 人は自分が本当に救われるかどうかは知らずとも、道徳的に正しい生活をこの世で送ることによってのみ、「救済の不安」と呼ばれる精神的なストレスから解放される。カトリックの「罪、悔悟、贖罪、解放、そして再び罪」という継続的なサイクルを許す禁欲的な見方とは異なり、カルヴァンのプロテスタンティズムは救済の不安を和らげる手段として信仰と日々の道徳的生活を要求する。[*8] カルヴァンの言葉によれば「私たちが信仰は確実で揺るぎなきものでなければならないと強調するとき、疑問の余地なき確実性とか、不安なき盤石性などは念頭にありません。むしろ私たちは、信者たちが信仰の欠如について永続的に悩んでいることや、平穏で迷いのない生活などとはほど遠い日常にあることを肯定しています」（Calvin［1563］1845, p. 472）。

救済の不安は、なぜ宗教が惹起するモチベーションと経済的な生産性が結びつくのかを説明してくれる。人は自分が救われるという認識論的な確信を持つことはできないが、この世での実績を通じて自信を持ち、それにより「救済の不安の感覚」に対処することができるからだ（Weber［1904–1905］1930, p. 67）。日々の自己訓練と規則正しい多忙な仕事を通じてのみ、個人は精神的な安らぎを見出すことができるのだ。

リチャード・ヘンリー・トーニーは、この個人の精神的モチベーションを社会道徳的称賛の面から説明した。貧困は「憐れみや緩和の対象とすべき不幸ではなく、道徳を外れることとこそ戒めるべき」であり、富は「エネルギーと意志の勝利として報われるべき祝福である」（Tawney 1936, pp. 230–231）。救済の不安は人々に生産性を高めるよう動機付けるが、さらに重要なことに、それぞれの労働において成功するためのやる気を引き出すのである。

ジョン・ウェスレーとメソジスト派

ヴェーバーはまた一八世紀中ごろのイングランドでメソジスト派を創出したジョン・ウェスレーの概念を引用している。ウェスレーは一七六〇年に彼を慕う信者に対して、「可能な限り多くを獲得せよ、すべてを蓄えよ、すべてを与えよ」という有名なスピーチをした（Wesley 1978, pp. 124–136）。つまり彼の最初の二つの訓示は、この世での物質的成功の追求を支援している。ウェスレーの神学は良い仕事の役割を認めたばかりでなく、信者は救済の確証を得ることができると主張した。特にウェスレーの考えは、カルヴァンの予定説に比べて、経済的な成功を個人のモチベーションにするという意味では上を行っているように思える。

ウェスレーは、最初の二つの言葉、獲得すること、蓄えることを会衆に説くには成功したものの、三番目の与えることは、それほどのインパクトを与えなかったことに後悔の念を表した。彼の観察では、彼の信者たちが裕福になるにつれ、信仰心が薄れ、前章で述べた世俗化仮説の初期的な表現が生み出されるに至った。すなわち「宗教は必然的に産業と倹約とを作り出さなければならず、これらは富者を作り出さずにはいない。しかし富者が増えると、高慢や怒りやこの世への愛も増加する。そうなると、宗教の形は残るものの、精神は急に消え失せてしまう。これを防ぐ方法はないのだろうか。純粋な宗教が次第に消滅するのを防ぐ方法は」（Wesley 1978, pp .258–261）。

私たちはウェスレーの嘆きを理解することができる。規律のある労働や利益へのモチベーションが資本主義の勝利をもたらした。経済成長を促すという観点からは、ウェスレーの最初の二つの教え――つまり労働倫理と節約――は三番目の教えである個人的な寄付（charity）よりずっと重要だ。ウェスレーは、「ビジネスをキリスト教の正義と慈愛の規律のなかに縛る」という宗教の能力が薄れていくことに絶望したのだ（Robertson 1959, pp. 210–211）。言い換えると、資本主義の精神が人気を集めたことにより、神の承認を得るための勤勉という召命概念にあるモチベーションの側面が変容したのだ。

ヴェーバーは、ウェスレーの世俗化の見解と歩調を合わせるように、宗教改革は産業革命の時代（一九世紀中ごろ）においては、経済的成功のために重要だったが、自身の生きる一九世紀末から二〇世紀初頭においてはそうではないと考えた。「今日、宗教的な信仰と行動とのいかなる関係も一般的に希薄であり、もしどこかに存在するとしても、少なくともドイツではネガティブな種類のものが多い。今日、資本主義の精神に染まった人たちは、教会に対して敵対とは言わないまでも、冷淡である。（…）宗教は彼らにとって、この世で自分たちを労働から引き離そうとする手段のように見えている（Weber［1904–1905］1930, p. 70）。

社会の世俗化により、個人の業績や利益追求活動に没頭することが強調され、宗教を基礎におく道徳面が弱くなっている。トーニーは、宗教的な信仰がかつては道徳的に経済活動を制限してきたのに、人々の生活との関係を薄めると（どんな理由にせよ）、富の獲得を目的とすることが許容されるようになったと主張した（Tawney 1936）。特に近代資本主義が確立すると（おそらくいくつかの国ではプロテスタンティズムの支援の下で）、その後の経済発展が、仕事と利益はもはや宗教的な信仰には依存しないという人々の態度を作り出した。

マックス・ヴェーバーは宗教と生産性の間に継続的な関係が維持されることには疑問を持っていた。それにもかかわらず私たちは、一部の宗教形態が経済成長を促すというヴェーバーの仮説を、二〇世紀と二一世紀のデータを使って研究した。ヴェーバー自身は宗教と経済成長の関係に関する自身のプロテスタンティズムの労働倫理の理論が二〇世紀と二一世紀に成功するとか失敗するとかは考えていなかっただろうが、私たちはこの種の研究は面白いし重要だと考えている。おそらく、ヴェーバーはこの期間については重要な関係が継続するとは予測していなかっただろう。

現代のデータでみる宗教と経済成長

一九九〇年代以降、著者の一人ロバート・バローをきっかけとして、経済成長の主要な決定要因を理解するための国際比較の実証研究がさかんに行われてきた（Barro 1991）。この仕事は特にロバート・ソローによって開発された新古典派成長モデルの概念的枠組みの上に形成された[*9]（Solow 1956）。実証研究の多くが一九六〇年以降の時期に注目していた。この時期については、1人当たりの実質

GDPと、経済・政治・社会の変数を用いて表された、およそ100ヵ国の経済成長のデータがあった。

成長についての実証研究では、重要な説明変数としては、初期値の日付（たとえば一九六〇年）における1人当たりGDP水準、人的資本の側面（教育や健康）、貯蓄率、国際貿易への開放度、政府の財政および金融政策などが含まれる。しかしこの研究での重要な発見は、経済成長を説明するにはこうした狭義の経済変数以外の、政治的、制度的環境にまで変数を拡大する必要があるということだった。従来は取り上げられてこなかった重要な要素としては、法の支配や民主主義の維持、官僚の腐敗の程度などが含まれる。

一方、経済成長がその国の文化に依存し、宗教はこの文化のなかの重要な要素であると主張する研究者もいる。この考え方は、ヴェーバーが主張するところの、少なくともある環境下においては、宗教的信仰が仕事の努力や節約などの要素に影響し、したがって経済成長に影響する、という論理にうまく当てはまる。そこで経済成長を説明するための実証研究についての私たちの計画では、（これはロバート・バローとレイチェル・マックリアリー［Barro and McCleary 2003］によって最初に打ち立てられた）宗教的な信仰と参加に関する要素をすでに多くの経済的、政治的、そして制度的な変数を含んでいる。既存の実証的フレームワークに新たに加えた。

私たちは宗教的な信仰と正式な宗教サービスへの参加に関する情報を、第2章で議論した二つのよく知られた国際的調査から集めた。すなわち、世界価値観調査（World Values Survey: WVS）と国際社会調査プログラム（International Social Survey Programme: ISSP）である。（米国については、総合的社会調査（GSS）がISSPの一部である）。WVSは一九八一年から6回にわたって調査し、

ISSPは一九九一年以降、3回調査した。

WVSの利点は世界中の広い地域をカバーしていることだ。6回の調査で98の地域（ほとんどは国）が少なくとも1回は登場している。したがって、二〇一〇年から二〇一四年までをカバーしたもっとも最近の調査では、59地域を調査した。サンプルは裕福なキリスト教国をはるかに超えて、26のイスラムが支配的な国、多くのラテンアメリカとアジア諸国、いくつかのサハラ以南のアフリカ諸国をカバーしている。これに対して、ISSPの3回の調査はわずかに41ヵ国を調査したにすぎない。この調査はOECD（基本的には金持ち国のクラブである）が中心で、その他に東欧、ラテンアメリカ、そして一部のアジアも調査している。こちらのサンプルはイスラムが支配的な国は1ヵ国のみ（トルコ）だけでアフリカでは1ヵ国のみ（南アフリカ）である。ISSPのデータはWVSのデータよりも信頼性があるが、これは裕福で組織の整った国が対象になっていることが主な理由である。しかしISSPのデータは品質が良い代わりに対象が狭いという、利害得失がある。実証研究を遂行するうえでは、ISSPとWVSの情報をうまく組み合わせることが有効である。

私たちの調査は、来世での生活、特に地獄と天国に関する信仰に焦点を当てた。「良い行い」をさせる気にする意味では、地獄を鞭、天国を飴として考える。地獄もしくは天国の存在に関する信仰の指標は、彼らがこの信仰を持つかどうかの質問にイエスと答える人口の割合である。この調査ではすべての国と宗教に対してこの質問を必ず含めるようにしている。なぜならこの質問はキリスト教とイスラムで強調されている永遠の命に関する概念を超えて、他の宗教にも当てはまるからである。たとえばヒンズー教と仏教では、この概念は輪廻や善行のカルマを蓄積し、彼岸に達することに関係している。地獄と天国に関する信仰とは対照的に、「神」を信じるかという問いや信仰心についての一般的な姿勢を問う質問への回答は、経済成長にははっきりとは関係していなかった。

宗教への参加に関しては、正式な礼拝に最低1ヵ月に1回以上参加する人の割合を調べた。私たちはこれを「礼拝出席」の変数と呼んでいるが、礼拝の形式や場所は国や宗教のタイプによって異なる。週当たりの礼拝出席の結果は月当たりのそれと類似していることがわかった。

図3・1は実証分析の結果のおよその状況を示している。これらの結果は一連の説明変数の所定の値に対応するものであり、そうした変数としては、1人当たりGDP初期水準、人的資本、制度の質、貯蓄率の指標などが含まれる。上側の図は、ある地獄信仰レベルを所与とした時（つまり地獄信仰のレベルを固定したとき）、月当たり礼拝出席率が増加するほど経済成長が減少することを示している。一方、下側の図は、礼拝出席率をある値に固定したときに、地獄信仰の増加が経済成長の増加につながることを示している。全体として言えることは、宗教の効果がもっとも如実に経済成長に影響するのは、信じること（たとえば地獄）であり、所属すること（たとえば教会）を上回るということだ。[*10]

図3・1の下図の宗教的な信仰の効果は、マックス・ヴェーバーが明確にしたつながりに関係している。地獄信仰が大きいほど人々が「善行」を積むことを励まされ、そしてそれが精励、節約、正直等々を上昇させるのであれば、経済成長が促されるのもうなずける。この地獄信仰を、天国信仰に置き換えても、基本的には同様の結果が得られた。ただ、この二つの信仰を同時に考えると、その結果は地獄の存在に関する信仰のほうが天国の存在に関する信仰より明確だった。つまり地獄からの鞭のほうが、天国からの飴より効き目が大きいということだ。

図3・1の上側の図では、正式な礼拝への出席率が高いと成長に負の影響が出ているが、それは宗教部門が与える主たる出力が宗教的な信仰そのものであることを考えれば、納得がいく。だから礼拝

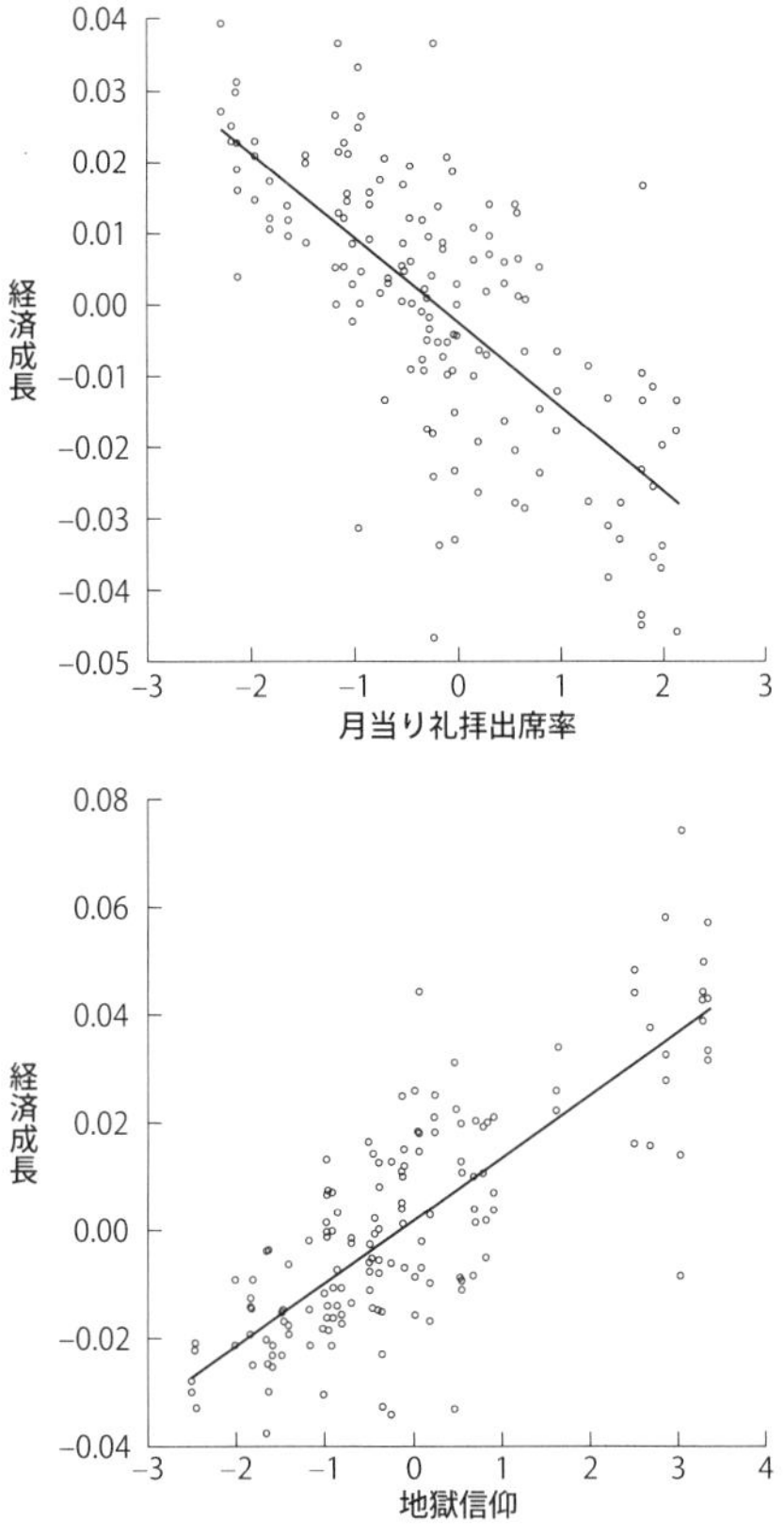

図3.1　経済成長と宗教的な信仰の国別分布

注：これらの結果はRobert Barro and Rachel McCleary (2003) による（より最近の情報を組み込んでも結果は類似している)。縦軸については、経済成長の世界平均（年2.2%）が0.00に相当する。0.01ポイントの増加もしくは下落は成長率の増加もしくは下落が年当たり1%であることを意味する。横軸については、0の値はこの変数が世界平均値であることを意味し、それは月当たりの教会出席率が32%であり地獄の信仰が37%である。横軸の尺度は、ほぼ比例的になっており、つまり、出席率や地獄信仰の割合の変化に対応している。1の値は月当たり教会出席率が57%で、地獄信仰は61%を意味している。一方、－1の値は月当たり出席率が15%で、地獄信仰が17%であることを意味する。

出席率は宗教部門への多くの重要な入力の中の一つということだ。ある信仰レベルについて（信仰の深さを固定したとき）、礼拝出席率が上昇すれば、その宗教部門は生産性が下がることになる。換言すれば、信仰のレベルは教会のために使う時間との対比では下がることになる。この見方からすれば、正式な礼拝のために時間やその他の資源を多く消費すればするほど経済の成績がマイナスになるのは当然のように思える。

これに対して、一部の社会学者や経済学者は、正式な宗教からの主たる経済的な恩恵は、仲間の参加者との交流から生まれる社会資本によるものだと主張する。もしこの社会のネットワーク効果が主たる要因だとするなら、礼拝出席が経済成長に与える影響は正でなければならないのに、図3・1の上の図では負になっている。つまり、私たちの実証結果からは、正式な宗教のもたらす明確な特徴は、たとえば地獄信仰のような、宗教的な信仰心を上昇させることであることがわかる。

ほとんどのケースで、宗教参加と信仰心という変数は、いろいろな国や時間を越えて、いつも強い正の相関を示している。つまり、教会によく行く人たちは地獄や天国やその他についても、深い信仰心を示す傾向にあるのだ。したがって、より強い宗教性が経済成長にもたらす全般的な効果を評価するためには、図3・1に示される二つの効果の組み合わせを考えなければならない。この組み合わせた効果では、より大きな参加率は成長から引き算になるが、より強い信仰は成長には足し算になる。しかしこれら二つの効果は大きさでは同程度であることがわかった。[*11] したがって宗教性（参加率が高いこと、および、それにより信仰が深いことと解釈される）と、成長との結びつきは全体としては弱いのである。つまり、ほとんどのケースでは、全体的な宗教性の違いは国別、時間を通じた経済成長の違いの主たる原因ではない。しかし一部のケースでは経済的効果は重要である。たとえば北欧各国と日本では、宗教への参加が極めて低いのに宗教的な信仰が高く、このことは経済成長の一つの原動力になっている。

なぜ宗教が経済成長にとって重要なのか

私たちが到達した中核的な知見は、宗教性の経済成長への効果は、所属すること（参加率）よりも信仰することにより強い相関がある、ということだった。私たちは、宗教的な信仰が成長を促すのは、宗教が成長を向上させるような個人的振る舞い、たとえば正直、節約、勤勉などを維持する手伝いをするため、と推測している。

私たちの統計的な分析結果では礼拝参加率の高いことは、必ずしも経済成長に正味で負の効果をもたらす傾向を示してはいない。むしろ純効果は、礼拝参加率の増加がどの程度信仰を深めるのにかかわっているかに依存している。つまり、大切なことは宗教組織がその主たる務めをいかに効率的になしているかであり、その務めとは信者たちが胸に抱える信仰そのものである。

社会資本的アプローチとは異なり、所与の信仰心（の深さ）に対し、正式な礼拝に出席する率が上がると、経済成長が下がることを私たちは発見した。私たちはこの現象をいくつかの力の組み合わせによるものと考えることができる。第一に、宗教団体によって使用される資源からの負の影響がある。第二に、公式の礼拝への参加が増えると、そこで社会的な交流が生まれるので正のネットワーク効果が生まれる可能性がある。そして最後に、礼拝出席というのは、組織宗教か国の法律や規制に及ぼす影響を測る代用データになっているかもしれない。宗教の後押しを受けている各種のルール、たとえば信用や保険市場への、あるいは企業統治への干渉、店の営業時間、子どもを何人持つかなどの家族計画についての個人の選択への規制などの多くは、経済活動に対する負の要因である。イスラムにおいて働く力については、第4章で詳細を検討することにする。私たちの知見では、礼拝出席率の上昇に関する各種の力の全体的な影響は、所定の宗教的な信仰について、経済成長に負の方向で働いている。

プロテスタンティズムと人的資本

すでに述べたとおりヴェーバーは、少なくとも西ヨーロッパの産業革命の時代においては、「プロテスタンティズムの倫理」が経済推進の中心的な力だったと述べている。ヴェーバーは特にプロテスタント神学が信者たちをより多く働かせ、より多くを貯蓄させるように働いたと考えた。

それに代わる、あるいはそれを補完する見解として、プロテスタンティズムが経済成長を支えるのは、それが教育を通じて人的資本を蓄積することを奨励するからというものがある。この見解は、学校教育がすべてのキリスト教徒を聖職者の手を借りずに、自分で聖書を読めるようにするために使用されるべきとするマルティン・ルターの概念に通じている。サシャ・ベッカーとルドガー・ヴェスマン（Becker and Woessmann 2008）が強調しているように、このルターの概念は少年にも少女にも等しく適用された。その結果、プロテスタント信者の高い識字率は、聖書を読むことだけでなく、一般の経済発展を促すことになった。この概念はほかの宗教の聖典を読むことにも拡大することができる。

ベッカーとヴェスマンは、プロテスタンティズムの経済成長への正の影響の、人的資本ヴァージョンをテストするために、一九世紀末のプロイセンのデータを使用した（Becker and Woessmann 2009）。この場所と時間はプロテスタンティズム、教育、経済の繁栄の間の関係を調査するには絶好の環境だった。というのは、この地域にはヴィッテンベルクが含まれ、前に述べたようにこの町でルターが宗教改革を一五一七年に始めたからだ（たまたまだが、プロイセンはマックス・ヴェーバーの生誕地でもある）。そればかりでなく、プロイセンでは同一の法律と制度がすみずみまでいきわたり、しかも一九世紀末には圧倒的多数のプロテスタント派（ルター派）とカトリック派の人々が居住していたのである。全体として、人口の約3分の2がプロテスタントで、3分の1がカトリックで、1％のユダヤ人も含まれていた。

図3・2は一八七一年におけるプロイセン王国における各郡のプロテスタント派の分布を、各郡のヴィッテンベルク（図でxで示す）との相対的な地理関係とともに示している。郡によって、プロテスタント派の人口の割合に大きなばらつきがあることがわかり、0％から100％にまで及んでいる。プロテスタント率が80％以上の郡と、20％未満の郡が全体の75％超を占める。つまりプロテスタントかカトリックのどちらかが大半を占める郡が多い。

図で明らかなように、一八七一年の時点でヴィッテンベルクに近い場所ではプロテスタントの率が非常に高く、そこから離れた場所では低い。一六世紀に、このプロテスタント派の集中がヴィッテンベルクを中心とした円形に広がっていたとしても、ルターの宗教改革が一五一七年に開始されたことを考えると、不思議なことではない。当時の交通に要する費用や、情報が空間的に広がるための費用を考えると、ルターの中心拠点だった場所に近い郡ほど、その郡の君主がルターの改革を取り入れ、その地域の主たる宗教を当初のカトリックからプロテスタント（ルター派）に変えることがより自然

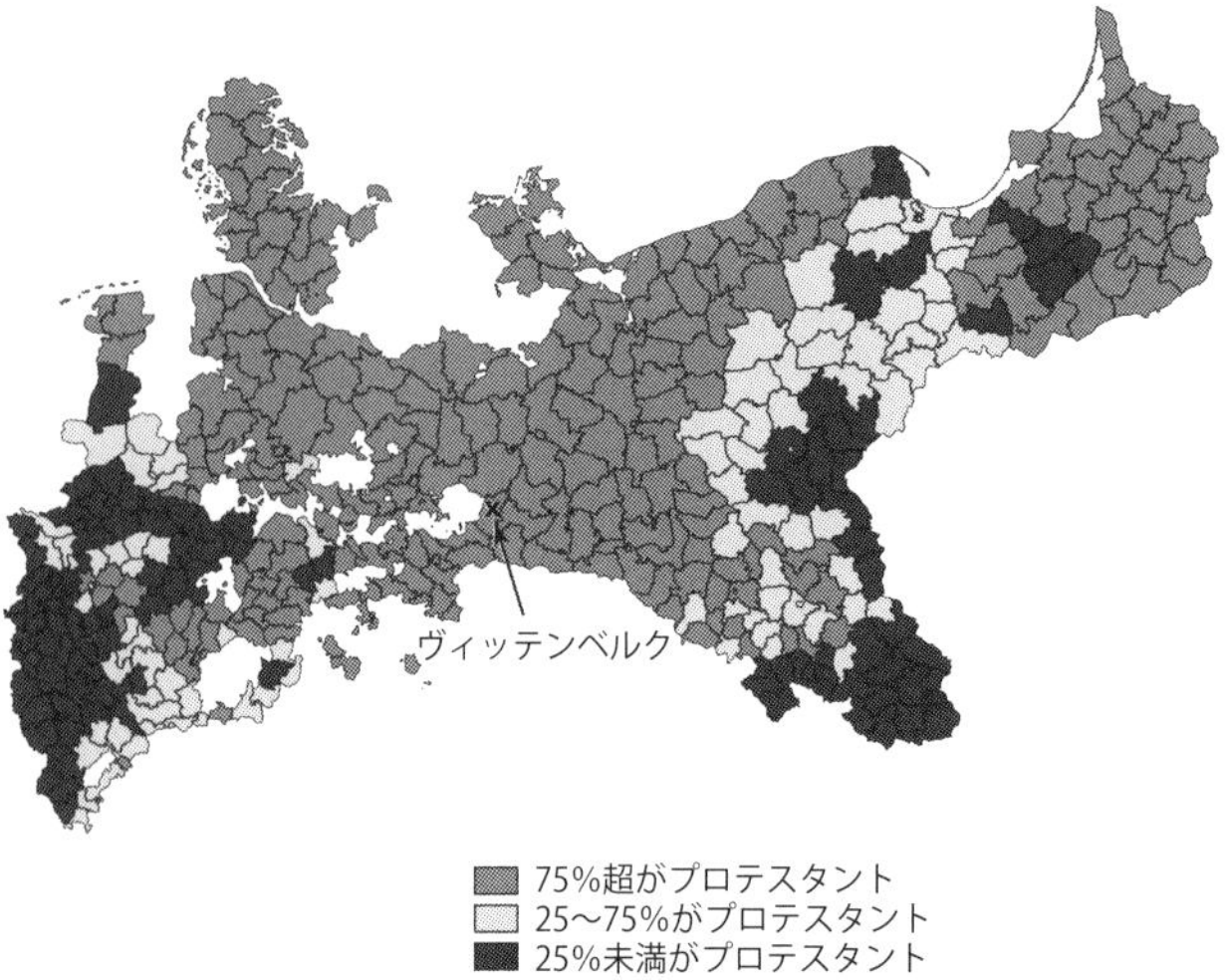

図3.2　1871年のプロイセンのプロテスタント派分布

注：このパターンはプロテスタント派がマルティン・ルターの故郷であるヴィッテンベルクに近い国に集中していることを示す。ヴィッテンベルクの位置はxで示されている。

出典：Becker and Ludger "Was Weber Wrong? A Human Capital Theory of Protestant Economic History," *Quarterly Journal of Economics*, 2009, vol. 124, issue 2, by permission of Oxford University Press.

だったことだろう。さらに、一度この選択がなされると、君主やその家族が選択を変えない傾向があり、このことはヴィッテンベルクの周囲のプロテスタンティズムのパターンが改革のあとも長年続くことを示している。その持続力は非常に強いものであり、三百年から四百年も経過したあとでも、ヴィッテンベルクに近いということは、その郡がカトリックではなくて、色濃くプロテスタントである確率が非常に高いのである（一八七一年についての図3・2のパターンが示すとおりだ）。

ヴィッテンベルクから放射状に位置する公国における、宗教改革以前の免罪符の販売状況を調べてみれば、面白いことが発見できる可能性がある。ヴィッテンベルクは一五一七年に教皇権の行使により、ドミニコ会の僧であるヨハン・テッツェルが販売していた聖ペテロの免罪符を禁止した。聖ペテロの免罪符が禁止されていたザクセン地方に位置するヴィッテンベルクのカトリック信者たちが、テッツェルの販売する大赦を購入するため隣接するアンハルト公国の都市ツェルプストとユッターボックに旅をしてこの禁止をかいくぐった様子を、ルターが記述している。二段階制の免罪符販売制度（地方組織とバチカンによる）は、バチカンの利益のために、バチカンの直接販売に切り替わりつつあった（Ehrstine 2018）。ヴィッテンベルクを中心に放射状に広がる公国における免罪符販売のデータは、地方経済における免罪符効果の減少と、それによるプロテスタント信者の増加を示すかもしれない。テッツェルがアンハルトに現れてから五年後の時点で、マルティン・ルターはツェルプストで説教を行った。

プロイセンの統計局もまた一九世紀における多くの社会経済的データを集めていた。特に、一八七一年におけるプロイセンのセンサスは全国民の識字率を調査している。このデータは当時のプロイセンの452ヵ国すべてをカバーし、国による識字率の幅は大きく、37％から99％にまで及んでいた。つまりプロイセンはまた一九世紀にすべての個人に信教の自由を認めるという非常に珍しい存在だった。つまりフリードリヒ大王は一七四〇年ごろに、彼の国のすべての市民はそれぞれの方法で救済を求めることができると宣言したのである。

ベッカーとヴェスマンは一八七一年時点でプロテスタントが大勢を占めていた郡は、カトリックが大勢を占めていた郡より明確に識字率が高いことを示した（Becker and Woessmann 2009）。圧倒的にカトリックの多い場所から圧倒的にプロテスタントの多い場所に移行することは、識字率が8％上昇することを意味した。この当時の平均的な識字率は87・5％だったことを考慮したい。

プロテスタント派の集中率と人的資本の指標との、ここに見る正の相関は、プロテスタンティズムが一九世紀に入っても教育を促進していたことを示している。しかし逆の因果関係の可能性もまた捨てきれない。つまりプロテスタント信者がカトリック信者よりも、教育が強い場所に吸い寄せられたという可能性だ。このことは、ヴェーバーへの批判として、R・H・トーニーによって大ざっぱな表現で論じられたことだ。たとえばヴェーバーの著書への緒言に、トーニーはこう書いている。「因果関係が一方向だけにしか働かないとなぜ言い張れるのだろうか？　資本主義的企業の登場は宗教の変化が資本家精神を作り出すまで待たねばならなかったと主張するのは、ヴェーバーがそれとなく暗示しているところではあるが、やや強弁ではなかろうか？　その一方で、宗教の変化はそれ自体が経済の動きの単なる結果だったと主張するのは、同じくらいもっともらしくて、一方的ではないだろうか？」（Tawney, 1930, p. 8）

この逆方向の因果関係への懸念を和らげるために、ベッカーとヴェスマンはヴィッテンベルクからの距離だけで説明できるプロテスタント集中率の国境を越えた変化に注目した。つまり図3・2で示されたパターンである。二人は、プロテスタンティズムの識字率への影響はこの文脈ではさらに強力であることを示した。つまりヴィッテンベルクに近接していて、そのために色濃くプロテスタントである郡は、識字率が明らかに高いという関係が存在するのだ。[*12]

ベッカーとヴェスマンはさらに、プロテスタンティズムを識字率だけではなく、1人当たりの所得にまで結び付けた。一九世紀のプロイセンにおける1人当たりの郡の税収を示すもっとも近い数字としては、一八七七年の1人当たりの所得税支払いのデータがある。この所得税支払い額はプロイセンの全郡にわたって人口におけるプロテスタント信者の割合に明確に正の相関があることが示された。

なかでも、1人当たりの支払い税額は225のほぼプロテスタントの郡のほうが、102のほぼカトリックの郡より9・1％も高かった。ベッカーとヴェスマンは、このプロテスタンティズムと1人当たり所得（を示す因子）の間の正の相関関係は幅広く成立するものであり、それはプロテスタンティズムの浸透度がヴィッテンベルクからの距離で説明できる地域の中で移住が制限される場合でも同様であるということを示した。

ベッカーとヴェスマンの研究の一番重要なポイントは、プロイセン内のいろいろな郡におけるプロテスタンティズムの浸透度が、（識字率という形の）人的資本と1人当たり所得（所得税額で測ったもの）の高さを説明しているということだ。このパターンはプロテスタンティズムが聖書を読む目的で識字率の向上を促したというルターの主張とうまく合致する。しかしこのパターンは、マックス・ヴェーバーの言う、資本主義の精神を通じて働くプロテスタンティズムの別の効果を排除しない。すなわち労働倫理やその他の性格を作ることを通じての効果である。

ティモ・ボッパルトとその同僚は、ベッカーとヴェスマン（Becker and Woessmann 2009）型の分析を一九世紀末のスイスの学校制度に応用した（Boppart 2013, 2014）。このスイス版の分析でルターとヴィッテンベルクに相当する役割を果たしたのは、プロテスタント改革派のフルドリッヒ・ツヴィングリとジャン・カルヴァンおよびそれぞれの活動拠点、チューリッヒとジュネーヴである。一九世紀末のスイスでは、カトリック信者とプロテスタント信者はおおむね同じ浸透度だったが、プロイセンの場合と同様、各地域はカトリックもしくはプロテスタントのどちらかに偏る傾向にあった。各地域の人口に占めるプロテスタントの占有率はチューリッヒもしくはジュネーヴからの距離に強く逆比例していた（それぞれの地域が二つの市のどちらに近いかで測定した）。

ボッパルトらは、一八七〇年から一八八八年の生徒1人当たりの通学支出は、地域の人口に占めるカトリックの占有率に逆比例していたことを発見した（Boppart et al. 2013、表4）。このパターンはプロテスタンティズムが正規の教育への投資を奨励していることに合致している。

ボッパルトらは一九世紀末に男子の人口に対して実施された、義務化され標準化された各分野の試験（特に読解力と算数）の結果を各地域ごとに分析した。この教育のデータは内容的にベッカーとヴェスマンで得られた識字率の調査をはるかに超えるものになった。ボッパルトらは、読解力と算数の試験の成績が地域の人口に占めるプロテスタントの割合に強く正に比例していたことを示した（Boppart et al. 2014、表3と4）。さらに読解力と算数の効果の量は定量的に同様だった。たとえば、すべてカトリックの地域からすべてプロテスタントの地域に移動すると、読解力の優秀者の率は18%上昇するが、算数についても19%上昇した。この地域移動は読解力不合格の率を15%引き下げ、算数の不合格率を28%引き下げたことがわかった。したがって、これらの結果から言えることは、教育と人的資本に対するプロテスタンティズムの好ましい影響は、基礎的な識字率の向上をはるかに超えるものであり、識字率は聖書を読むことに関係している程度ということだ。この結果は、プロテスタンティズムの好ましい傾向が教育や人的資本にまで広くおよぶことに一致している。

最後にボッパルトらは、学校への施策が続くときには、プロテスタンティズムであることが試験結果に正の効果が継続して与えることを見出した（Boppart et al. 2014、表5と6）。つまり、学校への投資額当たりの成績結果という意味において、プロテスタンティズムが学校の生産性を向上させることを発見した。この結果についての可能な説明としては、プロテスタントの地域の生徒と教師がより精励する傾向にあるからというものだ。つまり、この結果はヴェーバーによって主張されたプロテスタントの職業倫理と合致している。

プロテスタンティズムの職業倫理への影響を明確に浮き上がらせるには、この概念に特別に関係しているデータを必要とする。クリストフ・バステンとフランク・ベッツは、彼らが呼ぶところの「休暇への選好」に関するスイスの一九八〇年以降の国民投票結果を手段に使った（Basten and Betz 2013）。たとえば、法的に取得が義務化される休暇日数を増やすこと、正規の退職年齢を引き下げること、週当たり労働時間を削減することなどに関する国民投票結果に関する情報がある。彼らは、それぞれの問題についての投票数の平均を取ることで、（職業倫理の反対概念として）休暇の選好についての平均的な指標を作った。次にその投票結果を、プロテスタント（ツヴィングリとカルヴァンに関連する改革派）とカトリックとで比較してみた。宗教の影響の信頼できる識別を得るために、彼らはスイス西部のある地域に着目した。ここでは信者の現在の人口分布が過去の戦争（一四七六年と一五三六年）の結果に大きく依存している。この紛争の結果、今日のヴォー州とフリブール州が外因的に、そして圧倒的に、それぞれプロテスタントとカトリックになっている。そしてヴォー州とフリブール州の境界で、宗教の選択だけでなく、休暇の選好に関する国民投票の政治的支持についても、驚くべき変化が見られたのである。バステンとベッツは、観察されたパターンから「休暇時間を増加させることに賛成のプロテスタントの選挙民は、カトリックの選挙民よりおよそ13・5％も少ない」と結論した（Bastem and Betz 2013, p. 69）。ここにはヴェーバー理論に沿って、職業倫理で大きな差があるようだった。

イェルク・スペンクフは、現代のドイツの労働時間（二〇〇〇年～〇八年）と個人のプロテスタントもしくはカトリックへの帰依の間の関係を調査した（Spenkuch 2017）。宗教から労働時間への因果関係だけを抽出するために、彼は一五五五年のアウグスブルクの和議に基づいて諸侯たちが行った宗教選択がそのまま現代に残っている地域だけを考慮した。彼の主たる発見（Spenkuch 2017, 表7）は、プロテスタント教徒は実質、週当たり3時間から4時間もカトリック教徒より多く働くというものだ。ところが彼はプロテスタントとカトリックで給料（Spenkuch 2017, 表7）や通学年数（Spenkuch 2017, 表9）に目立つ違いが発見できなかった。通学年数に影響が見られなかったのは義務教育法の広い影響を示すものだろう。スペンクフの結論は、この結果は「プロテスタンティズムの人的資本理論と一致させるのが難しい。とはいえ、この結果は価値をベースにした単純な説明と矛盾しない」というものだ（Spenkuch 2017, p. 212）。ゆえに、この研究は現代でもプロテスタントとカトリックの間で職業倫理に重要な差がある、というバステンとベッツの調査結果を補強することになる。

両方向の因果関係を一致させる

前章では経済発展から宗教性への因果関係を検討し、この章では宗教性から経済、特に経済成長への因果関係を考慮した。私たちはルター、カルヴァン、ウェスレーの理論に基づくヴェーバーの見解、すなわちプロテスタント宗教改革に関連する信仰が職業倫理、節約などの特性を育て、それにより一八世紀の産業革命を促したという見方に注目してきた。特にこの革命はイングランド、オランダ、一部のドイツなどのプロテスタントが支配的な地域において、フランスやイタリアなどカトリックが強い地域より早く発生したのである。

ヴェーバーは、プロテスタンティズムの経済への影響が一九世紀以降も続くとは思っていなかったが、私たちは実際に一九六〇年以降のグローバルなデータのなかにヴェーバー的な効果の証拠を見つけたのである。なかでも経済成長が宗派への所属（正式の宗教行事への参加率で示される）よりも、信仰心（天国と地獄のような）の深さに比例することを、私たちは発見した。これらの結果が示すことは、宗教が経済的な成績に影響するのは主として重要な信仰の提供者としてであり、社会的交流の推進者の面はそれに及ばないということだ。

マルティン・ルターの主張する、聖書を読むことの重要性との関連で、私たちはプロテスタンティズムが教育と人的資本を推進するために経済成長を促すのだという考えを考察した。ベッカーとヴェスマン（Becker and Woessman 2009）による一九世紀のプロイセンに関する研究、およびボッパルトら（Boppart et al. 2013, 2014）の一九世紀のスイスの研究はこの効果の道筋が正しいことを証明している。バステンとベッツ（Basten and Betz 2013）、およびスペンクフ（Spenkuch 2017）はそれぞれスイスとドイツの現代のデータから、経済成果への宗教の影響の一部は、プロテスタンティズムによる職業倫理への好ましい効果を含むことを直接的な証拠で示した。

将来の研究のためには、職業倫理や節約などの個人の特性への宗教の影響を、教育の効果や宗教による法律や規制などの効果と分離させることが望ましい。個人の特性を測定する方法として、WVSからの調査アンケートを使うと効果があるかもしれない。その質問の第一は人生で仕事はどれくらい重要かをたずねるものであり、第二は子どもたちが家庭で学ぶように奨励される項目のなかに勤勉や節約が含まれるべきかをたずねるものだ。こうしたデータは個人の宗教への帰依や教育・収入の結果に結びつく可能性がある。そしてジョナサン・フォックス（Fox 2018）の「宗教と国家」のデータは、宗教によって推進された法律や規制を国レベルで評価するのに使用できるかもしれない。

第4章　イスラムと経済成長
——およびヒンズー教・仏教・ユダヤ教と経済成長

ヴェーバー（Weber［1904–1905］1930）の分析を自然に展開していけば、非キリスト教の各宗教についても、信仰と参加の経済的な役割を評価することができるはずである。本章ではイスラムについてこれらの影響を概念的および実証的に掘り下げていくことにする。本章の終わりのほうでは、世界の他の宗教、特にヒンズー教、仏教、ユダヤ教についても同様の検討を行う。

第3章の経済成長に関する検討では、宗教の役割を経済成長の一つの決定要因として追求するヴェーバーの考え方を採用してきた。ヴェーバーは宗教改革と、その結果生じた職業倫理、節約、正直、人的資本の蓄積などに関するプロテスタントとカトリックの違いに注目した。ヴェーバーは西ヨーロッパでの産業革命当時のプロテスタント倫理の役割を強調した。しかし現代のデータを分析した結果、経済成長と地獄・天国の存在についての信仰——勤労努力と生産性にとっては鞭と飴と解釈される——の関係が今の時代にも有効であることが明らかになった。より具体的には、私たちは正式礼拝に参加するレベルに比較して、高い信仰心の方が経済成長への強い効果があることを見つけたのだ。

第2章での発見は、イスラム教徒が宗教的な信仰心において他より抜きんでており、特に地獄と天国の存在についてはそれが強いということだった。これらの宗教では信仰心が正式な礼拝への参加の回数に比較してやはり高かった。第3章で述べた経済成長の議論からすると、イスラム諸国での比較的高い宗教的な信仰心は高い経済成長を生み出していてもおかしくない。しかしこの予測は、たとえば一九六〇年以降のイスラム諸国の経済状況とは合致しない。その理由として考えられるのは、正式な礼拝への参加のデータが、イスラム教徒が通常宗教のために使う時間より低めに出ているためかもしれない。こういう時間の多くは正式な礼拝の外で（たとえば自宅での礼拝などで）生じているのである。それに加えて、イスラム諸国では宗教上の儀礼と政府の規制からの経済への悪影響があるかもしれない。本章ではイスラムの長い歴史を通しての経済と政治の役割を考えることにより、上記の悪影響の可能性を特に見ていくことにする。

一〇世紀まではイスラム諸国は欧州の国々に比べて、はるかに発達し科学的にも進んでいた。しかしこのイスラムの経済的な優位は長続きせず、今日ではこれら諸国の経済状況は西欧諸国よりずっと見劣りがする。そこで大切な質問は次のようになる。イスラム諸国の相対的な経済沈滞のなかで宗教はどんな役割を果たしたのかということである。

この分析のための舞台を設定するために、主要なイスラムの国であるトルコの1人当たりGDPを、西ヨーロッパ諸国とその仲間、すなわちその後OECD（経済開発協力機構）を構成した諸国のそれと比較するべく、一八七五年のデータを使用することにしよう。[*1] 一八七五年の人口調整済みOECD19ヵ国の平均1人当たりGDPは2690ドル（二〇〇〇年の米ドル換算）だったが、トルコ（当時オスマン帝国の中核部）のそれは1469ドルだった。したがってOECD諸国はトルコより1・8倍も豊かだったことになる。もっと最近、二〇一六年ではOECD平均は3万3273ドルでトルコは1万1649ドルだった。つまりOECDは2・9倍も金持ちだ。そこでなぜトルコの経済的豊かさが一八七五年から二〇一六年にかけてOECD諸国より3分の1から2分の1だったのか、イスラムの長い歴史を振り返って答えを見ていこう。

ムハンマドとイスラムの台頭

ムハンマドとイスラムの台頭には、アラビア半島における二つの宗教の動きが背景にあった。*2 その一つはキリスト教の増大する影響であり、もう一つはアラビア半島におけるユダヤ人共同体の重要なプレゼンスだ。メッカやメディナなどの町でアラブ諸族によって信仰されていた多神教は、アブラハムの一神教や、のちには四五一年のカルケドン公会議以降のキリスト教とも共存していた。一神教からの増大する競合に対抗するために、多神教は一神教のいくつかの要素を取り込んだ。たとえば、アッラーとして知られる神は、あまたの神のなかで特に崇拝され、最高の地位を得ることとなった。五七〇年頃に誕生した預言者ムハンマドは、さらに一段階を進め、アッラーのみが神であり、ムハンマド自身は神の預言者として認められるべきだと説いた。このムハンマド側の動きはすでに許容されていた宗教的習慣を破り、メッカの部族の政治階層を破壊した。

ウンマ、つまりイスラム共同体は、イスラム教徒同士の交流のための排他的な宗教的・道徳的・法的ルールを作った。さらにイスラム教徒と異教徒との交流のための別の宗教・道徳ルールも作ったが、とくに非イスラム教徒への暴力を正当化するルールにしたことにより、ウンマは他者に非寛容で閉鎖的な社会になった。信者による共同体としてのイスラムというムハンマドの救世主的ビジョンの登場は部族や血縁に基づく忠誠心を打ち壊わす宗教活動ができるようになった。かつては長老による伝統的部族会議が意思決定の権威だったが、その役割は神と、神の預言者ムハンマドに置き換わった。ムハンマドの共同体はアラブ諸部族のなかでは革新的だった。なぜならそれは同じイスラム教徒とのいかなる戦争をも、たとえ異なる人種だろうと、別の部族だろうと、すべて禁止したからだ。この禁止はさらにイスラム教徒同士の殺人が、加害者も被害者もともに地獄に行くことを意味するという教義になった（Cook 2007, pp. 45–47）。

イスラムの成功に大きな役割を果たしてきた殉教の概念は、天国と地獄についての信仰がイスラム教徒に及ぼす強烈な動機づけの力を際立たせる。殉教の概念は幅広いものであり、産褥での死、あるいは毒蛇に噛まれること、病気、船酔いなどによる死にまで及ぶ。殉教者の資格を得るためには、人は非常に厳しい状況のなかで、一定の儀式的な祈りや賛美の言葉を限りなく口にすることを求められる（Cook 2007, pp. 34–35）。殉教者になるため平穏な普通の道から外れることは、今も昔も変わらず、来世で天国の暮らしをするため（そして地獄に行かずに済むため）なのである。

アラビア半島の諸部族がイスラムに転向して以降、戦利品を得るために他の部族を襲うことは時代遅れになった。イスラムがアラビア半島を越えて拡張していくなかで、征服された非イスラム教徒に貢ぎ物を課す習慣が取り入れられた。さらに重要なことは、コーラン（16章125節）にはイスラムへの転向は力によるのでなく、説得のみによるべし、と書かれていることだ。特に、政権は軍事的に征服された大量の非イスラム教徒に無理に転向を強いることを制限されていた。政治的な安定を得る必要性から、イスラムの指導者たちはイスラムの保守的な正統派信仰を抑えながら寛容を調整する諸制度を作ろうとした。

マドラサとワクフ

イスラム教徒は征服した領土のなかでは少数派であったし、非イスラム教徒の転向は説得でしかできなかったために、思想と言論の自由は保たれていた。当初はキリスト教、仏教、ユダヤ教などの非イスラム教徒たちは、宗教間での討論能力ではイスラム教徒より勝っていた。このように討論で負けていたイスラム教徒たちは弁論の論理スタイル、特にアリストテレスのスタイルを熱心に勉強した。ジョナサン・イスラエル（Israel 2006）とエリック・チェイニー（Chaney 2016）は、中世のイスラム教徒たちがその後の欧州の啓蒙主義運動のように知的な情報交換、科学的発見、そして既存の思想や制度を疑問視することなどの能力を蓄積したことを示した。イスラムの高等学院（マドラサ）は、アラビア語の文法やコーラン読解の基礎を中心に教えていたが、同時に数学、天文学、論理学、自然科学の話題も扱っていた。しかし実用的な授業では相続財産の計算法、救貧税（ザカート）、時間の計算などが宗教目的のために教えられた（Berggren 2016）。一方、高等な授業ではイスラム法や法解釈を中心に教えている。

一二世紀の中頃までにイスラム教徒は今日の地理的表現で言うところのイラン、イラク、トルコ、シリア、エジプトなどの征服した領土のなかで多数派を占めるに至った。これらの地域には王族の保護の下、ワクフと呼ばれる特定の個人が特定の目的のために行う宗教的寄進制度が設立され、これによってマドラサが運営された（Arjomand 1999, Kuran 2004）。ワズィール（宰相）と王族の親族はマドラサのためのワクフを設立したが、ワクフの用途としてカリキュラム内容の規定、教員と教務員の資格や給料、インフラなどが含まれていた〔ワクフは寄進の用途を条件付けられる制度。財そのものをワクフという場合もある。〕。また規定には生徒の数、財務的な支援、校舎、寄宿舎、病院、図書館などへの基金が含まれていた。

ティムール・クラン（Kuran 2004）によって示されているように、こうした寄進者が亡くなると、そのワクフは子孫たち、もしくは指名された管理者によって運営され、その規定が引き続き維持されるようになっていた。ワクフの対象は道路、水道、マドラサ、もしくはモスクなどの指定された社会サービスに携わった。またワクフは一定程度、企業が存在しない時代に代理の役割、もしくは遺産管理の役割も果たした可能性がある。つまりワクフの登場により、人々は永遠に死後のそれぞれの財産の用途を指定することが可能になった。ただワクフのサービスの公益性の少なくとも一部が、個々の運営者やそれぞれの遺贈者の子孫にとって魅力を減じていたことが難点となった。

マドラサは国家が資金を出す施設になった。学校はイスラム法、コーラン、イスラムの伝統についての各分野のウラマーを任命した。一二世紀に二つの流れが生まれ、それがマドラサの性格を変化させた。その一つは、しばしばその時の政治的統治者の要請をうけて、マドラサはイスラムの特定の宗派の正統的信仰を強化することに使用されることが多くなった。統治者はワクフの収入をその支援者に報いるのに使用したが、支援者のなかにはしばしば王宮に出入りし、マドラサを設立するウラマーも含まれていた。二つ目は、一三世紀までにワクフの初期の規定が次第にシャリーア法廷の裁判官によってくつがえされることが多くなったが、それは主として時の統治者の都合のためだった（Chaney 2013）。イラン、トルコ、インドにおいては、政権の正統性を保証し、宗教界をコントロールするサドル（最高責任者）と呼ばれる長とその側近がマドラサのためのワクフを管理した（Arjomand 1999, p.

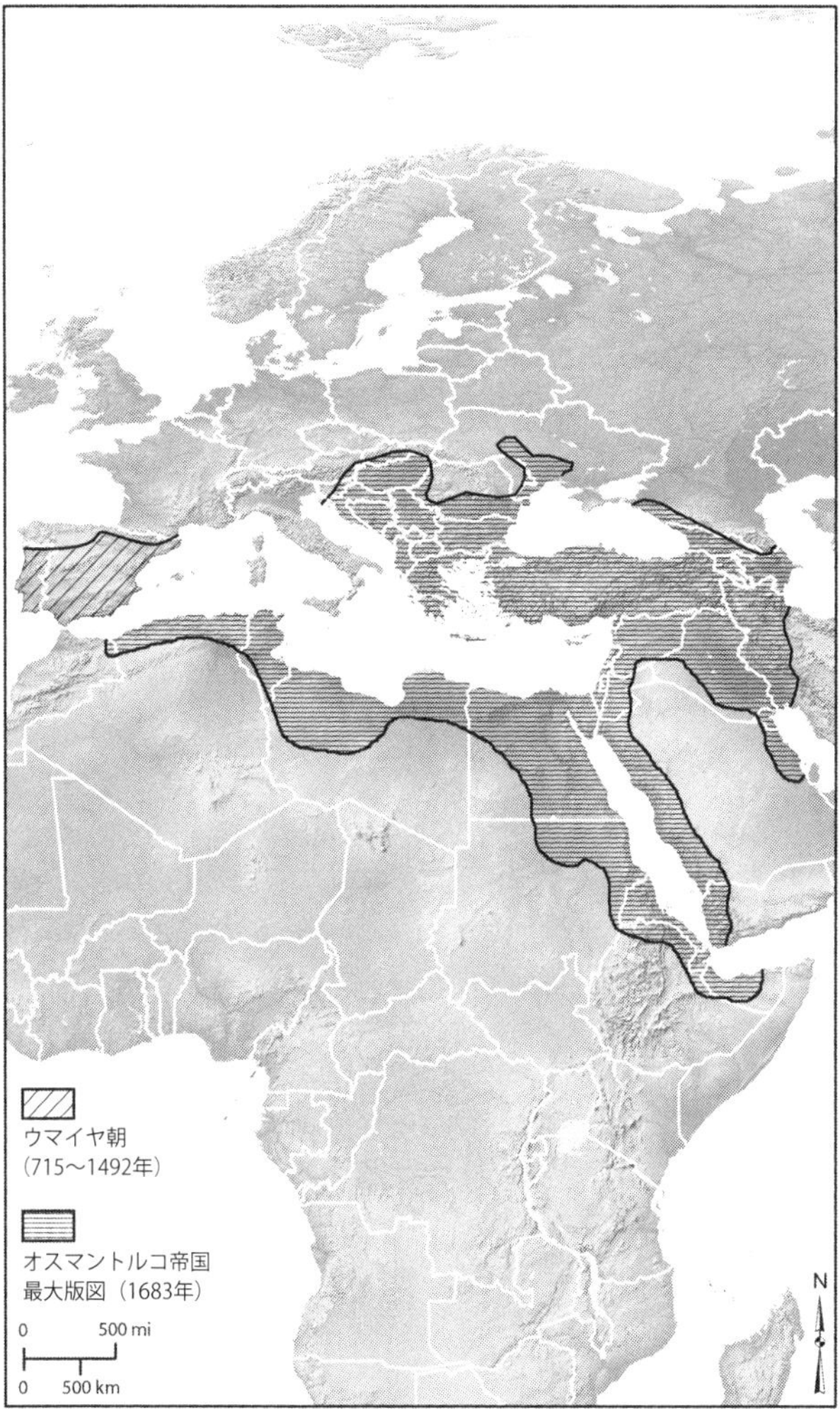

図4.1　オスマン帝国の地図

注：地図の作成はハーバード地図コレクション所属のデジタル地理作成スペシャリストC. Scott Walkerによる。

282）。その結果、宗教のエリート官僚たちが次第に統治者の政策実行者として動くようになり（Rubin 2017）、マドラサは政治的な役割を帯び、元の学問的な機能を失っていった。

イスラム文化の凋落

多くの学者が同意していることだが、イスラム諸国はおよそ一一世紀までに科学と工業技術についての「黄金時代」を作り上げ、そのことによりイスラムと科学が生来両立しないものではないことを示した。医学、数学、天文学、光学などの先端科学の書物は、一世紀にはラテン語とギリシャ語に翻訳され始めた（Burnett 2013）。さらに一二世紀の中頃には、スペインの都市であるトレドがアラビア語とギリシャ語からラテン語への翻訳の中心地になった。トレドに在住のカトリックの聖職者たちがこうした文書の翻訳に密接にかかわったのである。教皇、ローマ教皇庁、大司教、司教、およびその他の聖職者たちは、物理的な場所を資金的援助で提供したり、翻訳を普及させたり教育する大学を設立することを通じて、積極的に翻訳事業を支援した。

翻訳がブームになる一方で、イスラム諸国での実際の科学研究は一二世紀以降、凋落し始めた。チェイニーはハーバード大学の図書館の収集物を調査し、科学書の出版のデータから科学上の新しい発見のパターンを記録している（Chaney 2016）。彼は一七世紀のトルコの書誌目録のなかに同じようなパターンがあることを見つけた。そこで彼は、イスラム諸国での科学的な生産性がなぜ時間的に変化していったのかの理由として、宗教エリートの力の増大とこれらエリートによる自由で独立した思考への圧迫が組み合わさったことが考えられる、と主張する。

バーナード・ルイスも同様の意見で、イスラム教徒は批判的思考や独立した判断力を習うのではなく、何度も繰り返して暗唱し、丸暗記することに懸命になってしまったと主張する（Lewis 1993）。彼らが主として頼ったのは古典であり、新しいアイディアや革新に触れることは少なかった。こうしてイスラム世界は閉ざされ、そのことはイスラム世界の外への好奇心を妨げ、知的な探究を遅らせ、改革する精神を挫いていった。イスラム研究者たちはこれに反論し、一二世紀までにイスラムが知的に精密になり、それ以上改善する必要ないほど完全になったとしている。つまりすべての問題への回答は出し尽くされて、すべてのイスラム教徒がイスラム教徒であるためには、ただ宗教権威に従いさえすればよかった、というのだ。

クランによれば（Kuran 1987: 1995, p. iv）、個人の主張の歪曲、すなわち自分の本来の意見とはかけ離れた意見を公に表明することがイスラム社会では普通になったという（これを彼は「社会的選好の偽装」と呼んだ）。人々は個人的には社会や経済の改革を支持していても、そのような意見を公に言うことを嫌い、そのような行動に出ようとはしない。そうした振る舞いをする理由は社会的なもめごとや懲罰（フィトナ）を回避するためだ。こうして個人的に懲罰を受けることへの恐れゆえにオープンで正直なアイディアの交換をすることに冷たい知的な環境が社会の標準になってしまった。

イスラムによって推奨され、その制度や政策の硬直化を招いた静的世界観は、「社会的選好の偽装」によってさらに強化された。欧州の社会が一九世紀に社会改革に取り組んだのに対して、イスラム世界はその内部で、急進的社会変化を探求するなんら大きな動きも見せなかった。そしてイスラム世界がそうならなかったのは、その制度自体が政治、社会、経済の現状を安定化させるために不可欠とみなされていたためである。制度の硬直化は原因ではなく、衰退の症状だった。

クランは欧州での資本主義の台頭に必要だった三つの条件がイスラム社会には欠けていたと主張する（Kuran 1995）。第一の要素は、生産、行政、研究およびマスコミュニケーションの複雑なネットワークをコントロールするための成長する能力を通じて、一連の活動を次々に繋げていくことだ。西洋では個人主義が大切にされているが、それは個人主義が社会の結びつきを壊すのではなく、その結びつきを多様化、拡大させることによって、特に法システムを通じて経済成長を促すからである。

第二の要素は、正統な政治権力の決め方を、絶対的支配から法の支配に変革させることである。そして法制度の鍵となる性格とは、契約の自由、契約条項や所有権の法的執行、信用や保険やその他の取り決めによって行う自由な交換への規制がないことなどを通じて経済成長を支援することである。クランが特に強調するのは近代的な企業の存在のために鍵となる企業契約法は西欧による発明であることだ。

第三の要素は、法的・社会的・政治的な機関の世俗化を通じての宗教の変容である。西洋の宗教は政治的・法的改革や社会的な変化から影響を受けないことは決してなかった。ヴェーバーは、経済発展するにつれて多くの次元で社会は世俗化すると予測した。近代主義者たちも同様の意見で、もしイスラム諸国が発展するとしたら、世俗化するしかないと主張した。

クランはこの最後の説に真実があると言う。イスラムの宗教的知識人（ウラマー）は、信者がその信仰や宗教儀式や価値をどう解釈するかに絶大な影響を及ぼした。イスラムの政治用語には悪い政府に対して反抗するための教訓が一切含まれていないと学者たちは指摘する。それどころか、古典的イスラムは、市民に対して権威のない統治者に従順に従えと説いているのである。

クランは、聖職者による変化への抵抗は決して克服できないものではなかったことを発見した。彼はその実例として、工学と医学についての西洋式学校がイスラム圏で設立されたことを挙げている。ただし彼はイスラムの宗教的側面がイスラム諸国の経済的な衰退を後押ししたという見方をしている。

一〇世紀あるいは一一世紀を考えてみれば、当時の科学書の出版傾向が示すように、イスラム世界は西洋のキリスト教世界に比べて広い範囲で経済的に進んでいたことがわかる。クランが指摘するように、「千年前、およそ一〇世紀の頃、中東諸国は生活水準、技術、農業生産性、文学、制度的な創造力などで計測して世界のなかで経済的に先進の地域だった。中国だけがそれを上回って発展していたかもしれない。したがって、中東はそれにもかかわらず、西欧が資本を蓄積し、生産的活動を調整し、交換を実行する能力を大いに増大するきっかけになった制度的変化についていくことができなかったことになる」(Kuran 2004, p. 71)。一七世紀までに西洋諸国は明らかに中東を追い抜いた。

西欧諸国が産業革命の下地を一八世紀に築く一方で、イスラム諸国は、政治的・社会的な安定を重視しすぎたために次第に経済的に停滞するようになった。政治的・社会的安定は経済進歩の前提としてはよいのだが、イスラムは現状を維持することにあまりにも熱心になりすぎた。たとえば経済活動を縛るような市場規制に宗教的な正当性が与えられた。欧州の経済発展がオスマン帝国を追い越し始めたとき、それに対するオスマン帝国の対策は、変化しないことの理由として宗教を強調するだけだった。西側が成長の時期(技術的・制度的・組織的なイノベーションによる1人当たり所得の増大)を迎えていたとき、イスラム諸国は経済の停滞と科学技術研究での衰退の道を歩んでいた。すでに述べたように、一八七五年時点で(信頼できるデータが入手できるもっとも早い年)、比較的低成長だったオスマン帝国(現代のトルコに当たる)の1人当たりGDPは、その後OECDを結成したほとんどの西欧諸国のおよそ半分だった。

イスラム諸国が特に一五世紀以降、相対的な経済衰退の道を歩いた主たる原因は、法的および行政上の制度にあった。[*3] 私たちのイスラム法と制度の分析は、特にティムール・クラン（Kuran 2004）の業績に立脚している。彼によれば、ほとんどのイスラムの法的制度はコーランに明示されておらず、ムハンマドとその弟子たちによる統治が終わる六六一年からおよそ一〇〇〇年にかけて徐々に整備されたものだという。それ以降、これらの諸制度の重要な側面は少なくとも一九世紀までは大きく変化しなかった。さらに一八世紀までに産業革命が始まると、イスラムの法的構造で暗示される制限は次第に経済成長への大きな障害になっていった。

クランによれば「コーランに定められたいくつかの経済ルールのなかで、もっとも詳細で明確なのは相続に関するものだ。どんな資産であれ、拡大家族の男女の成員を列挙した複雑なルールにより、その3分の2が分配される」（Kuran 2004, p. 74）。その結果、相続法は平等性、特に男女間の平等性を強調したが、同時に財産は分散され資産の蓄積を妨げることになった。クランが述べるように、「地方経済の近代化を妨げる様々な制度のなかでも、二一世紀の現代にも依然としてしっかり残っているのがイスラム相続制度である」（Kuran 2004 p. 88）。

イスラムの契約法に関しては、中核となるのがその個人的な特徴である。複数の人が団体を形成するパートナーシップという形態（コーランには記載がない）は認可されていたが、そのパートナーの1名の死によってこうした団体の生命は終了した。もっと問題だったのは、法的に明確で永続的な存在である会社が認められなかったのだ。一九〇八年まで会社法が中東では存在しなかったために、会社を組織することができたのは非イスラム教徒のみであり、しかも外国の法制度の下だけでしか認められなかった。彼らはパリ、ロンドン、その他の欧州の都市に本社をおく会社を組織したが、外国人が関与するコンソーシアムの一部としてのみ許された（Kuran 2010, pp. 97–100, 198–202）。

イスラム教徒は取引の際にイスラム法を使用する義務があったが、キリスト教徒やユダヤ教徒はイスラム教徒が取引に関与していないときには欧州式の法制度を使うこともできた。クランはキリスト教徒やユダヤ教徒がイスラム諸国の中でイスラム教徒より成績で上回ることができたのは、このオプションがあったためではないかと論じている。産業革命によって技術用途の活用のために規模の経済が重要になってきたときに、イスラム教徒がイスラム法で縛られていることは、大いなる足かせになった。

イスラム法が信用市場の発達を邪魔したこと、特に利子の支払いを制限したことによる影響（おそらくコーランに含まれる制限）はよく知られている。高利貸しへの規制を逃れる多くの仕組みが考案され、目こぼしされ、それによりこうした規制が信用へ与える経済的な影響を弱めてきたかもしれない。しかし法規制は保険契約にも適用され、それらはイスラムの法制度の場当たり的な強制に直面した。

クランによれば、イスラムの政治制度は、あやふやな所有権管理を特徴とし、恣意的な徴税、商品の収用、道路建設などの強制労働が絡むことが多い（Kuran 2004, p. 74）。こうした問題は腐敗や汚職も含めて、欧州各国に比べてイスラム地域ではさらに顕著だと言えよう。少なくとも一二一五年の英国のマグナカルタに始まり、西欧は中央権威を抑え、恣意的な徴税を防ぐことにある程度は成功してきた。

欧州内紛争へのイスラムの影響

ムラト・アイギュンは、プロテスタント改革以降にカトリックとプロテスタントの間に起こった欧州での暴力的な紛争拡大に対して、オスマン帝国が展開した対欧州軍事活動が大きな影響を及ぼしたと主張する（Iyigun 2018）。彼の考えでは、カトリックとプロテスタントはイスラムの侵略者に対して戦うことに忙殺されているときには、同盟を結ぼうとしていた、あるいは少なくとも互いに戦うのを止めようとしていた。具体的には、欧州人同士の軍事衝突は、スレイマン一世による一五二一年から一五六六年の間に脅威がピークを迎えたとき、およそ25％も下落したことを発見した。イスラム側が勝利したことで、台頭してきたプロテスタント運動をどう扱うのかが事実上の交渉材料になり、結果的にはオスマン帝国に対する欧州同盟の維持はルター主義の承認との引き換えとなった。この交換は一五五五年のアウグスブルクの和議という明確な形に結実し、これがドイツで激しく対立していた宗教諸派の以後半世紀にもわたる平和につながった。

アイギュンによればアウグスブルクの和議は一時的な執行猶予にすぎなかった。なぜならカトリックとプロテスタントの和平へのインセンティブは、イスラムの軍事脅威が後退するにつれて弱まったからだ。一五七一年のレパント海戦でのオスマンの大敗戦以降、カトリックの「反宗教改革」の間、カトリックとプロテスタント間の暴力闘争が激化した。そしてプロテスタント改革派とカトリックの反宗教改革派間の、惨たらしい宗派紛争は三十年戦争（一六一八年～四八年）でピークを迎えた。この戦争での死者は280万人から330万人と推定されている。アイギュンは欧州でのこの激しい宗教間の紛争の時期がオスマン帝国の軍事的後退時期に一致するのは決して偶然ではないと言う。一六四八年のウェストファリア条約により欧州のカトリックとプロテスタントはやっと平和な共存に到達したのである。

イスラムの三大帝国、オスマン、サファヴィー、ムガールの凋落、および西側勢力による継続した侵入は、旧イスラム領土の植民地化に結び付いた。英国はインド、ビルマ、エジプト、パレスチナ、ヨルダンを支配することになった。またオランダはインドネシアを、フランスはアルジェリアとレバノンとシリア、それにフランス領モロッコを、スペインはスペイン領モロッコを支配した。第一次大戦後、オスマン帝国はトルコ、イラク、シリア、サウジアラビアなどの新しい国に分割された。ペルシャ湾西岸の小さな首長国は一九七一年まで英国の保護領にとどまっていた（クウェートの場合は一九六一年まで）。ペルシャ（イラン）は植民地にはならなかったものの、英国はこの地をめぐって一九世紀から二〇世紀にわたりロシアと争った。

メッカ巡礼とラマダン

イスラムの五つの行とは、まず唯一で真の神であるアッラーとその預言者であるムハンマドへの信仰、第二に日に5回の祈り（夜明け、正午、午後の中頃、夕暮れ、夜）、第三に貧困者への喜捨（ザカート）、第四にラマダン中の断食、そして第五に少なくとも一生のうちに一度メッカに巡礼すること（肉体的、財務的に可能な場合）である。経済学者による最近の二つの研究は最後の二つの行をテーマにしている。私たちはまずメッカ巡礼、そして次にラマダンを検討したい。

宗教的寛容の育成――メッカ巡礼の研究

メッカ巡礼（ハッジ）は毎年サウジアラビアのメッカで開催され、イスラム暦のズル・ヒッジャの月の八番目の日から開始される。この儀式は5日間続き、二〇一二年には100の国から300万人以上の信者が参加した。メッカ巡礼への参加者数は過去数十年も増加傾向にある、（例外は二〇一三年に疫病のため、また二〇一四年にメッカの工事計画のために一時的に減った）。二〇一二年のメッカ巡礼者の64％が男性で、54％がサウジアラビア国外からの参加だった。巡礼者たちはまったく同じ儀式を、シンプルな服を着て行うが男性の場合は白い布をまとう。このしきたりは、多様な社会経済的、文化的な背景を持っている参加者でも、友愛と平等の感覚を起こさせる。デビッド・クリンギングスミス、アシーム・クワジャ、マイケル・クレーマーたちの研究（Clinging-smith, Khwaja and Kremer 2009、頭文字からCKKと略記）には、巡礼は人生のなかでもっとも意味深い宗教行事だったと多くの参加者が述べていることが記されている。

学術的な立場からは、メッカ巡礼参加が個人の行動や態度にどう影響するのかを測定するのは困難である。なぜならそこへ行く人は、経済学者が呼ぶところの「内生的選択」を行っているからだ。たとえばこれに参加する人は異常に宗教心が強いためにそうするのかもしれないし、世界全体に対する寛容の心を持ちたいからなどの理由も考えられる。この問題に対処するために、CKK調査は二〇〇六年のパキスタンの宝くじからの入手可能なデータにより巡礼者のランダム化を試みた。その年、パキスタンからの巡礼者枠15万人のうち、9万人分のビザが政府によって割り当てられたが、そのうちの89％が宝くじによるものだった。宝くじに申し込んだ13万5000人（20人までのグループ）のうち、50％が当選した。[*4] 当選した宝くじへの申込者のうち、99％が実際に巡礼に参加し、はずれた人は11％

のみが参加した（個人でツアーの費用を払ったり、特別枠によって参加した）。したがって宝くじのランダムな当選結果は、同様の人たちが巡礼に参加するかどうかの重要な予測に役立つ。CKK調査は宝くじの結果が性別、年齢、既婚・未婚、教育などの特性に関して実際にランダムであることを立証した。ゆえに宝くじの応募者の当選者と非当選者のその後を比較することで、メッカ巡礼の結果的な影響を抽出できるという理論はもっともと思われる。

CKKプロジェクトはパキスタン政府から二〇〇六年のメッカ巡礼宝くじ応募者全員のリストを入手し、メッカ巡礼の5ないし8ヵ月後にこれらの人の一部に聞き取り調査を実施した。この調査はくじの当選者と非当選者をカバーし、パキスタンの成人の人口を広く代表していたが、大金持ちと極端に貧困な人はあまり含まれなかった（金持ちは自費により個人ツアー旅行社を使う傾向にあり、また極端な貧困者はそもそも抽選に申し込まない傾向があるからだ）。

発見の一つは、巡礼により人々が自分自身を宗教心が強いと感じ、個人での祈りの回数を大幅に増やす傾向が見られたことである。またイスラムの儀式に関して、パキスタンの独自性が強い儀式から、世界的に共通した儀式に移行する傾向も見られなかった。

一方、人々がより寛容になったかどうかという面からみると、メッカ巡礼が他の国の多くの人への好意的な見方を作り出した可能性があることがわかった。それは特にサウジアラビア人やインドネシア人に対してであり、このグループが巡礼参加者のもっとも大きなグループを構成している。しかし欧州人に対してはほとんど影響がなかった（彼らはメッカ巡礼にはほぼ参加していない）。またイスラムのなかの異なる宗派の信者や人種に関して好意的な気持ちの上昇が見られた。ただしイスラム原理主義への支持を含め、宗教の政治への役割に関する考え方にはメッカ巡礼は影響を与えていない。

メッカ巡礼を経験した人々は（男性も女性も）女性の地位を知的、精神的、そして道徳の次元で向上させることに支持を高める傾向があった。少女への教育や労働力への女性の参加への支持が高まっている。ただし調査結果では家庭内での男性の権威を許容することについては変化が見られなかった。女性の地位へのリベラルな態度が上昇したのは、男性も女性も家族でない人たちも含めてメッカ巡礼では一緒に旅行し、儀式に参加したからかもしれない。その結果、パキスタンの通常の環境よりも旅行中には男女間の交流がずっと増えた。この見方はＣＫＫの発見がパキスタン独特のものである可能性を示している。つまり女性への態度はインドネシアなどその他の国では一般的になっている、よりリベラルな方向に動いた可能性がある。したがって女性の地位についてすでに自由になっている国から来た人の場合はこの変化はまた異なるかもしれない。この比較のためには、研究者はＣＫＫのリサーチデザインを他の国に適用する必要があるだろう。

ラマダンと経済成長

イスラムは、高齢者と虚弱体質の人を例外として、イスラム教徒が毎年ラマダンの期間の約1ヵ月間、日の出から日没まで飲食を慎まなければならないと規定している。この期間には祈りやコーランの精読などの精神的な活動が活発化する。そのようなことから私たちはラマダンを広くイスラムの宗教的厳格さと活動の延長として見ることができ、この変化が経済成長率のような結果にどのように影響するのかを検討してみることができる。断食と祈禱の増加という点では、私たちはラマダンが労働の努力や生産性を低め、したがって経済成長を停滞させると予測した。

フェリペ・カンパンテとデビッド・ヤナギザワ゠ドロットの研究（Campante and Yanagizawa-Drott

2015、以下CYと略記）では次のような点に注目した。すなわち宗教的厳格さがどのように経済的結果に影響するかを抽出するために、ラマダンの断食時間が各地の緯度により毎年変化することに着目したのだ。つまり太陽暦との関係でイスラム暦が変化すること――およそ毎年11日ずつシフトする――が意味することは、ラマダン期間の毎日の断食の時間がラマダンが夏になると長くなり、この影響が赤道から遠い国ほど強く表れるということなのだ。冬のラマダン[*5]では逆のパターンが生じ、そしてこれら全体は南半球の国では北半球とは逆になるのだ。

ＣＹの実証的発見は、予想されたことながら、ラマダン時間の延長がその年の経済成長の押し下げに著しく影響することである。さらにこの効果は一国の人口のなかでイスラム信者が多いほど顕著であることがわかった。ラマダン時間の変動の効果は、信者が25％以下というもっとも低い諸国では経済成長への影響は実質ゼロであった。こうした時間変動がイスラム教徒人口にしか影響しないのだから、このパターンは納得がいく。データがＣＹの研究の優れた概念にぴたりと一致することから見て、ラマダン時間の変動から経済効果を実際に抽出したことには、非常に説得力がある。

定量的な例としてＣＹの研究は、イスラム教徒人口が支配的な二つの国、バングラデシュとトルコを比較している。前者は赤道にずっと近い。したがってラマダンが夏になる年ではトルコはバングラデシュに比較してラマダンの時間が長くなる。その結果、トルコはバングラデシュに比べて年成長率で1％ポイントも低くなる。ところがラマダンが冬にかかると、この効果が逆転し、トルコはバングラデシュより年成長率でおよそ1％ポイント高く上昇する傾向にある。成長の効果は時間が経つにつれて何度も反転するので、1人当たりＧＤＰレベルへのラマダン効果は一時的なもので、トルコとバングラデシュの1人当たりＧＤＰレベルへの影響は恒久的なものではない。

この効果は一時的なものだが、予想される経済成長への影響（この場合は年で1％ポイントだが）は、研究者がいままで抽出できた経済成長の他の要因に比較すれば、十分に定量的に意味がある。したがってこの結果は宗教性の強弱が経済的な結果に著しく影響するという、もっと広い意味を持つことを示している。この発見は第3章で検討した礼拝への参加や信仰からの成長効果と軌を一にするものだ。

カンパンテとヤナギザワ＝ドロットはさらにラマダン時間の違いが主観的な幸福にどう影響するかを、世界価値観調査の幸福度に関する質問への回答から調べた（Campante and Yanagizawa-Drott 2015）。面白いことにCYはラマダン時間が伸びると、経済成長が停滞するにもかかわらず、むしろ主観的な幸福感が増加することを発見した。それに対する合理的な説明は、典型的なイスラム教徒にとってはラマダン時間が長いほうが先行きの経済的損失があっても楽しみと精神的な満足感でより満ち足りるというものだ。

その他の宗教

宗教の経済学に関する多くの研究は、マックス・ヴェーバーの理論であるプロテスタントの倫理を出発点にしており、したがってこれらの研究はキリスト教の代替となる宗教の経済的な意味に的を絞っている。しかしながらレイチェル・マックリアリー（McCleary 2007）が追求したように、キリスト教以外の主たる国際的な宗教にも、救済の性格や個人の行動がいかに救済に影響するかについて、似たような課題がある。この章ではイスラムの経済的意味を強調してきた。以下ではその他の主な宗教に関する発見を概観していくことにする。

ヒンズー教と仏教

ヒンズー教にはユダヤ・キリスト教的な意味での天国と地獄はないのだが、この宗教の場合は救済を究極の真実、世俗の悩みからの解放状態の知識として考えることができる。それに伴う「悟り」は、人間が連綿と続く輪廻する肉体のなかで完成に向かって努力することで徐々に得ることができるとされる。

転生の信仰はカルマに関連している。カルマは過去の行為やカーストのような環境、つまり現状では個人の力で乗り越えることができないものにつながっている。しかし人々は道徳的に正しい行動を取ることで過去の悪行を取り消せる自由な意思を持っている。この見解に立つと、人々は自分の道徳上の行動を通じて究極の救済もしくは地獄行きに責任を持つことになる。「悪いカルマとは次のことを行ったときの結果として生ずる。（1）自分の身分や人生の段階ですべきことをしなかった、（2）禁止されたことをした、（3）官能的な喜びに堕した」（McCleary 2007, p. 54）。経済的なインセンティブの見地からすると、ヒンズー教では富の正しい取得は家族や社会への義務を果たすのに必要であるために、むしろ褒めたたえられるべきこととしている点が注目される。

スリヤ・アイヤーはヒンズー教が多神教であり、一神教のようにただ一つの主たる像や神を拝まなければならないというストレスがないことを指摘している（Iyer 2018, chap. 2）。正式の宗教行事への参加はキリスト教のようには強調されない。ヒンズー教では他のいろいろな宗教信仰よりも行動のほうが重要だ。各人が持つ義務を果たすことが強調され、そのうちのいくつかはカースト制に関係しているのだが、この制度の下では移動と変化が制限されている。これらの特徴はカルマの要素と結びつく宿命論と一緒になって「ヒンズー成長率」の概念にたどり着く。それが暗示するのは人々も政府もほどほどの経済レベルで満足すべきものという暗黙の了解があるということだ。しかしダニ・ロドリックとアービンド・スブラマニアンはこの考えには反対し、インドで一九八〇年代後半に経済停滞から脱して粘り強い高成長に向かうシフトが起きたのは政府がビジネス志向の――そして私たちの言い方だと市場志向の――スタンスに「態度を」切り替えたことが原因だと主張する。インドが経済成長を奨励する政策にシフトしたのは、ヒンズー教の経済に関する見方が変化したためではないと二人は暗に示しているのだ（Rodrik and Subramanian 2005）。

すでにマックリアリーの研究（McCleary 2007）で検討したように、仏教はおよそ紀元前五〇〇年にインドのヒンズー教の中から誕生し、徐々に東アジアの各地で目立つ存在になっていった。仏教は輪廻を含む多くのヒンズー教の教義を共有しながらも、救済（ニルヴァーナ：涅槃）を得るための方法として瞑想と黙考を強調している。そして中庸を強調しているが、これは極端な禁欲や極端な好色を排することである。そして仏教はヒンズー教に較べて慈善に大きな重きを置き、それは特に家族や友人や僧の共同体に対するものだ。ヒンズー教と同様、仏教でも正当に獲得した富は評価する。なぜならそれは義務を果たすことを可能にするからだ。第6章ではチベットにおいて仏教を国教にまで育て上げた政治・経済的パワーの観点から仏教を考える。

ユダヤ教

ユダヤ教の持つ経済的意味については大変多くの研究が行われてきた。マリステラ・ボッティチーニとツヴィ・エクスタインは、ユダヤ人が高度の教育をもち、医学、取引、金融サービス、そして信用供与などの分野に専門化してきた理由を説明しようと試みた（Botticini and Eckstein 2012）。彼らはまず従来の一般論をこう説明した。ユダヤ人が常に差別を受けてきたこと、および物理的な資産が安易に収用されることに較べて、人的資本は移動しやすく収用もされにくいことが挙げられる。また各種の宗教が特定の経済活動を禁止すること、たとえばキリスト教やイスラムにおける高利貸しを禁止したことが金融的な仲介業の需要を作り出し、それがユダヤ人に金融業、特に信用供与を職業として専門にする道を開いた（Grosfeld et al. 2013）とされている。

つまり大半の宗教で禁止され取り締まられてきた高利貸しのような経済活動が、この禁止の対象になっていない少数の人たちにとって職業的な専門化を生み出した。自然の流れとしてユダヤ人の金貸し業に対する一般人の怒りがわき上がってきたとグロスフェルトとその共同研究者は論じている（Grosfeld et al. 2013）。ニコ・フォクトレンダーとハンス・ヨアヒム・フォス（Voigtländer and Voth 2012）およびグロスフェルトら（Grosfeld et al. 2013）は、反ユダヤ主義と反市場の態度は多くの人々によって支持され、維持されたが、それは少数のユダヤ人がその国からもはや存在しなくなっても続いたことを示した。

それらの説に対し、ボッティチーニとエクスタインは、ユダヤ教において聖典、たとえばトーラーの精読が強調されたことが広範な識字率の高さにつながったとみる（Botticini and Eckstein 2012）。その見解によれば、宗教的迫害とか人的資本の移動性ではなく、高い人的資本こそが金貸し業、医学、商業、貿易などの分野でユダヤ人が活躍している主たる理由であり、また世界的な移民に至った理由でもある。ユダヤ人は言語能力と計数能力が要求される分野では他の民族に比較して有利であり、そのために商人、貿易業者、金貸し業などの職業に就くことが多くなった。ボッティチーニとエクスタインの理論は、ベッカーとヴェスマン（Becker and Woessmann 2009）の理論と似ており、後者の研究は聖書を個人が読むことをルターが推奨し、それによりカトリック信者よりプロテスタント信者のほうが識字率が高まったことに注目した。

一つ意外なのは、ボッティチーニとエクスタインが、ユダヤ人の信仰に関して、それが経済的な成果の駆動役を務めたかどうかについては、ほとんど言及していないことだ。ユダヤの信仰にはヴェーバーのプロテスタンティズムの倫理およびそれに関連する精勤、節約、正直に相当するものは存在しない。またユダヤ教においては来世の存在、天国と地獄のリアリティを含む、救済に関する信仰がない。明白なことは救済の追求はユダヤ教では中心的な課題ではない点である。

産業革命以前の欧州において経済成長を刺激したのはユダヤ教の信仰ではなく、ユダヤ人の人的資本と市場での存在感だったことを他の研究者も確認している（Johnson and Koyama 2017）。産業革命以前の欧州では、ユダヤ人が共同体を形成することを許された都市は、市場へのアクセスが楽になり、ユダヤ人にそれを禁じた都市に比べて高い経済成長を遂げることができた。ユダヤ人は、米国にまで到達する商人と金融業者による網の目のようなネットワークを通じて、商業と取引に関する頑丈な共同体を作り上げた。市場と取引のユダヤ人ネットワークによる拡大は、欧州全域に広がる経済成長の刺激に役立ったのである。

イスラムとその他の世界宗教

第3章では経済成長への宗教性の影響を評価し、この章ではその分析方法を特にイスラムに適用した。イスラム諸国は一一世紀までは科学的探究における牽引役であり、また一六世紀から一七世紀までは他の地域に比較して経済的に進んでいた。初期においては、イスラムの成功の一端は知的な探究や討論に開放的だったことにあったし、特に軍によって征服された領域ではことさらにそうだった。しかし一一世紀までにイスラム社会は新しいアイディアの創造や技術的な進歩よりも安定のほうを重視し、より閉鎖的になってきた。書物の生産で測った科学的成果は一一世紀以降、下降するようになった。

イスラムの法および規制の諸制度は、少なくとも一八世紀までに西欧で始まった産業革命のもたらした経済的なメリットに比較すると、まことにみすぼらしく見えるようになった。その問題となる主な分野には、長期的な富の蓄積を拒む厳格な相続法、契約行為の実行性の弱さ、信用と保険への制限、企業構造の法的基礎の欠如などがある。このような制限は会社が製造の新しい形によって規模の経済を追い求める能力を阻害し、したがって特に産業革命の時期に足かせになった。

西欧諸国に対するイスラム勢力の拡大は一六世紀の後半までにピークを迎えた。一六世紀と一七世紀のイスラムによる欧州勢力との軍事衝突は、欧州内部のカトリックとプロテスタントの戦いに大きく影響を与えた。つまりイスラム勢力が脅威になるときには、カトリックとプロテスタントは共通の敵に対して同盟を結ぶ傾向があった。しかしイスラムからの挑戦が一六世紀末に退潮となるや、カトリックとプロテスタントは互いに戦うことに夢中になり、最終的には一六一八年から一六四八年の三十年戦争という長い戦争にまで至った。この宗教に起因する紛争がやっと終了したのは一六四八年のウェストファリア合議だった。

イスラム教徒にとっての五つの行の二つはメッカ巡礼とラマダン期間中の断食である。パキスタンからのメッカ巡礼者の調査によると、この経験は信仰を深め、他国の人々への寛容の心を高めた。またメッカ巡礼の経験者は女性の社会的地位についてよりリベラルな考えになる傾向があり、それは女性が学校教育を受けることや労働市場へのアクセスを得やすくすることも含まれている。ただし、このリベラル思想は男性が家庭内でリーダー役を務めることや政治や法についての宗教の役割についての考えを変えることはなかった。ここで重要な問いが一つある。寛容の気持ちの高まり（もしくはイスラムの団結の心）がいかにスンニ派とシーア派の地域対立を解決するのに役立つのか、ということだ。

メッカ巡礼とは異なり、ラマダンは個人の家庭や地区やモスクで行われる内々の宗教休日である。ラマダンとはまるまる1ヵ月間の毎日、日の出から日没まで断食する習慣だ。ある研究によればラマダンは1人当たりGDPで計測される経済活動を低下させる。しかしながら1人当たりGDPが減少するのに並行して、幸福度の指数が反対方向に振れることもわかった。断食による生産性への肉体的・精神的なマイナスの影響、およびラマダン期間中の時間の消費は生産を萎縮させたが、その一方で人々をより幸福にした——人々はラマダンを行うことで得られる満足感と引き換えに物質的な得をすることを放棄しそれに価値を見出していた。

ラマダンのこの研究にはまだ回答が得られていない疑問がたくさんある。ラマダンはメッカ巡礼のようにイスラム教徒同士の紐帯を強化するだろうか？　それともラマダンの効果は地域に閉じたもので、仲間意識と共同体の関係を強化するだけのものだろうか？　ラマダンは非イスラム教徒など労働時間に断食しない人たちに対する態度にどう影響するのだろうか？　ラマダンは断食しない同僚たちに対して嫌悪感を引き起こすのだろうか？

宗教が経済にどう影響するかの研究は、伝統的にキリスト教（特にヴェーバーが区別したプロテスタントとカトリック）およびイスラム、特にイスラム法と規制に焦点を当ててきた。将来的には、たとえばイスラム各宗派など、主要な宗教の各派を含む他の世界宗教に適用されるだろう。本書ではヒンズー教、仏教、ユダヤ教の分析に簡単に触れたが、これらの研究は大幅に拡充できる。そしてまだ他にも興味深い事例があり、その一つが儒教の経済上の役割だ。中国で生まれたこの哲学と倫理の体系が宗教とみなされればであるが。

第5章　どのような国が国教を持つのか

ここまでの各章では宗教市場への政府の規制、および政府が優遇する公式宗教もしくは国教の経済的、社会的影響を議論した。第2章では、国教にかかわる補助金が宗教への参加を増大させる可能性があるが、宗教市場への国家の規制がこの参加を圧迫する可能性もあることを示した。第3章では、私たちはこれらの関係を使って宗教性が経済成長に与える影響を抽出した。第4章ではイスラム諸国が一一世紀にイスラム法と神学に適合するために経済活動をコントロールし始める傾向を示し、それにより経済発展が阻害されたことを議論した。

好ましくない結果が予想されるにもかかわらず、政府は国教を設立したり、そうでない場合も宗教市場を規制しようとする傾向がある。こうした政府の行為には数百年も以前から行われてきたものが多い。私たちの論文（Barro and McCleary 2005）で採用した国教の概念（以下に詳述する）を使用して分析した結果、二〇〇〇年に188の国で40％が国教を持っていること、そして一九〇〇年にはそれが59％だったことがわかった。ピュー・リサーチ・センターによれば、この40％を占めるという国教保有国の率は二〇一七年現在でも変化がない（Pew Research Center 2017b）。二〇〇〇年に調べた75

の国教のうち、29がイスラム、22がカトリック教、10がプロテスタント教、8が（ギリシャ）正教会（東方教会）、4が仏教、1がヒンズー教、そして1がユダヤ教だった。

二〇〇〇年時点では、イスラム教徒が支配的である国、特に中東と北アフリカでは国教をイスラムとする国が一般的だった。多くのラテンアメリカ各国といくつかの欧州の国は現在もカトリックを国教にしており、その一方、プロテスタントの国教は、今も英国やほとんどの北欧各国で健在である。ほとんどの米国内の植民地は国教を保有しながら発足したが、その後米国憲法は国教を持つことを禁じた。本章ではこれらの異なる選択を理解しようと試みる。つまりどんな国が国教を持つのか？　それはなぜか？

第2章において、イングランドの英国国教会が支配的な状況のもとで書かれたアダム・スミスによる『国富論』の国教に対する考え方が、社会学者ロドニー・スタークとロジャー・フィンケ、および経済学者のローレンス・イアナコーンによって開発された宗教市場モデルの基礎になっているとすでに述べた。彼らの主張によれば、国教とは、宗教部門における政府主導の独占にすぎないというのである。その結果は質の悪いサービスであり、それが宗教への参加と信仰レベルの減少を招いている。これに対してイングランドのメソジスト派やラテンアメリカのペンテコステ派のような新興の宗派によって提供される競争と多様性は、熱狂的な参加を伴う健全な環境を作り出している。かなり以前のことだが、アレクシ・ド・トクヴィルは『アメリカのデモクラシー』のなかで米国における多様な宗教の提供について指摘し、この豊富な選択肢の存在が高いレベルの礼拝参加と信仰の源になっていると論じた（Tocqueville [1835] 2000）。

このスミス流の分析は、国教の存在もしくは不在を前提として捉えている。しかし、なぜある時点で国教のある国とない国が存在したのだろうか？　この問いに答えるために、私たちは国教というものを社会科学の分野で言うところの制度的・政治的選択と捉える。つまり制度の政治的な選択、すなわち国教の存在もしくは不在というものを、従属変数（他の変数を基礎として説明する変数）と捉える。もっと具体的に言うと、私たちのアプローチはこの選択を、一つの国の特性（独立変数）が与えられたときに、ある意味でそれに最適である制度（従属変数）を選ぶこと、と捉えるのだ。しかしある社会が制度を変えるのには大きなコストが付きまとうので、現在普及している制度――この場合は国教の存在もしくは不在――が長年の目標価値から長期間離れてしまう可能性がある。

経済学者やその他の社会科学者たちは、自分たちの研究方法を多様な社会の重要な問題に当てはめようとする傾向があるが、私たちのアプローチもこれと軌を一にする。この傾向はしばしば経済学帝国主義的〔経済以外の対象にも経済学を積極的に用いる姿勢〕だと言われることがあるものの、使い方が正しければ有効である。たとえば政治経済学は、民主主義の浸透度、官僚の腐敗の程度、法の支配の維持具合、およびその他の制度的な特徴を理解するのに適用されて効果を上げてきた。同様の精神で、私たちは国教がなぜ、そしていつ存在するのかを分析する。アンソニー・ギルは政府が宗教市場を規制しようとするか、あるいは宗教の自由を高めようとするのかを選択するときの理由について分析を行った（Gill 2005）。彼が主張する要因は、①政治的なライバルとの競争と、②宗教市場への規制が経済に及ぼす悪影響の程度の二つである。

国教の存在は、教会での礼拝の頻度や信仰心の深さなどの結果に潜在的に影響する可能性があるので重要である（第2章でも述べた）。国教はまた最終的には経済成長率などのマクロ経済指標に影響するという意味でも重要だ（これは第3章で検討した）。

国教の選択についての研究が経済学者と政治学者にとって興味深いもう一つの理由は、過去二〇〇〇年にわたり、宗教の国家独占が政治的に支援された独占形態として実在したもっとも重要なものの一つだからだ[*1]。つまり国教に関する意思決定の過程を調べれば、なぜ政府が特定の分野だけ独占を支援し、その他では支援しないのかを決める理由という、もっと広い問題への解が得られるかもしれないのだ。

多くの国教は数百年も前に誕生したのであり、二〇世紀や二一世紀とは異なる事情の下で導入された。たとえばドイツとスイスでマルティン・ルター、ジャン・カルヴァン、フルドリッヒ・ツヴィングリらによって一六世紀初頭に始まった宗教改革は、今日の多くの国で組織宗教の大きな部分を構成している。歴史的にみると、宗教の制度化に影響したのは宗教界の指導者よりも政治的指導者のほうだった。イングランドについては、現在の英国国教会の状況が生まれたきっかけは一五三四年のヘンリー八世のカトリック教会からの追放であり、その理由は離婚許可を教皇が拒否したことと言われているが、しかしおそらくはヘンリー八世がカトリックの諸制度に王室の権威を拡大し、すべての教会の所有物を没収しさらに遺物を破壊することで競争をなくそうとしたことがより関係していると思われる（Bernard 2011）。同様に、スウェーデンでルター派の国教が長期間存在したこと（二〇〇〇年まで）およびその他の北欧各国でも確固たる存在を示していることは一五二七年のスウェーデン国王グスタフ・ヴァーサによるカトリック教会追放、および国王が教会の所有物を取り上げたいと欲したこと（この場合は戦争の費用を工面するため）から起きている。

私たちの分析は、ヘンリー八世の一五三四年の行為、およびグスタフ・ヴァーサの一五二七年の行為の動機を説明しようとするものではない。さらに遡って、一〇五四年に正教会がローマカトリック教会からいわゆる「大分裂」と言われる分裂を起こした理由、さらにもっと以前にキリスト教とイスラムが多くの国で国教になった理由、紀元前五〇〇年ごろに仏教がヒンズー教から勃興しその後次第に東アジアのあちこちで目立つ存在になった理由などでもない。作業的には、私たちの実証研究では、ある地域での過去のある一時点での国教の状況を所与のものとして扱い、ここでの「比較基準年」を比較的最近のもの、つまり一九〇〇年とする（Barro and McCleary 2005）。この年は国教の状況という意味で大まかな国の仕分けができている最も早い年である。

国教を持つか持たないかの判定

私たちの研究では、国教を1か0かの選択としてとらえ〔国教をある場合を1、ない場合を0〕、そして良いデータが入手できる年として次の三つに着目する。すなわち二〇〇〇年、一九七〇年、一九〇〇年である。私たちの分類は基本的にデビッド・バレットと彼のチームの作業を踏襲している。[*2] この資料は一九〇〇年にまで遡る十分に統一された基準に基づいており、世界各地域を一通り含んでいる。国教が存在するかどうかの決め手は、憲法における宗教についての記載をはじめとする法制度に影響されるとはいえ、ここで採用する概念はあくまでもデファクト〔実際の状況〕である。つまり政府が自ら選んだ宗教をひいきにするとか他の宗教を抑制するという観点での実際の行動に注目する。このため一部のケースではその分類基準は明確ではない。多くの場合では憲法が公式な国教を指定し他の宗教を制限、もしくは禁止している。しかしこうした法的な規制がない場合であっても、政府はしばしば補助金や徴税を通じて、あるいは公立学校における宗教教育の義務づけを通じて、特定の宗教を優遇する。こういう状況を考慮して、私たちは憲法上の明確な規定がない場合でも一部の国を「国教」を有する国として分類している。二〇〇〇年の時点でこの種の議論が残る国としてイタリア、ポルトガル、スペインが挙げられる。これら各国はバレット（および私たち）によって、その時点でカトリックの国教がある国として分類されている。[*3]

ここで英国の社会学者デビッド・マーティン（Martin 1978）の宗教と国家の分類法を紹介するのは意味があるだろう。[*4]バレットの研究と軌を一にして、マーティンもイタリア、ポルトガル、スペインを世界でもっとも独占的なカトリック社会だと分類している。一本の物差しの一方の端をカトリック・独占主義とし、他の端をプロテスタント・多元主義とすると、米国は宗教に関してもっとも多元主義な社会であるとマーティンは表現している。そしてこの中間には宗教─社会関係のパターンとしていろいろな割合が混合した社会があり、その中にはマーティンが「複占」と呼ぶカテゴリー、すなわちカトリックとプロテスタントのような巨大なライバルが併存する社会がオランダ、ドイツ、スイスなどに見られる。マーティンの分類に関連する二つの発見は、（1）カトリックの独占は過激な反対派を台頭させ、これは通常世俗化の形を取ること、（2）プロテスタントの支配的な社会、もしくはプロテスタントの遺産がある国は、民主主義的な統治の形を取ることである。

私たちの研究は二〇〇〇年時点で独立国である188ヵ国を網羅している。この中で国教を持つ国は二〇〇〇年で40％（75ヵ国）、一九七〇年で39％（73ヵ国）、一九〇〇年で59％（111ヵ国）だった。[*5]つまり20世紀のデータに関しては国教の占有率は前半では下降のトレンドを示したが、一九七〇年から二〇〇〇年にはそのトレンドが見られない。[*6]

図5・1と図5・2は1900年と2000年における国教の世界的なパターンを示している。選

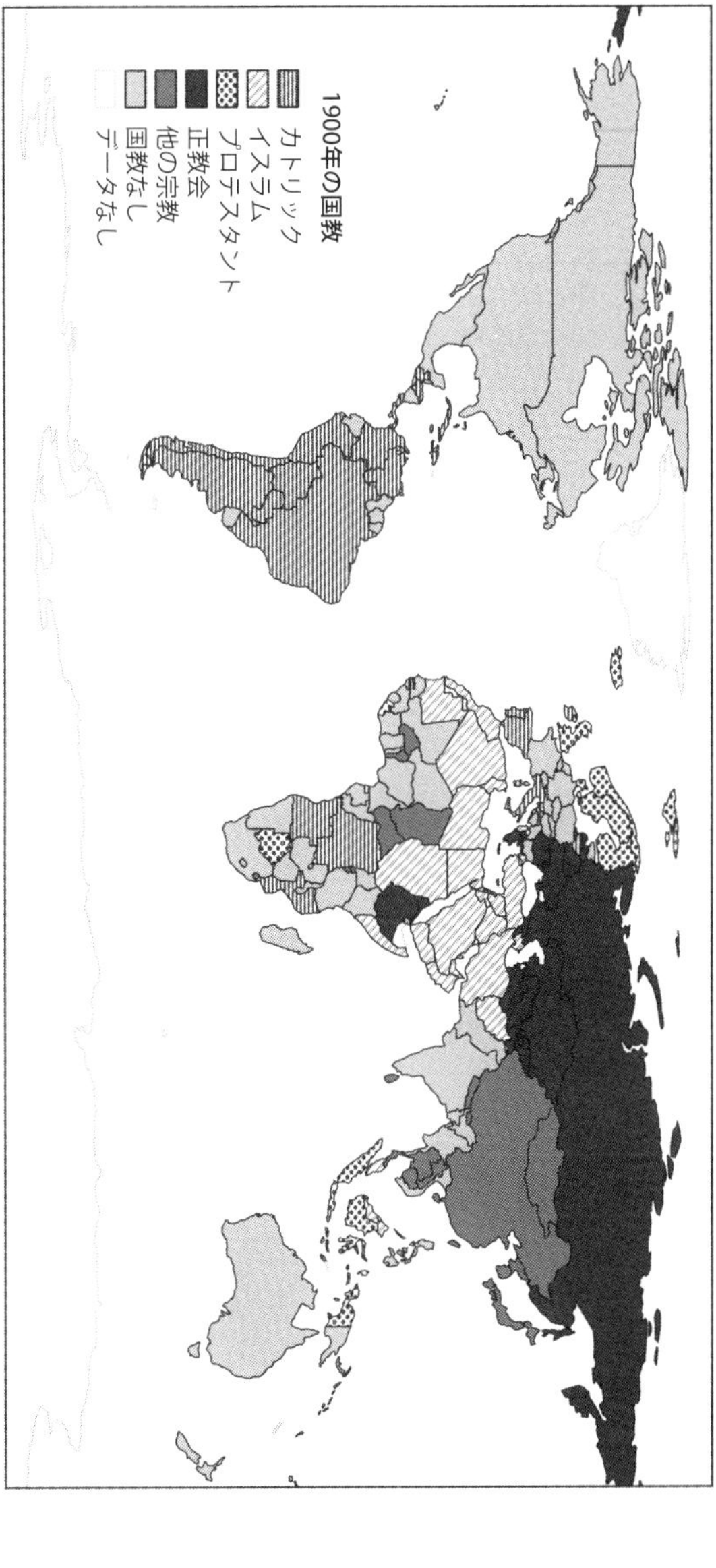

図5.1　1900年における国教の分布

出典：Jeff Blossom, Center for Geographic Analysis, Harvard University

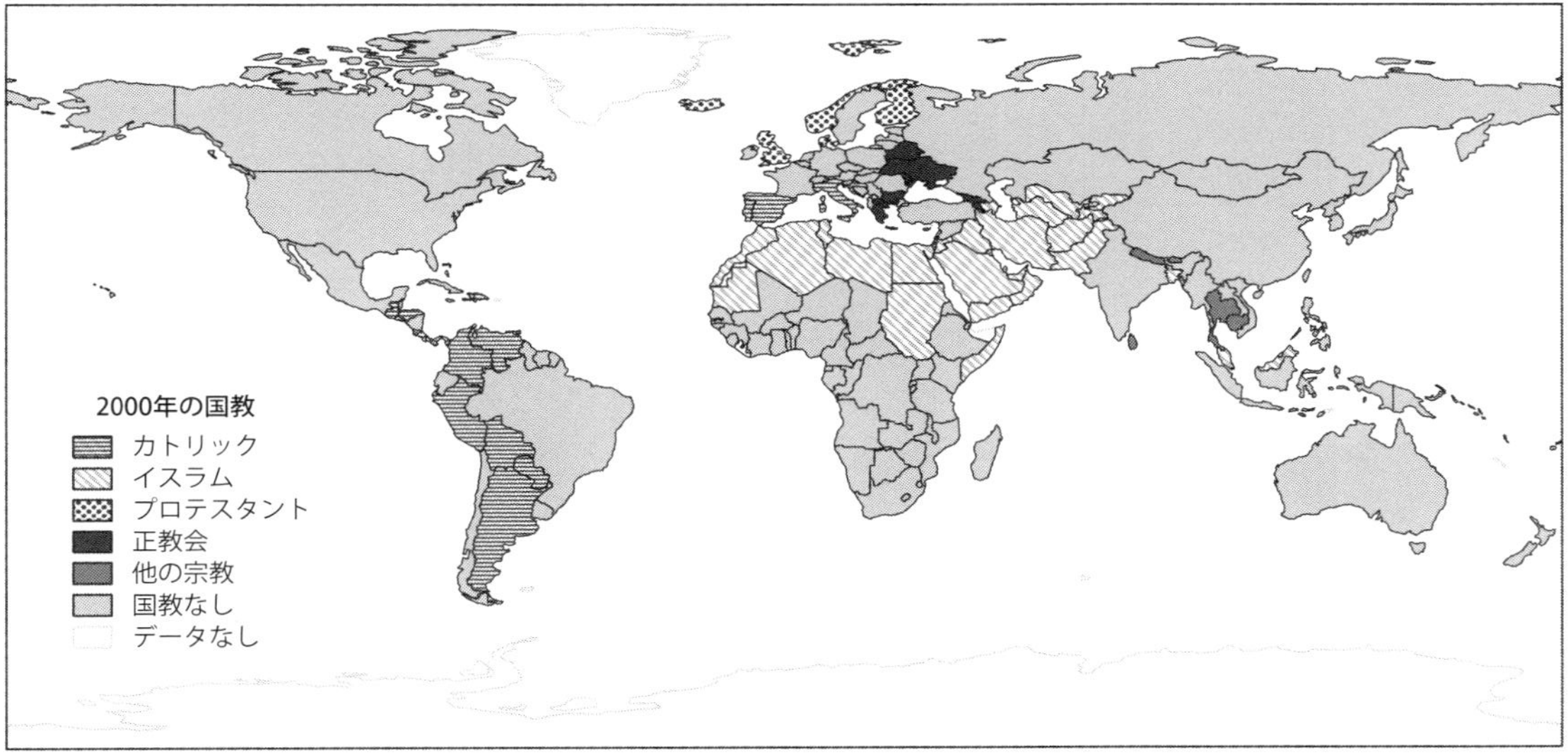

図5.2　2000年における国教の分布

出典：Jeff Blossom, Center for Geographic Analysis, Harvard University

択された国についての一九〇〇年、一九七〇年、二〇〇〇年の詳細は（非常に小さな国々は除く）、表5・1（126-8頁）に示されている。

推移という意味では、188ヵ国は三つの大きなグループに分かれる。第一グループの72ヵ国は、私たちのサンプルである一九〇〇年、一九七〇年、二〇〇〇年を通じて国教という形式は一度も取ったことがなかった。その例としては、オーストラリア、カナダ、フランス、ドイツ、インド、メキシコ、米国が挙げられる。

一九〇〇年のフランスはやや曖昧だ。なぜならこの国は第三共和国のもとでカトリックの国教からゆっくりと離脱を開始したからであり、これは一八七一年に始まったいわゆる世俗化プロセスである。「ライシテ（laïcité）」という用語はこの時期に聖職者やカトリック教育を伴わない国家教育プログラムを意味する言葉として使用され始めた（Glenn 2017, pp. 68-69）。一九〇三年にはフランス政府は国内からおよそ2万人にものぼる修道会のメンバーを追放した。その翌年には宗教界のメンバーが学校で教えることを一切禁止する法律が通った。この世俗化プロセス（フランスのライシスム［世俗主義］）はついに一九〇五年に教会と国家の分離を宣言する法律の成立によりピークに達した。このことにより、フランスは明確に一九〇五年時点で国教を持たなくなったのである。

米国の興味深いケースを見てみよう。この国ではアメリカ独立革命以前、ほとんどの植民地が国教をそれぞれ持っていた。特に南部の植民地の多くが英国国教会をその正式な宗教（聖公会という形で）として持っていた。会衆派教会（長老派主義に関係する）がニューイングランドで支配的になったが、ロードアイランドだけは教会と国家の分離を維持していた。会衆派教会はコネチカット州では一八一八年に、ニューハンプシャー州では一八一九年に、またマサチューセッツ州では一八二四年と一八三三年の二段階で国教廃止されるまでは国教として存続した。また米国憲法の公式宗教設立の禁止、すなわち権利章典の一部は、合衆国憲法修正第一四条の平等保護条項が一九世紀末に州政府にまで拡張され始めるまでは適用されていなかった。この拡張適用は最終的には一九三四年の最高裁の決定に至る。*7

ドイツは複数の組織宗教を支援した（この場合は、カトリックとルター派のプロテスタント）にもかかわらず単独の国教を選択しなかった国の例である。私たちはドイツを国教のない国に分類する。メキシコはかつてスペインの統治下でカトリックを国教としたが、独立（一八二一年）後に教会と国家を分離したラテンアメリカ諸国の一例である。メキシコではカトリックを法的に優遇することを一八五七年に終了した。

インドの人口の4分の3はヒンズー教徒だが、この国は非常に大きいために少数派宗教の信者の数もまた非常に大きい。二〇〇〇年にイスラム信者の数は1億2000万人超、またキリスト教信者の数は6000万人超だった。おそらくこの宗教の種類とそれぞれの信者の数の大きさは、マーク・トウェインがインドとスリランカに一八九六年に旅行したときに放った警句「宗教において、すべての他の国は貧乏人であり、インドが唯一の億万長者だ」が意味した内容だろう。おそらくこの非ヒンズー教信者の数の多さのゆえに、インドは英国から一九四八年の独立以降、国教を維持してこなかったのだろう。

58ヵ国を抱える第二のグループは、一九〇〇年、一九七〇年、二〇〇〇年のすべてのサンプル時点で国教を持っている。*8 これらの諸国はこの三つの時点でただ一つだけの国教を維持していた。すなわち21ヵ国がカトリックを、22ヵ国がイスラムを、9ヵ国がプロテスタントを（英国国教会を含む）、1

いた。

ヵ国（ギリシャ）が正教会を、4ヵ国が仏教を、そして1ヵ国（ネパール）がヒンズー教を維持して

カトリックを国教としてずっと維持した21の国は、ラテンアメリカ（13）および西欧（8）の国である。すでに述べたように、欧州のいくつかのケースの分類、特にイタリア、ポルトガル、スペインの場合、二〇〇〇年時点で国教を持つと分類することは議論のあるところだ。というのは、政府は二〇世紀中にカトリック教会への法的優遇から離れているからである。

イスラムを国教としてずっと維持してきた22ヵ国には驚くべき共通パターンが見られる。それは、イスラム教徒の人口が支配的であり、その政府がイスラムを優遇し他の組織宗教を規制している、という点である。イスラム教徒が大多数であるにもかかわらず二つの例外的な国がある。一つはトルコで、一九二三年にムスタファ・ケマル・アタテュルク大統領の下、教会と国家を切り離し、民主主義的な政権を確立した。他の一つはシリアであり、ここは独裁者バーフィズ・アル・アサドの下で一九七三年の憲法により世俗政権に移行した。こうしたケースを考えると、イスラム教徒が支配的な国で国教がないことは民主主義にとっては良い指標ではないということになる。

プロテスタントを国教として維持してきた9ヵ国のうち、注目するべき国はイングランドである。ここでは一五三四年にヘンリー八世がカトリック教会から離脱したあと、英国国教会を国教としてきた。デンマーク、フィンランド、アイスランド、ノルウェイの北欧各国はスウェーデン国王グスタフ・ヴァーサがカトリック教会を一五二七年に追放して以来ルター主義を国教として維持してきた（スウェーデンは二〇〇〇年に国教を廃した）。

タイとカンボジアは、仏教徒が支配的な国である。両国は国教としての仏教を維持しているが、た

だしカンボジアが共産主義支配下にあった時期（一九七五年〜八九年）を除く。

58ヵ国をかかえる第三のグループは、一九〇〇年から二〇〇〇年にかけて国教に関してある種の遷移を経験している。これらのうちの41ヵ国は一九〇〇年時点で国教を持っていたが、その後廃止し、二〇〇〇年に至るまで国教を復活させていない。その例はブラジル、チリ、アイルランド（カトリックの国教を廃した）、シリア、トルコ（イスラム）、インドネシア（旧宗主国によって強制されたオランダ改革派教会を廃止）、ロシア（正教会）、スウェーデン（プロテスタント）、日本（神道）、中国と韓国（儒教）である。

一九一八年のロシア革命時に国家が正教会の国教を廃止したことは、共産主義国家が国教を持たないという一般的な傾向を象徴している（ただし一九七〇年代のソマリアを除く）。中国については、儒教を一九〇〇年時点での国教だったとして取り扱った。しかしこの扱いは議論があるところだ。というのは儒教は正式な宗教というよりはしばしば一つの哲学、もしくは社会的な倫理とみなされることが多いからだ。しかしいずれにせよ、中国は一九四九年以降に共産主義になってからは明確に国教を持っていない。

二〇〇〇年にスウェーデンがルター派の国教を廃止したことは注目に値する。なぜならこの制度は一五二七年からずっと続いてきたからだ。しかし長年にわたりこの国家支援の宗教は宗教の自由と共存してきた。その他の北欧各国、デンマーク、フィンランド、アイスランド、ノルウェイは二〇〇〇年以降もプロテスタントの国教を維持しつつ、宗教の自由も守ってきている。このパターンからわかるのは、公式な国教が存在することが必ずしも宗教の自由がないとか宗教市場への参入が厳重に規制されていることを意味しない、ということである。

12の国のグループは、一九〇〇年時点で国教を持ち、一九七〇年までにこれを廃止し、その後二〇〇〇年までに復活させている。これらのケースはすべて旧ソヴィエト連邦や旧ユーゴスラヴィアの共和国であり、一九七〇年に国教を持たなかった理由は共産主義政府だったためである。かつてはソヴィエト連邦の一部だった四つのアジアの国は一九〇〇年時点では正教会を国教としていたが、二〇〇〇年時点ではイスラムを国教とした。*9 これらのケースでは新しい国教の形（イスラム）は、かつてのロシア皇帝が自分の好み（正教会）で選んだのとは異なり、人口の大多数を占める人々の宗教の帰依に従っている。旧ソビエトのその他六つの国と旧ユーゴスラヴィアの計6ヵ国（アルメニアとウクライナを含む）は二〇〇〇年までに正教会を国教に復帰させた。また二〇〇〇年までにアゼルバイジャンはイスラムの国教を復活させ、クロアチアはカトリックの国教に戻った。

最後の5ヵ国のグループは一九〇〇年時点では国教を持っていなかったのに、二〇〇〇年には持つにいたった。このうち3ヵ国は一九〇〇年時点では独立していなかった。イスラエルは一九四八年に独立したときにユダヤ教を国教と定めた。パキスタンはインドから分離して数年後の一九五六年にイスラムを国教とした。またバングラデシュは、パキスタンから分離した後の一九七五年にイスラムを国教として取り入れた（一九七二年〜七五年の短い時期には国教がなかった）。ブルガリアは二〇〇一年に正教会を国教として取り入れた。私たちはブルガリアを一九〇〇年時点で国教なしと分類したが、この分類は曖昧なところがある。なぜならこの国は当時ロシア帝国（正教会）とオスマン帝国（イスラム）の競合の下に晒されていたからだ。最後のケースは小さな島国バヌアツで、一九七九年の独立後にプロテスタントを国教として導入した。

国教を決めるのは何か

私たちは188の国について一九〇〇年、一九七〇年、二〇〇〇年における国教の存在、不在を統計分析を用いて調査してきた。この調査結果は、一国がある時点で国教を持つか持たないかの可能性に、その国の性格がどう影響するかの情報を提供してくれる、と解釈している。

一つの強力な、しかし驚くに当たらない実証的な発見は、国教の存在がその国のもっとも人気の高い宗教の人口に占める割合に非常に強く関係しているということだ。特にその国の人口のほとんどがイスラム教徒もしくはカトリック教徒であれば、イスラムもしくはカトリック教を国教として持つことがほとんど確実である。しかもこの結びつきは主となる宗派がいずれであるかにはあまり関係しない。ただし一つの例外は、支配的な宗教がイスラムの場合に国教を持つ確率への正の影響である。人口のほとんど100%がイスラム教徒なのに国教を持たない国が数ヵ国だけ存在する（近年のシリアとトルコを含む）。

主たる宗教に帰属する人の割合がわかっている場合、二番目に人気のある宗教に帰属する人の割合は国教を持つ確率には影響しないことがわかった。当初の推測はこのグループへ集中する割合、つまり多くの少数派の宗教に分散するのでなく第二グループに集中する割合が高いほど国教を持つ確率が低くなるだろう、というものだった。ところがこの仮説はデータで支持されていない。

信者についての分析では、標準的な宗教をグループ化して、そのうえでグループの間での比較を行っている。そのグループとはカトリック、主流のプロテスタント（英国国教会を含む）、その他のプロテスタント（主に様々な福音派）、正教会、ユダヤ教、イスラム、ヒンズー教、仏教、他の東洋宗教、その他の宗教、そして無宗教である。ここでこの分類についての一つの疑問は、国教を持とうとする圧力が上記のグループの一つへの集中率に依存するのか、それともイスラムでいえばスンニ派とシーア派のような宗教内でのタイプの分散に依存するのかという点だ。同様にキリスト教を国教とする場合にそれを維持するのに影響するのはキリスト教信者の総数なのか、教派（カトリック、主流プロテスタント、他のプロテスタント、正教会）の分散なのか。

イスラム教徒が支配的な国での結果は明確な解答を示している。国教はイスラム教徒の総計の大きさに関係し、タイプにおける分散は二次的な影響しかなかった。一つの例を挙げると、イラクでは二〇〇五年に新憲法で国教を定めたが、国内にはシーア派、スンニ派、その他のタイプがそれぞれかなりの数を占めていたのである。その新憲法第2条は次のように明確に規定している。「イスラムは国家の公式な宗教であり、法律の基礎となるものである。（…）すでに設立されたイスラムの規定に矛盾するようないかなる法律も制定されてはならない」

別の興味深い事例はトルコである。この国はオスマン帝国の一部として伝統的にイスラムを国教としてきた。第一次世界大戦のあと帝国が崩壊すると、かつての軍事指導者であり、その後大統領になったケマル・アタテュルクが世俗の共和国を建国し、一九二三年以来これが維持されている。アタテュルクはオスマン帝国が一五一七年以来維持してきたカリフ統治を一九二四年に廃止したが、トルコは国家から宗教を本当に切り離すことは一度もなかった。実際、国は宗教を宗務庁（ディヤネットと呼ばれる）を通じてコントロールし、イスラム、特にスンニ派に特別な待遇を与えている。[*10] 実証分析によると、トルコにおける一九二三年以降の国教の不在（さきほどトルコをこのように分類した）は飛

国	1900	1970	2000
キルギス	正教会	なし	イスラム
ラオス	仏教	仏教	なし
リベリア	プロテスタント	プロテスタント	プロテスタント
リトアニア	カトリック	なし	なし
マレーシア	イスラム	イスラム	イスラム
メキシコ	なし	なし	なし
モンゴル	仏教	なし	なし
モロッコ	イスラム	イスラム	イスラム
ネパール	ヒンズー教	ヒンズー教	ヒンズー教
オランダ	なし	なし	なし
ニカラグア	なし	なし	なし
ナイジェリア	なし	なし	なし
ノルウェイ	プロテスタント	プロテスタント	プロテスタント
パキスタン	なし	イスラム	イスラム
ペルー	カトリック	カトリック	カトリック
フィリピン	なし	なし	なし
ポーランド	なし	なし	なし
ポルトガル	カトリック	カトリック	カトリック
ルーマニア	正教会	なし	なし
ロシア	正教会	なし	なし
サウジアラビア	イスラム	イスラム	イスラム
シンガポール	なし	なし	なし
スロヴェニア	カトリック	なし	なし
ソマリア	イスラム	イスラム	イスラム
南アフリカ	なし	なし	なし
スペイン	カトリック	カトリック	カトリック
スリランカ	仏教	仏教	仏教
スーダン	イスラム	イスラム	イスラム
スウェーデン	プロテスタント	プロテスタント	なし
スイス	なし	なし	なし
シリア	イスラム	イスラム	なし
タジキスタン	正教会	なし	イスラム
タイ	仏教	仏教	仏教
チュニジア	イスラム	イスラム	イスラム
トルコ	イスラム	なし	なし
トルクメニスタン	正教会	なし	イスラム
ウクライナ	正教会	なし	正教会
英国	プロテスタント	プロテスタント	プロテスタント
米国	なし	なし	なし
ウルグアイ	なし	なし	なし
ウズベキスタン	正教会	なし	イスラム
ベネズエラ	カトリック	カトリック	カトリック
ベトナム	なし	なし	なし

国	1900	1970	2000
アフガニスタン	イスラム	イスラム	イスラム
アルジェリア	イスラム	イスラム	イスラム
アルゼンチン	カトリック	カトリック	カトリック
アルメニア	正教会	なし	正教会
オーストラリア	なし	なし	なし
アゼルバイジャン	イスラム	なし	イスラム
バングラデシュ	なし	イスラム	イスラム
ベラルーシ	正教会	なし	正教会
ベルギー	なし	なし	なし
ボリビア	カトリック	カトリック	カトリック
ボツワナ	プロテスタント	なし	なし
ブラジル	カトリック	なし	なし
ブルガリア	なし	なし	正教会
カンボジア	仏教	仏教	仏教
カナダ	なし	なし	なし
チリ	カトリック	なし	なし
中国	儒教	なし	なし
コロンビア	カトリック	カトリック	カトリック
コスタリカ	カトリック	カトリック	カトリック
クロアチア	カトリック	なし	カトリック
キューバ	カトリック	なし	なし
デンマーク	プロテスタント	プロテスタント	プロテスタント
エジプト	イスラム	イスラム	イスラム
エチオピア	正教会	正教会	なし
フィンランド	プロテスタント	プロテスタント	プロテスタント
フランス	なし	なし	なし
ドイツ	なし	なし	なし
ギリシア	正教会	正教会	正教会
グアテマラ	カトリック	カトリック	カトリック
ハンガリー	なし	なし	なし
インド	なし	なし	なし
インドネシア	プロテスタント	なし	なし
イラン	イスラム	イスラム	イスラム
イラク	イスラム	イスラム	イスラム
アイルランド	カトリック	カトリック	なし
イスラエル	なし	ユダヤ教	ユダヤ教
イタリア	カトリック	カトリック	カトリック
日本	神道	なし	なし
ヨルダン	イスラム	イスラム	イスラム
カザフスタン	正教会	なし	なし
韓国	儒教	なし	なし

表5.1　1900年～2000年の選別された国での国際的な国教の分布

年	1900	1970	2000
総数	188	189	188
国教なし	77	116	113
仏教（神道含む）	7	5	4
カトリック	35	27	22
儒教	4	0	0
民族宗教	7	0	0
ヒンズー教	1	1	1
イスラム	31	25	29
ユダヤ教	0	1	1
正教会	13	3	8
プロテスタント	13	11	10

表5.1（続き）　1900年〜2000年の選別された国での国際的な国教の分布

注：列挙された国には人口の非常に少ない国の多くが含まれていない。以下の宗教のタイプとグループ別に示された数は、126 〜 127頁に記述されていない国を含めてすべての国を示す。1900年、1970年、2000年におけるグループ分けを大まかに説明すると以下のとおり。グループ1：全期間で国教が存在しない。72ヵ国。グループ2：全期間で国教あり。58ヵ国。グループ3：1970年までに国教を廃止し、その後復活させていない。29ヵ国。グループ4：1970年と2000年の間に国教を廃止し、その後復活させていない。12ヵ国。グループ5：1970年までに国教を廃止し、2000年までに復活させた。12ヵ国。グループ6：1970年までに初めて国教を導入し、その後維持している。3ヵ国。グループ7：国教を1970年と2000年の間に初めて導入し、その後維持している。2ヵ国。

出典：Barro, Robert J and McCleary, Rachel M. "Which Countries Have State Religions?" *Quarterly Journal of Economics*, 2005, vol.120, issue 4, pp.1336-1329, by permission of Oxford University Press.

びぬけた例外である。トルコの特性を考慮するならば、トルコが長期的に国教を保持する予想確率は90％だった。この知見は現在レジェップ・タイイップ・エルドアン大統領の政府で推進されているイスラム化の方向と軌を一にしている。イスラムが国教復活に向かう一つの明確な兆候は、トルコの宗務庁が内閣の省に最近昇格したことだ。事実、この省の年間予算は現在教育予算をはるかに上回る規模である。おそらくトルコは二〇一八年においてすでにイスラムを国教とする国として事実上分類されるべきだろう。

国教に関するこの結果は、

様々なキリスト教徒が存在するケースとは異なる。たとえば多くのカトリックとプロテスタントの居住者がいるドイツについては、タイプの分散は国教が宣布される可能性をずっと低くしている。

イスラムの国では様々なタイプの宗派が存在していても、人口の大半がイスラム教徒の場合は（イスラムが）国教の成立が容易であり、その一方、キリスト教では多くの様々な宗派が存在すると逆に国教が成立しにくい。それはなぜだろうか？　一つのポイントは、国家の官僚組織が宗教権威の延長であることにほとんどのイスラム教徒が同意していることである。この意味で宗教の法と権威が社会を統治することが重要であり、スンニ派とシーア派の分離などは二の次の問題だという意識がある。それに対してプロテスタンティズムが生まれた一六世紀の改革時、カトリック教徒とプロテスタント教徒の宗教的、政治的な対立は中心的な問題だった。いずれのグループも、カトリックとプロテスタントの違いを越えるようなキリスト教の国教など絶対に容認しなかったということだろう。

私たちは研究の成果として国教の存在が経済発展の水準にあまり関係しないことを見出した。欧州各国のような豊かな国々とラテンアメリカやアフリカの諸国のように、どちらかといえば貧しい国が同様に国教を持つ可能性が高いのである。

他に人口規模が中程度以上の国（およそ300万人超の国）では、国が大きくなるにつれて国教が存在する可能性が低下することが確認された。私たちの推定では大きな国は主たる宗教以外の宗教を持つ人が多く、したがって国が特定の宗教だけを保護することに反対する大きな勢力がある。その顕著な例はインドであり、この国では圧倒的にヒンズー教徒が多いが、イスラム教徒もキリスト教徒もまた数千万人以上もおり、国教はない。非常に小さな国は国教を持たない傾向があり、それはおそらく公式宗教を維持する官僚組織を設立するためのコストに耐えられないためだろう。したがって全体として、国教を持つ可能性と国の人口との間には逆U字の関係がある。中程度の規模の国々は国教を持つ可能性がもっとも高い。

共産主義の国では国教を持つ国はほとんどないと私たちはみている。ただし共産主義を宗教とはみなしていないという前提であるが（唯一の例外は一九七〇年代のソマリアである）。ではそこにはどんな力が働くのだろう。それは共産主義の指導者が組織宗教からの競争を防ごうとする意志である。この一般的なパターンの一つの例外は、国教にこそならなかったものの、ポーランドのカトリック教会が第二次大戦の後、共産主義政府に対して重要な反対勢力として自らを存続させたことである。概して共産主義政権が消滅すると、過去の共産主義が国教を持つことを阻害した影響はかなり早く消え去る傾向を示した。二〇世紀の初期に共産主義支配が終わってからの十年で、ウクライナ、クロアチア、そしていくつかの中央アジアの共和国を含む多くの国で国教が復活した。

最後に私たちは国教が長期にわたって存在し続ける注目するべき力を持っていることを示したい。戦争や共産主義や旧宗主国からの独立などに関連して大きな政権交代を経験していない国では、二〇〇〇年段階で国教を持っている確率は、一九〇〇年時点で国教を持っていたかどうかに強く関係している。そこでいろいろな国の長い歴史に注目してみると、国教はしばしば数百年も続くのである。すでに述べたように、イングランドでは英国国教会が現在の地位を占めるようになったのは、一五三四年のヘンリー八世によるカトリック教会の追放に始まっている。同様にスウェーデンとその他の北欧各国におけるルター派の国教の長期的な存続は、一五二七年のグスタフ・ヴァーサ王によるカトリック教会の追放から始まっている。

これに対して国教を持たない状態というのは、国教を持つ状態よりも持続しない傾向がある。それにはいくつか証拠がある。すでに述べたように、12ヵ国が共産主義の下、ソヴィエト連邦の一部もしくはユーゴスラヴィアとして国教を廃止させられ、一九九〇年代に共産主義支配から解放された後に色々な国教を復活させている。

アダム・スミス対デイヴィッド・ヒューム

第2章で検討してきたように、国教はアダム・スミス（『国富論』）の宗教市場についての考察で中心的な役割を果たしていた。スミスによれば、英国国教会のような確立された宗教の重要な側面は、自らを独占的地位にまで昇格させることにある。多くの国と時期において、この昇格は代替の可能性のある宗教の参入を制限すること、および有望な宗教への補助金を与えることで実際に行われてきた。

宗教の消費者〔信者〕でなく国家に依存する宗教は、二つの方法で変容する傾向があるとスミスは論じた。一つ目は、人々が信仰を実践するのに必要な宗教的献身への意欲と、教義の権威が共に失われることである。二つ目は宗教がエリートのために、そして聖職者自身が社会のエリートになるという意味で、エリートのものになる傾向があるということである。その結果、聖職者たちは信者の宗教的信念への奉仕に身を捧げるのではなくて、政治、芸術などの文化活動、知的な学習などの世俗的活動に集中する傾向を示すようになる。もっとも重要なことは、国家が保証する豊かな地位に上り詰めてしまうと、聖職者は信徒たちの興味を満たすことにはあまり熱心ではなくなってしまうことだ。

これと対照的に、主流派に対する代替《オルタナティブ》の宗教（イングランドではこれを「成り上り」と呼ぶ）は、信者からの篤志の援助に頼っていることをスミスは見抜いた。したがってこうした宗教は、生き残っていくために信者の宗教的なニーズに継続して応えていかなければならない。その結果、一八世紀後半のイングランドのメソジスト派やクエーカー派などの新しい宗教運動は、英国国教会よりも良質で信者の注文に沿うようなサービスを提供することで英国国教会の地位にうまく迫っていくことができた。自由市場や「見えざる手」についての基本となる書籍（『国富論』）を書いたスミスはその卓越した能力で、市場モデルを宗教商品やサービスに適用し、あたかもそれらが歯磨き粉のブランドと同等であるかのように取り扱った。

スミスの議論は、一五一七年に起きた宗教改革を契機とするプロテスタンティズムとカトリシズムの競争を理解する手助けになる。ロバート・エクランド、ロバート・ヘバート、ロバート・トリソンはカトリック教会が免罪符（罪に対する現世での赦免）や聖職売買（教会の職を売り買いすること）のようなサービスの独占的提供者であると考えた（Ekelund, Hébert and Tollison 2002; 2006, Chaps. 5–7）。彼らは教会が破門とか宗教裁判などの方法を使って、外からの参入を制限し、そのサービスの価格を吊り上げていたと主張する。教会は競争者のことを「異端」と決めつけ、魔法や迷信を無効なものと退けたが、おそらくはライバルになる超自然勢力を排除するつもりだったのだろう。

エクランド、ヘバート、トリソンは、カトリック教会における懺悔を、信者が教会によるサービスに支払いの意思があるかどうかについての情報を得るメカニズムだと主張した。それによってより多く支払う意思がある信者に高い価格を教会が課すことができるとした。しかしエクランドらは、カトリック教会が設けた障害にもかかわらず、多くの外部参入者を惹きつけるほど高い利潤を得ていたと主張している。一五一七年に始まった宗教改革は、参入に成功した強力なケースである。注目するべきことは、この新しい形の宗教は、教会の職員の仲介的役割、特に免罪符の販売などを縮小し、懺悔を廃止し、さらに教会からのサービスを買うことではなく、善行と予定説を通じて得ることを強調し、独占的な価格付けを制限した。

　スミスの議論は、私たちが第2章で検討した宗教市場モデルの基礎をなすもので、それは宗教の独占が宗教行事への参加と信仰心を引き下げる傾向にあるということである。もう一つの重要な点は、宗教の競争者の台頭を抑えるために国教が威嚇、抑圧、そして暴力まで使ってその優遇された地位を守ろうとする傾向を示すことだ。この見方は一五一七年の宗教改革の後のプロテスタンティズムの台頭に対するカトリックの反応によく一致する。一五四五年から一五六三年にかけてのトリエント公会議に端を発する反宗教改革のなかで、カトリック教会はプロテスタントからの脅威に対抗するためにしばしば暴力に訴えた。欧州での長期にわたる宗教戦争がついに終わったのは、一六四八年のウェストファリア会議で三十年戦争が終了したときだった。この和平協定にしたがって、ドイツ諸郡の統治者は自らの郡の宗教をカトリック派、ルター派、カルヴァン派の中から選択できることになった。さらに自分の公国の宗派がまだ確立されていない場所に住むキリスト教徒はそれぞれの信仰を続ける権利が保障された。

　スミスは、他の市場と同様に宗教市場においても教会と国家が分離しているところほど活気を呈していることを指摘した。国教の独占が存在しないと競争が可能になり、非常に多くの宗教が繁栄する社会ができやすいとスミスは信じた。さらに彼はこの多元的な環境が信仰に関する合理的な議論を作り出し、それにより「穏健と節度」の雰囲気をもたらすと考えた。これに対して宗教が国家支援による独占に陥ると、思想が大衆に強制され、それが熱狂性や暴力に結び付き、宗教への熱情は冷めるだろうと予測した。

一八世紀のスコットランドの哲学者デイヴィッド・ヒュームは、教会と国家の関係についてアダム・スミスとはまったく異なる考えを持った（この二人は親友ではあったのだが）。ヒュームの主張によれば、宗教とは人間の未知のことへの恐れや将来の不確かなことに対する心配の上に成り立つ単なる迷信にすぎない（Hume 1988; 2006, pp. 75–80）。「私たちは生と死、健康と病気、潤沢と欠乏の間で永遠に漂っている。こうした不安は秘密の、よくわからない理由によって人類全体にばらまかれ、それがどう作用するのかはしばしば予期できず説明もできない。これらの未知の原因は次に私たちの希望と怖れの対象となるのだ」（Hume 2006, p. 142）。つまりヒュームの主張とは人間が空想的な神や儀式や護符や遺骨などに非合理的な信仰を持つのは怖れや不安に駆られるからだ、というものである。こうした非合理的な信仰は、人々が合理的には説明できないことに対する心理的で粗野な緩和剤と見られた。「それらは病人の夢にすぎないと私が言ってもあなたは納得しないかもしれない。しかしお高くとまる聖職者の話は、自身を高貴に見せるための真剣で独断的な宣言というよりは、お笑いであり、彼らの話はむしろお猿さんの奇行にすぎない、というほうがしっくりくるだろう」（Hume 2006, p. 184）。ヒュームは目に神への立証不可能な信仰を、すぐに偽であると証明可能である占星術や占い師の予測力のような迷信と区別しなかった。

宗教とは非科学的、非合理的であり恐怖と不安によって引き起こされたものとのヒュームの見解は、ずっと後になって、精神分析の創始者ジグムント・フロイトによって擁護されることになる（Freud [1927]1964a）。彼は神への信仰を「父にたいする憧憬」と呼び、集団神経症として記述した。ただし彼は最晩年になり宗教に対してより好感をいだくようになった（Freud [1939]1964b）。彼は天国と地獄のような証明できないものへの信仰は想像力のレベルに依存するものであり、より教育を受け、より科学的である人間がより信仰心が高いのもうなずけると主張した。「もし人がそこにないものを崇拝できるのなら、人はそこにないものを熟考することもでき、あるいはその人に象徴的もしくは非直接的な形で提示されたものについて熟考することもできる。そのため一神教という精神労働に精励するユダヤ人は、法律、数学、科学、そして文芸で優秀な成績を収めるようなった。つまり経験の抽象的なモデルを作るようなすべての活動で彼らを有利にさせたのだ」。晩年のフロイトはこの内面化のプロセスを「知性の進歩」と呼び、それを宗教のおかげだとしたのである。

宗教は非合理的なものだとするヒュームの考えに立てば、国家はその市民が騙され餌食にされるのを防ぐために宗教市場を規制するべきだという政策提言にまで到達するのは自然な流れだった。ヒュームは、宗教がいずれは闘争や暴力に結びくのであり、ゆえに国家は宗教を規制するべきだと主張した。ヒュームによれば、「もっとも犯罪的で危険な企業は、通常もっとも迷信的な組織」である。そして彼にとっては、宗教とはただの罪のない迷信ではない。それは紛争の原因だった。

私たちはヒュームの考えの実例を現代の社会や事件に見出すことができる。たとえばスリランカでは、上座部仏教（テーラヴァーダ仏教）は主要な宗教であり国家により保護され推奨されている。この国の憲法上の義務の一つはブッダササナ、すなわち「仏の教え」を育成することである。修行僧とその修行共同体は仏教の教師と保護団体であるから、彼らは国家からの補助金を支給される。

仏教はスリランカ人の大半の人口から支持される（およそ70％）宗教ではあるが、国家の憲法は宗教上の自由を保障している。その結果、キリスト教（カトリック、英国国教会、そして主流のプロテスタント）、ヒンズー教、イスラムは、政府によって法的に認められている。福音派、ペンテコステ派、アッセンブリーズ・オブ・ゴッド教団〔米国に本部を持つプロテスタントのペンテコステ派の一大宗派〕

などその他すべての宗教集団は法人として登録されている。宗教に対するこの政策の結果、宗教市場の法的な階層と同時に、非公式な規制されない宗教市場が作られることになった。

少数派の宗教への明白な法的保護にもかかわらず、スリランカでは福音派、ペンテコステ派、アッセンブリーズ・オブ・ゴッド教団に対する暴力行為がしばしば発生した。いくつかのケースでは修道僧が少数派信者への暴力を指示していた。これらの行為で衝撃的なのは、これらの大部分が政府ではなく市民社会によって実行されていたことだ。しかし政府は国家の憲法で保護された崇拝の自由を権力で守ることがなかなかできず、宗教闘争は監視されることなく続いた。

ヒュームがもし存命だったら、スリランカの紛争を、宗教とは狂信と排他性を生み出し、不協和に結びつき、最後は暴力にエスカレートする、という彼の主張を証拠立てるものだと論じたことだろう。ヒュームの主張の論理的な拡張として、規制されない不寛容とはそもそも人間の本性であるという結論を導き出すことができる。

この他にもヒュームの宗教に関する見解を支持するケースがある。共産主義の崩壊に伴い、複数の宗教の宣教師グループが中央アジアの5ヵ国、すなわちカザフスタン、キルギスタン、ウズベキスタン、トルクメニスタン、タジキスタンに入っていった。これらの政府はすでに圧倒的な信者を擁していたイスラムが政治問題化するのをコントロールしようとした。同時にイスラムに照準を絞ったことによって、彼らは共産主義崩壊後に入ってきた他の宗教は見逃した。当初、一九九〇年代の初頭、トルクメニスタンとウズベキスタンは福音派とペンテコステ派に対しては寛容だった。宗教的寛容は「新しい共和国」の一部だからという理由である。しかしこれらの国はその後、こうしたライバルの宗教を規制したり、禁止までするようになる。

一九九〇年代の中ごろまでにこうした新しい宗教集団は、伝統的な宗教家から受け入れられなくなった。それにはいくつかの理由がある。第一に、伝統的な宗教（この場合イスラム）は、宗教改革の間に欧州で拡大した宗教間競争の時のように、新興宗教が教区民を奪い取ってしまうのではないかと考えたのだ。第二に、民族と共同体の境界が重なり、改宗活動が活発化したために、紛争が増えてきたからだ。第三に、新興の宗教集団が伝統的な習慣を無視し、住民の先祖を尊敬しない集団とみなされたからだ。

中央アジア各国はスリランカと同じく、宗教の多様性が社会にもたらした民衆間の緊張に対し、政府が規制と行政的解決を強めていったケースである。スリランカは他の国と同様、社会的安定を回復するために一部の改宗活動を禁止することを検討した。このように宗教に対する国家のコントロールを厳しい規制によって強める傾向が広まったのは、宗教指導者や政治家が宗教ナショナリズムや、一部のケースでは民族問題を煽った結果だったことが多い。

ヒュームは、道徳教育があれば人々は習慣や人間関係の道徳秩序づくりを通じて不安や恐れを克服できるのだから、宗教は不要になると強調した。彼はまた科学的発見や自然界の出来事についての説明が無知を除去することにより、さらに宗教の必要性がなくなると論じた。しかしこの見解は教育レベルの高さが宗教性の指標と逆相関しない、という世界的なデータとは矛盾する（これは第2章で述べた）。

すでに第2章で、国教が正式な礼拝への参加率といろいろな信仰心の強さに影響するかを検討した。この分析のなかで、国教の二つの側面を区別した。その第一は主たる宗教への補助金であり、この要素が正式な礼拝への参加率を高めるものと予測した（何かが補助金を受けると、その価格は下がり、その量は増える傾向を示す）。しかし、もし主たる宗教が貧弱で説得力のないサービスを提供すれば信仰心への影響は弱くなる。

第二の考察は、宗教市場の規制である。特に主たる宗教に対する競争者が参入して成長することへの法的な障壁が作られることだ（実際の作業上、私たちは規制についての特別な計測方法を採用した。それは宗教指導者の任命に政府の認可もしくは直接的な政府の選択が必要かどうかである）。私たちの予想は、この力（必ずしも国教に関係するとは限らない）が正式な礼拝への参加率を下げることになる、というものだ。多くの競合する宗教提供者の存在が信仰心の育成にとって重要であるならば、競争のない社会では宗教心もまた下落することだろう。

第2章で述べた実証的な発見は、こうした仮説に一致する。国教の存在は（宗教市場の規制レベルの所与の状態に対して）正式な礼拝への参加率を上げる傾向を示すが、信仰心については顕著な説得力がない。対照的に宗教市場への規制が強いと（国教の所与の状況に対して）宗教への参加と信仰心の深さを押し下げる傾向を示す。

国教についてわかったことは何か

この章のテーマは、私たちの二〇〇五年の論文のタイトルにもなった「どの国が国教を持つか？」である。この問いへの答えに特別に関心を持つのは、第2章で述べたように、国教は宗教への参加率に重要な影響がある（しかし信仰心にはそれほどでもない）からである。さらに第3章では、宗教への参加（および信仰心）は経済成長率に影響すると発見した。

本章では世界のほとんどの国について、国教を持つかどうかを実態に即して分類した。一九〇〇年には188ヵ国中の111ヵ国（59％）が国教を持っていたのに対して、二〇〇〇年では188ヵ国中の75ヵ国（40％）になっていた。したがって二〇世紀を通してみると、国教を持つ国の趨勢は下降を示している。しかしながら一九七〇年以降については、二〇〇〇年から現在に至る期間も含めて、その変化は小さくなっている。

もっとも明白な実証的な法則は、ある国の中で主たる宗教に帰依する人口の比率が高いときには国教が存在する可能性が極めて高いことである。このパターンはその主たる宗教が何かにはほとんど関係せずに成り立つ。ただし主たる宗教がイスラムの場合は、その傾向がやや強まる。私たちの発見によれば、一国の人口のほとんどがイスラム教徒である場合は、たとえイラクの場合のシーア派とスンニ派のように、住民の宗派が均等に分かれている場合でも、国教を持つ可能性が非常に高い。この点については、一二世紀に始まったチベットの大乗仏教の歴史的な分布を次の章で見ていくことにする。当初は多くの仏教宗派が並立するパターンだったものが、ダライ・ラマ体制のもとに次第に集中管理された形に変化していったのである。

私たちはトルコに国教が存在しないこと（一九二三年のトルコ共和国建国以来のことだが）が極めて例外的であることを発見した。また住民が圧倒的にキリスト教徒である国で、宗派がカトリック、プロテスタント、その他に均等に分かれている場合には国教がほとんど生じないことも発見している。

私たちの知見では1人当たり実質GDPで計測した経済発展度の高さは、国教の存在を説明する力はなきに等しい。これに対して、人口の規模が中程度の国は国教を持つ可能性が高い。人口が非常に多いインドのような国では、イスラム教徒、キリスト教徒などの少数派の人口も非常に多いために反対派の圧力から、やはり国教は存在しない傾向が強い。小さな国では国教を持つための行政コストの負担が重すぎて国教は存在しない傾向がある。共産主義国は国教を持ったことはない。ただし共産主義が一度放棄されると、一九九〇年代初頭の多くの国のように、国教の復活が起きる。したがって国教の可能性に対する共産主義の影響は時間とともに早急に消える。

国教の存在期間は極めて長い。たとえば、これは今日まで続くことだが、国教は一五一七年に始まる宗教改革のなかでイングランドと北欧で初めて設立された。実際に、キリスト教と正教会との一〇五四年の分裂は地域によっては現在の国教のパターンにまで影響している。第3章で見てきたように、たとえばスイスのカントン〔行政区画で州のこと〕のように、ある地域での独占的宗教の存在が人々の仕事と余暇への態度に現在でも影響しているのである。

私たちは一国が国教を持つことや、宗教市場を規制したりすることのいくつかの効果を見てきたが、こうした影響の研究をさらに将来の研究者が深めてくれることを期待する。その一例としては、国教と宗教への規制が宗教の自由やさらに広く市民の自由と民主的統治の維持とどのように関わってくるのかをもっと深く知りたいと思う。

第6章　クラブとしての宗教
——教団と信者の政治経済学

世界基督教統一神霊協会[†]（ニックネーム「Moonies」）、イラクとシリアのイスラム国（ＩＳＩＳ）などの宗教カルト、あるいはダライ・ラマが率いる大乗仏教のゲルク派（黄帽派）に共通したものは何であるか？[*1] 経済学者のローレンス・イアナコーンの宗教のクラブモデルによれば、これらすべては極端な挙動や同質性とメンバー間の結束を鼓舞するための自己犠牲などをアピールすることで繁栄しているクラブのようなものだという（Iannaccone 1992）。自己犠牲やスティグマ（社会的な烙印を敢えて表現すること）は、いわゆる「フリーライダー」の参入を防止し、同時に内部の熱狂的な信者たちがそれぞれの熱情を燃え上がらせ、組織を維持するのに役立っている。

一部の宗教は、信者に対してコストが高くつく習俗に従うことを要求する。たとえば信者は特別の方法で服を着なければならない、髭を蓄えなければならない、頭部を覆わなければならない、等々で

---

† 一九五四年に朝鮮半島のキリスト教の土壌から生まれた宗教法人。一九九四年に世界平和統一家庭連合と改称された。宗教学ではキリスト教の新宗教とされている。日本では通常、統一教会と呼ばれる。

ある。これらの振る舞いは「スティグマ」と呼ばれるが、その理由はそれが部外者に対して会員の忠誠心を示すからである。宗教はまた各種の犠牲を含むことがある。たとえば特定の食物の摂取禁止、宗教行事に長時間を捧げること、性交もしくは同棲行為の制約（例としてはカトリック神父や仏教僧の禁欲）、男性と女性の割礼などがある。このような習俗は宗教同士の競争によって廃止されるだろうと思うかもしれない。つまり、悪貨は良貨を駆逐するというグレシャムの法則を当てはめるならば、厳しくない宗教が厳格な宗教を市場から追い出すはずだ。しかしこの予測は明らかに誤りである。

厳格さの程度やコストを伴う習俗の程度が異なる宗教が互いに競合しながらも市場で共存している。では一体なぜ、コストのかかる、そしてときに意味がないように見える宗教的な習俗が、生き残りのための良い特徴を持ちうるのだろうか。イアナコーンのクラブモデルの説明によれば、スティグマや自己犠牲や通常とは異なる行動を取ることは、あまり熱心ではない候補者に対して宗派のアピール度を下げ、それによりフリーライダーを除外することができるというのである[*2]（Iannaccone 1992）。イアナコーンはこの枠組みを適用して、信者に極端な行動を要求するカルトやセクトの存在を説明した。[*3]しかしこのモデルはもっと広い応用が可能である。

イアナコーンの洞察は、宗教的な習俗とは、社会的な（もしくはクラブ内部の）経験であり、人々は同じ信条や情熱を共有する人たちとの交際を大切にしているという。このモデルでは、スティグマや自己犠牲はそのセクトへの忠誠の程度を示すのに役立つ。実際には所属することのコストは、広い範囲の行動におよぶ。衣服や身づくろい、宝石を身につけないこと（スティグマ）、さらには電気なしの生活、教育の制限、農業や交通に動物のみを使用すること（自己犠牲）などだ。重要な点は、もっとも覚悟の弱いメンバーがこうした制限に対し、脱退という反応を見せることであり、これによってもっとも情熱がありセクトに忠誠心のある人だけが残る。こうして、コストの高い習俗はまことに彼らにとってきついものではあるのだが、そのコストはより等質で忠実なメンバーを確保するのには十分に価値のあるものなのだ。したがってイアナコーンのクラブモデルは、心理学や人類学などの他の学術分野が洗脳とか病的だとかに分類する傾向にある厳格な、あるいは極端な行動を合理的に説明している。

宗教集団を熱狂的な社会組織として見る記述は社会学者エミール・デュルケムによる宗教の分析のなかにも現れている。デュルケムのモデルではイアナコーンと同様、個人の宗教的な経験は、その人が祈り、歌唱、行列や巡礼などの参加において他の人と一緒になればさらにやりがいのあるものになるという。デュルケムはこうした集団行動を「集合的沸騰」と呼び、参加の結合性は「より活発な情熱、より強烈な感情」を意味するとした（Durkheim［1915］2008 p. 422）。協和して行う儀礼、儀式、祭典は集団のアイデンティティを再認識させ感情的、心理的な結束を強める。

本章の後半で、私たちは宗派のクラブモデルを一二世紀に創始されたチベット仏教の発展に当てはめる。ダライ・ラマがその一員になっているゲルク派は一六四二年にチベットの国教に昇格した。宗派・分派が乱立したチベットの仏教市場では、このゲルク派はもっとも遅く発足した宗派の一つだ。それ以前の宗派とは異なり、ゲルク派はこの宗派の神学的な法によって命じられた仏教の正統を固守して厳格性を導入した。この宗派は個人の道徳（僧の禁欲、禁酒）や宗教的習慣（二三五の戒律）の面で「自己犠牲」を要求した。僧は大きな修道施設に居住しなくてはならず、その施設には院長が置かれないので、世俗的な政治への関与は最小化された。

ゲルク派は他の大乗仏教の一門や宗派に比較して、一門の指導者の世襲の習慣を排除することに成功していた。こうした世襲制は閨閥政治の温床になっていたのだ。それに替えて、彼らは企業的な修道システムを作り出した。この組織構造により、ゲルク派は同族政治から制度的な独立を保つことができた。この制度的な強みと革新的な神学を生かして、この宗派は既存の形式との差別化を図り、宗教的なブランドを作り出した。こうした利点が（国外の）モンゴルの支援者の力とあいまって、ゲルク派は一七世紀にチベット仏教を国教として打ち立てることができたのである。従来の仏教に対する見方が非常に平和的なものであることを考えると、ゲルク派がチベット国教になるプロセスにいくつかの宗派による暴力的な修道僧の関与があったことは驚きである。[*4]

宗教のクラブモデル

ドイツの神学者エルンスト・トレルチによる宗派と教派に関する分析からヒントを得て、イアナコーンはコスト主導の組織宗教への入信という独自のクラブモデルを開発した。[*5] 彼の主張によれば、宗教組織はしばしばフリーライダーを排除するという目的で奇抜な振る舞いになってしまうようなスティグマや自己犠牲をあえて選択し、それにより信者の忠誠心を高めるという。

この構造の裏には人々が同一の宗教の信者との接触を強く求める、という事情がある。たとえば人々は教会で熱心に歌う他の信者と共に歌いたいのであり、やる気のないフリーライダーとして行動したいとは思わない。したがってフリーライダーを排除するのにはメリットがあり、厳格な習俗はそれがいかにコストがかかろうとも、しばしば効果的に働くのである。

特に急進的な宗教セクトは、こうした集団しか提供できないスピリチュアルな商品をメンバーに見せつけて、宗教の名のもとに極端な行動に喜んで参加したい個人を惹きつけることに長けている。宗教というものは、礼拝、歌唱、祈りのような活動に参加することがメンバーに満足感を与えるという意味では一つの社交現象である。満足感は集団への参加により得られるものであり、個人の消費からではない。フリーライダー問題は、個人があまり貢献しなくても宗教的公共財から利益だけを受け取れるときに生じる。この問題への一つの解決方法はこのセクトに所属するための必要条件を引き上げることである。このように引き上げられた厳格さは、次にメンバーの団結を確保するメカニズムになり、それにより均質性と集団的活動への参加率が改善される。もっとも熱心でない参加者はこの宗教に所属するかどうかの境界の近くにおり、したがって厳格さのコストにはもっとも敏感だから、このメカニズムはうまく働く。このケースでは、厳格さを加えることが熱心でない人々を外に追い出し、忠誠心のある参加者による比較的均質な集団が後に残ることになる。

厳格性は自己犠牲や禁止（スティグマ）の形をとることがある。その例としてはダンス、映画、コンピューターゲーム、ギャンブルなどのレジャー活動の禁止、酒、たばこ、カフェイン入りの飲料の摂取禁止、さらに特定の食事や服装などがある。社会的なスティグマは集団外での活動をコストの高いものに（場合によると不可能に）してしまう。目立つ服を着ること、ヘアスタイルや髭を奇抜な形にすること、独特の帽子をかぶることは人にスティグマを押し付けることであり、その人に外部での活動を諦めることを強制することになる。

スティグマはまた非協調主義者たちが作る宗教習俗として現れることがある。たとえば、米国の初期のペンテコステ派は、メンバーに対して、ワンワンという犬の鳴き声、犬の遠吠え、ホーホーというフクロウの鳴き声、おびえた猿のようなけたたましいしゃべり声など、動物の声を発声させた。ペンテコステ派の礼拝では笑い、うめき声、わけのわからない言葉をしゃべる（後にこれは宗教的な法悦の声と判明した）、怒鳴る、悲鳴を上げる、金切り声を上げる、などの発声も特徴とした。[*6] こうした熱狂的な礼拝は、あまり覚悟ができていない信者を遠ざけることになった。その結果、グループ内の宗教的商品の量と質は増大したのである。

ジャン゠ポール・カルバリョはイスラム教徒の女性がつけるベール（つまり頭を被う服装）は、通常の宗教のクラブモデルで強調される目立つ服装とは異なる機能がある場合があると主張する（Carvalho 2013）。彼は一九七〇年代以降、特に教育を受け、都市で働き生活する中流のイスラム教徒の女性の間でベールの習俗が目立って増えた（「新ベール運動」）ことに注目した。彼の主張によれば、この習俗はイアナコーンのクラブモデルとは合わない。というのはクラブモデルでは目立つ服装は宗教への一種の忠誠心を社会に示すためのスティグマとされているからである。彼は、むしろベールが宗教コミュニティの女性が世俗的な都会の非宗教的環境に効果的に参加すると同時に、イスラムへの帰依を維持することを可能にしている、と言う。ベールは女性が非宗教的環境で誘惑を退ける、それにより彼女らが宗教コミュニティへの参加の維持とその承認を得るための忠誠の装置だという。彼のモデルでは、ベールに対する規制――たとえばフランスの公立学校でのスカーフ禁止や、欧州のいくつかの国での顔を覆うことの禁止など――は、むしろイスラム教徒の女性の生活の選択のうえでは逆効果を生む可能性がある。特にこれらの禁止は宗教性を高め、そして社会的な統合を妨げるかもしれない。

そのメカニズムの一つの例が二〇一八年のオランダにおけるブルカ（全身を覆う服）とニカブ（目の下を覆うベール）の禁止だ。これはフランス（二〇〇四年、二〇一〇年、二〇一一年）とオーストリア

（二〇一七年）の後を追うものであった。オランダの禁止はヒジャブ（髪だけを覆うベール）を含んでいなかった。こうした禁止は公共の場所からスティグマ（ブルカ、ニカブ、ヒジャブ）を一掃した。しかしこの禁止は同時に恩恵も除去することになった。つまりイスラム教徒の女性がその国の主流の文化に交わり、その価値を享受するメカニズムという恩恵である。その結果、この禁止はイスラム教徒の女性が世俗的教育や雇用を含む公共財にアクセスする道を閉ざし、さらに彼女たちがまだ幼いうちに結婚に追い立てられることになった。イスラム教徒の少女や女性の生活にこの禁止がどんな影響を与えたのかについてはさらに研究が必要だが、オランダの緑の党の上院議員は、この禁止により多くのイスラム教徒の女性が家庭に留まることになったことを報告している（Casert and Furtula 2018）。

これらの禁止がもたらしたその他の結果として、スティグマが政治的シンボルになったということがあげられる。イスラム教徒の女性はスカーフを身に着けることを意識的な民族宗教的アイデンティティ選択として、そしてさらに抗議の形として解釈するようになった（Gaspard and Khosrokhavar 1995, Delphy 2015）。ある研究は禁止の広範囲にわたる影響を見つけた。アレクサンドラ・カシールとジェフリー・G・ライツは、二〇一二年のフランスの文部省によるスカーフ禁止法の施行の影響を調べた（Kassir and Reitz 2016）。この法律は学校の郊外学習に親が参加するときに母親がスカーフを身に着けることを禁じたものである。母親たちはこの禁止に対抗する四つの別々の活動家グループを立ち上げた。これらのイスラム教徒の女性とのインタビューを通じて、カシールとライツは、彼女らの一部はフランスに移民した人々であるにもかかわらず、自身をフランスの国民と自己規定していることを知った。母親たちはその抗議活動をフランス国民としての政治的権利を主張するものと捉えていた。この禁止は彼女らの信仰や共同体と彼女らのフランス人としてのアイデンティティを真っ二つに引き裂いてしまった。母親たちはイマーム（導師）やイスラム組織からは距離をおき、スカーフを身につけることは個人の選択の問題であり、宗教的もしくは愛国的な問題ではないと主張した。政府によるスカーフ着用禁止は、スタンダードなクラブモデルにおけるスティグマの効果とは反対の効果をもたらした。イスラム教徒の集団の排他性を強めるのではなく、むしろこの禁止は母親たちのフランス国民としてのアイデンティティに強い自信を与え、それにより宗教的なスティグマをフランス社会への一体化の政治シンボルに変化させたのである。

クラブとしての宗教のコアになる仕事は、その信用を維持し、フリーライドを最小限にする能力にかかっている。こうした能力があれば、相互保険、慈善活動、および共同体活動がやりやすくなる。信用は商取引、取引ネットワーク、そして社会サービスの提供のために欠かせない。したがって宗教クラブがこうした活動にうまく取り組んでいることに、私たちは驚いてはならない。これは特に弱い政府や社会的混乱により、学校、健康管理、貧困対策、法の支配と所有権、警察保護による物理的安全、その他の世俗による提供が弱い地域ではなおさらのことである。上記のフランスのケースでは、イスラム教徒共同体の信用、特に校外学習で母親がスカーフを身に着けることを擁護するイマームの権威は国に比較して弱かった。

宗教クラブは精神的な商品の他に、その集団に参加し、所属するだけで受け取ることができる物質的な商品も提供している。さらにこれらのクラブは相互援助も提供する。これについて次節で暴力的な宗教集団を深く検討していく。この特徴は宗教クラブが会社や麻薬カルテルなどの営利目的の組織とは基本的に異なっている点である。宗教クラブはまた外部からの寄付を求め、見知らぬ人々を援助するＮＰＯとも異なっている。メンバーは宗教クラブに対して労働、所得に応じた税金、その他の税金、補助金を提供することによって組織の維持を図る。こうしたクラブはメンバーに対して、現時点での物質的、精神的恩恵や、未来への過度な信仰、不幸に対する保険を提供することで繁栄する。

現在までにクラブモデルは宗教集団だけではなく、多くの分野で使われてきた。これらの応用については、ジェイソン・アイモーネらの研究を参照されたい（Aimone et al. 2013）。自己犠牲・スティグマのメカニズムが特にうまく働くのは、通常のグループ選択方法――たとえば入会金、使用料、選択的追放など――が高くつくか違法の場合であると彼らは指摘している。彼らはまたクラブへの貢献度レベルをメンバーが選択できるような社会実験を行い、犠牲のメカニズムがどのように働くのかを調べた。

暴力的な宗教集団

経済学者イーライ・バーマンは、クラブモデルを拡張して、人々がなぜ暴力的セクトやテロリスト集団に参加するのかを説明した。[*7] このモデルでは、暴力的宗教集団が活発な活動を示し得るのは、信者たちが敵に対する恐ろしい行動を自ら正当化し、自爆攻撃を含む極端な自己犠牲を合理的にするような断固たる信仰に心酔しているからである。しかし驚くべきことに、イーライ・バーマンとベラ・ミロノヴァによる暴力的宗教集団の研究によれば、神学的説明は実際の証拠と矛盾するとわかった（Berman and Mironova 2017）。たとえば自爆攻撃に失敗した人は、インタビューで第一の動機が宗教だと言うケースは稀だった。さらに、パレスチナのイスラミック・ジハード〔イスラム聖戦機構〕とハマス〔イスラム原理主義組織ハマス〕はほとんど同一の神学を共有しているが、一つの攻撃あたりの死者数でカウントすると、後者のほうが前者よりずっと多くの死者を出している。

もし宗教的信条や教義がその理由ではないとするなら、宗教的急進派はなぜそれほどまで暴力に染まるのだろうか？　バーマンはこうした過激派やテロリストたちが生まれ育った組織の経済体制にその答えがあるという（Berman 2009）。もっとも成功している急進的イスラム過激派とテロリスト集団に共通しているのは、相互援助を通じた社会サービス提供を行う、信仰をベースとした強い社会基盤である。相互援助と暴力のつながりは倫理的レベルから考えると驚きだが、組織の側面から見ると完全に合理的なのである。バーマンの暴力集団へのクラブモデルの適用は、ハマスモデルとして知られるようになった。この急進的、宗教的、暴力的な集団による商品とサービスの配布は集団への忠誠心との引き換えで行われる（Berman 2009, p. 132）。

バーマンはこの相互援助モデルがもっとも有効に働くのは経済が破綻したとは言えないまでも、非効率な国や地域であることを発見した。ハマス、タリバン、ヒズボラ、アル＝サドルの民兵〔イラクのウラマーアル＝サドル師が率いる反体制民兵組織〕などの暴力的な急進宗教集団が繁栄しているのは、いずれも非効率な経済地域であり、その地域の住民たちは他に外部から代わりとなる集団が得られずに、この集団に頼るしか方法がない。もし外部の選択肢が存在するなら、こうした暴力集団は必ずその外部の勢力を粉砕しようとするだろう。これこそこうした集団の多くが戦闘に際して焦土作戦をとろうとする理由なのである。

ミロノヴァは、シリアのイスラム反体制集団について実証研究を行い、この国の内戦で経済が悪化したことこそ、反体制集団が陣営内の戦闘員やその家族に様々な方面でサポートを提供するに至った理由であることを見つけた（Mironova 2017）。シリアの内戦は膨大な数の反体制集団によって戦われたが、彼らは同じ目的をもっていた。すなわちアサド政権の打倒だ。反対にアサド政権のために戦う暴力的なイスラム集団も数えきれないほど存在した。その結果、戦闘員たちはどちらのサイドで戦うかを選ぶことができただけでなく、どの反体制集団に加入するかも選択できたのである。

シリア内戦の反体制集団のなかでもっとも成功していたと見られるのがヌスラ戦線〔シリアのアルカイダとも呼ばれるスンニ派ジハード主義組織〕とシャーム自由人イスラム運動〔シリア北部で活動する反体制派組織〕である。ほとんどが外国人戦闘員で構成されていたISISはイスラム国、つまりこの地域にカリフの地位を設立する目的を掲げて内戦にあとから参戦した。ヌスラ戦線とシャーム自由人イスラム運動はシリアの反体制集団で構成され、アサド政権を打倒するという共通の目標をもっていた。この二つの集団は相互援助プログラムを通じて他の反体制集団に比較して大きく勢力を拡大した。援助の内容には食料、住宅、衣服、医療、給付金（現金の他に肉や野菜などの価値のある商品で支給されることもあった）、軍事訓練、武器や弾薬、武器や車両の修理をするサポート要員などが含まれた。戦闘員への長期的なサポートには、負傷兵への医療、戦死した戦闘員への死後のケア、家族（寡婦や遺族）への金銭的支援が含まれていた。こうした強力な相互援助プログラムは、戦闘員の忠誠心と覚悟を確かなものにした。戦闘員たちは自分と家族をどう食べさせるかに頭を悩ませる必要なく、彼らの目的（戦場で成功すること）だけに集中することができた。ミロノヴァはバーマンと同様、反体制集団が提供した信頼できる相互援助プログラムのおかげで戦闘員たちは戦場でより大きなリスクを背負うことができ、その結果、死をも恐れぬ強力な戦闘集団を形成したことを発見した。

一方、アーミッシュ〔米国の中西部を中心に活動するドイツ系移民による宗教集団〕、メノナイト〔主に北米や欧州の田舎で極端に質素な生活を送る平和主義の教派〕、フッター派〔北米で主に農業に携わる小集団で外部と隔絶し、自給自足の生活を送る〕、シェーカー〔米国中心のプロテスタントの一教派で、宗教的共産主義と独身性が特徴〕、クエーカー、およびメソジスト派などのプロテスタントの急進派は英国の産業革命の間、彼らの不満を表明するのに暴力は用いなかった。私たちがプロテスタントの非暴力セクトを仮想的な連続線上の一端に置き、その反対の端に暴力的なイスラム過激派を置いたとするならば、両極とも相互援助と公共財の提供というクラブモデルに依存していると主張することが可能だろう。ではこうした急進宗派の一部は、なぜ暴力に訴えないのだろうか？　この問題を考えるために、私たちは宗教集団の新しい二つの側面を導入したい。（1）神学・教義・道徳心、および（2）その宗教集団の生存と世界観に対しての外部からの現実的な、もしくは感覚的な脅威である。

神学の立場からは、その宗教集団のメンバーによって表明された信仰は、それ自体が団結の行為である。このような共有された信仰は外部に対してメンバーの集団へのコミットメントと解釈される。その集団の過激思想を社会が拒否すれば、その集団はメンバーにとってはさらに魅力的になる。「信仰が過激であり通常の規範では合理化することが難しいという事実は、それの魅力の一部である」（Wintrobe 2006, p. 151）。これは平和主義者にとっても暴力主義者にとっても等しく正しい。

外部からの現実のもしくは感覚的な脅威について述べると、平和主義の急進的宗教セクトは、おおむね機能する市場経済のなかで活動しているが、暴力的セクトは破綻している非効率な経済のなかに埋め込まれている。さきほど述べたプロテスタントのセクトについては、国内市場が彼らのためにうまく働いている。彼らは順調な経済からの恩恵を受けており、これらの宗教集団は集団に所属することのプラス面を強調する。つまり信用の獲得、低い離婚率（結婚の安定性）、子供の教育（宗派学校や自宅学習であるにせよ）、絶えず改善される肉体的・精神的な健康、高レベルの幸福感と自己充足などである。

ラン・アブラミツキーはイアナコーンの洞察とバーマンのハマスモデルをイスラエルのキブツに応用した（Abramitzky 2008; 2018）。バーマンと同様、アブラミツキーもまたイデオロギーを集団の生存のための手段として使用していて、これを集団の特性として解釈している。言い換えると目的のための手段であり、目的そのものではない。イスラエルのキブツは、もともと社会主義的な平等主義のイデオロギーのもとで生まれたのだが、イスラエルが次第に繁栄するとともにその意味が失われ、外部の魅力的な雇用機会に惹かれた人たちが去り、頭脳流出を招いた。より高い教育を受け、より高度の技術を身に付けたメンバーたちが出ていった結果、キブツにはあまり生産性の高くないメンバーが残り、生活水準が下がってしまった。

一部の急進的な宗教セクトが暴力的になるのは、経済的および社会的状況、もしくは迫害により彼らが弱い立場にたたされることが主な理由である、という見方がある。この因果関係は、宗教的な暴力が起こるのは貧困と所得格差の拡大のせいだとする、よく知られた考え方に沿ったものだ。しかしアラン・クルーガーとイトカ・マレチュコヴァはこの見方に異を唱える（Kruger and Maleckova 2003）。彼らは自爆テロ犯が比較的高い教育を受けており、社会の底辺から来ているのではない、という傾向を見つけた。ハマスやヒズボラなどに属するイスラム教テロリストたちは大抵の場合中流家庭の出で、比較的高い教育を受けているのである。クルーガーとマレチュコヴァは次のように推測する。「高い教育を受けたことが大義と決意への決断を促し、さらに自分の役目を準備し実行する能力をも持たせたのではないか。（…）彼らの主たるモチベーションは、彼らの運動に対して情熱的なサポートを受けたことに起因していると推測する」（Krueger and Maleckova 2003, p. 123、強調部は著者）。彼らは同様の結論を持つ他の論文を引用しており、暴力的宗教集団がメンバーとして受け入れるのは、教育を受けた中流から上流の人間であり、それは彼らがクラブ共有の極端な信仰をもちながら、計算された計画をテロリストとして実行する能力をもっているからだ、と論ずる。

レバノンのシーア派イスラム教民兵集団であり政党でもあるヒズボラを創設したメンバーの一人であるフセイン・ムサーウィによれば、「われわれが戦っている理由は、敵がわれわれの力量を認識して何等かの戦利品を提供してくれることではない。われわれは敵をきれいに消し去ってしまうために戦っているのだ」。つまり、こうした集団は自己中心主義者（自分および自分の共同体のことだけを考える）というだけではなく、絶対主義者、すなわち自己の立場を絶対的なものと考える集団でもある。宗教的テロリストは、暴力を政治的もしくは経済的な目的を達成するための手段とは考えず、それ自体を目的と考える傾向がある。世俗的なテロリストは、暴力を政府の転覆などのような明確な目的を達成する方法と見る。しかし宗教的テロリストにとっては、状況はいかなる妥協も許さない――「われわれの態度はわれわれの信仰心によって決定される」――その一方、世俗的テロリストは実利的である（目的達成のための手段としてコストの高い暴力を使う）。

宗教的テロリストは、彼自身が所属していることを実感できないシステムに対する破壊を行っていると感じている。問題は敵方にあるのであり、セクトにではない。クルーガーはこの疎外感を宗教的にではなく、政治的、経済的な用語で定義する。彼の発見は、長年にわたって経済状況の悪化が、教育を受けた人たちがテロ襲撃者になったことに関係しているということだった（Krueger 2007）。たとえば一九八〇年代に、高校卒業者に比べて大学卒業者の失業率は、西岸とガザ地区で劇的に高まった。これは一九八〇年代に教育取得が増加したことは高学歴を受けたパレスチナ人、特に男性の就業の著しい悪化と一致している。さらにパレスチナ人は雇用機会の喪失をイスラエル人と政治状況のせいだとした。

人的資本とテロリストになる傾向との関係を見極めるとき、この人的資本が通常の経済でもテロリストの環境でも利用価値があることを忘れてはならない。だから、通常の経済で就業機会が悪化すると、人的資本の有効性のバランスはテロリズムのほうにシフトすることになる。言い換えると、もっともテロリストになりやすい人間は人的資本がもっとも少ない人ではない。むしろ、それは人的資本がもっとも利用されていない人間ということになる。高い教育と「適切な」就業機会の欠如とが、テロリズムを誘発するためのもっとも危険な混合ということである。

この議論は第2章で検討したものと似ている。つまりビンツェルとカルバリョの知見によると、一九八〇年代初頭にエジプトで始まったイスラム教の復興は、教育のある若者たちによって引き起こされた（Binzel and Carvalho 2017）。クルーガーの研究（Krueger 2007）と同様、この現象の重要な点は、教育を充実させたのに、それによって拡大した人的資本に対して就業機会が不足していたということである。

もちろん一人の人間がテロリストになろうとする要素は経済的なものだけではない。クルーガーの考えによれば、教育のある男性のテロ活動とは、政治的状況と長期にわたる憤慨と欲求不満からの自然な反応であり、そうした要素は暴力を肯定し正当化する宗教信仰によって爆発するものだ（Krueger 2007）。急進的集団に入ろうとする人たちは自尊心を維持したい、集団からのサポートを受けたい、そして何かに所属する感覚（アイデンティティ）をもちたい、という欲求を持ち込んでくる。クルーガーの研究によると、彼らは急進的宗教セクトに入る前に、政治的なアイデンティティをすでに確立しており、社会で活発に活動していた。彼らが急進的宗教セクトに入会し、暴力行動を実行するまでになるのには、通常はかなりの時間がかかるのである。

ミロノヴァは、シリア内戦が続く中でイスラムのイデオロギーが戦闘員の世代交代によって変化していると見ている（Mironova 2017）。新しい戦闘員が反体制グループに入ると、彼らは進行中の内戦や戦闘に加わっている多様な反体制グループの情報を持ち込む。戦闘員の一部は、宗教的に急進的になり、集団の目的をアサド政権を倒すことよりもさらに宗教的になること（イデオロギー的になる）と解釈している。こうした急進的戦闘員は反体制グループの内部構造に挑戦し、一部は指導層の宗教性を糾弾したり、彼らをカーフィル（不信人者）と呼ぶことすら行っている。ミロノヴァの研究で判明したのは、武力紛争が長年続くと、宗教が急進化の役割を果たし、それが言語、考え方、活動、そしてグループの目的にまで浸透することがあるということである。

イスラム反体制集団は、イデオロギーが先鋭化しすぎて集団自体を破壊するまでに至ることをいかに防いでいるのだろうか？　ベラ・ミロノヴァ、エカテリーナ・セルガツコヴァとカラム・アルハマドは、ＩＳＩＳの場合、そのように急進化した戦闘員を迫害し、殺害していることを発見した（Mironova, Sergatskova and Alhamad 2017）。ＩＳＩＳにとっては集団内部で訓練してきた貴重な戦闘員を排除するのだから、この方針は高くつく。ヌスラ戦線の場合は、均質な集団を作るというもっと穏便な方法を取り、これにより先鋭化した要員は引き続き戦闘するが他の戦闘員とは常時は交流しないようにした。反体制派としてのヌスラ戦線は、アサド政権を打倒することが全員の目的だと伝えることを徹底した。集団の指導者層は戦闘員に対してイスラム教とそれぞれの信仰について自己学習することを奨励し、それにより開かれた討議とイスラムへの肯定的な見方を高めたのである。最後に、すでに述べたことだが、反体制集団の相互援助プログラムで提供される物資が滞ると宗教への先鋭化した傾倒を維持することが困難になった。ただ一般論としては、内戦が長期にわたると、国家が破綻するほど社会が壊れ、宗教が急進的になりやすくなるのである。

チベットにおけるゲルク派の台頭

私たちが二〇〇五年にチベットを訪問したとき、主流である地域宗教の大乗仏教の活気溢れる様子にショックを受けた。一九五九年以来、インドのダラムサラにダライ・ラマが追放されているにもかかわらず、そして中国政府からチベット仏教が長年弾圧を受けているにもかかわらず、この情熱はずっと続いている。チベットは一九六五年以降、チベット自治区と表記されているが、実際には中国はチベットに対して、北京の行政指導のもとで多くの漢民族を送り込んでこの地域を中国の一部に統合してきたし、多くの経済発展プロジェクトを完成させようとしてきた。こうしたプロジェクトは功罪半ばするものであり、チベットの経済状態を向上させた一方で、彼らの伝統文化を失わせることになった。

二〇〇五年の訪問のなかで、私たちはラサでの宗教的な表現のなかに「コルラ」と呼ばれる日々の習俗があることに気づいた。これは巡礼者がジョカン寺のなかの聖なる場所とポタラ宮殿の外縁を108回巡るというものだ。コルラ巡礼者は熱心にラマ車を回し、数珠玉を数え、マントラを唱え、ずっとひれ伏した状態を続ける。チベット人の多くは低所得者でありながら、しばしば聖なる場所で、たとえば聖なる物体を保護する金属柵に紙幣を差し込むなどの方法で、お金を寄付するのだ。チベットでは仏教が生き生きとしていて健全であることは明白であった。

私たちはダライ・ラマに率いられた宗派がチベット仏教の最高の地位をいかに達成したのかに興味を持った。その歴史を学ぶために著者の一人マックリアリーは、同僚のレナード・ファン・デル・カイプと研究を行った（McCleary and van der Kuijp 2010）。チベット仏教におけるダライ・ラマのゲルク派が国教にまで昇格したことの原点は一五世紀にまで遡ることがわかった。驚くべきことに、チベット仏教が平和的であるという一般のイメージとは異なり、この国教の創造にはかなりの暴力が関わっていた。このプロセスを理解するのにクラブモデルを使用することができる。特に、優れた競争者が暴力を取り込む意志と能力を持つことにより宗教の独占をいかに作り出し、強化できるのか、という点についてである。

現在の（第一四世）ダライ・ラマであるテンジン・ギャツォが「活仏」とされているゲルク派は、一五世紀と一六世紀に他の大乗仏教宗派と競い合った。マックリアリーとファン・デル・カイプはクラブモデルを使用して、クラブのような性質をもつ宗教集団だからこそ、いくつかのチベットの仏教宗派が極端な暴力を振るうことができたこと、および最終的には一六四二年のゲルク派国教設立を可能にしたことを説明できると論じた*8（McCleary and van der Kuijp 2010）。

一一世紀から一二世紀にかけて、この時すでに成立していたインド哲学は、チベットの多様な仏教宗派の形成を助けることになった（表6・1を参照）。大乗仏教は一二世紀の終わりまでにチベットにおいて比較的均質な宗教市場を構成していた。この市場のなかで四つの仏教宗派と半独立の分派が、互いに宗教商品としてはあまり差別化されないまま発達した。これら宗派と分派は庇護者と新信者の獲得で競合した。各宗派はそれぞれの商品に平均原価より高い値段をつけて利益を得ようとした。この市場では宗教的に高位の僧は経験の少ない僧よりも「ご利益」を作る活動の分だけ高い価格を要求した。この高い価格は最終的には将来、豊かな庇護者や信者を獲得できる可能性を開くから、若者たちはそのような宗派の僧になりたがった。

一四世紀に新たに成立した中国の王朝、明（一三六八年〜一四二四年）は、中国の対チベット政策を変更して非干渉の立場をとった。この王朝の政策は、国の資源を東南アジアでの軍事活動に集中させること、および北京の首都再建設を14年間にわたる事業として監督することを主眼とした（Dreyer 1982, pp. 173–320, Farmer 1976, pp. 98–133）。中国の影響が減少した結果として出現したのはチベット政治の自由度拡大と、それにともなう大きな政治・宗教上のパターン変更だ。それは世俗政治と豪商の組み合わせから聖職者による僧院制度へのシフトである。

ゲルク派はチベット中央部において中国の明の時代に設立された。初期のゲルク派の僧院——ガンデン寺（一四〇九年）、デプン寺（一四一五年）、パンコル・チョーデ寺（一四一八年）、セラ寺（一四一九年）——は支援者の本部の近くに設置された。ここで注目するべきことは、ゲルク派が形成され始めたときには、他の宗教宗派や分派はすでに確立されていたことである。パトロン、土地、信者などの資源の獲得競争は熾烈だった。そこで僧院を地理的にパトロンのすぐ近くに置くことができたことは、後発のゲルク派僧院が軍事的な安全と各種の資源を約束されたことを意味した。

ゲルク派はクラブ的な特徴を取り入れたが、それは今までにない革新的な方法だった。他の宗派や分派では俗人の家族が僧院の院長になることを許したのに対して、ゲルク派は当時の宗派指導体制には一般的だった閨閥政治や世襲制度を排除することに努め、それに成功した。所定の資格を得た僧だけを幹部に任命することにより、ゲルク派はある種の企業的な僧院システムを作り上げたのである。

サキャ宗派	
ナローパ（?–1040）	
ドクミ訳経師（ca.993–1077）	
コンチョク・ギェルポ（1034–1102）サキャ僧院を建立	
シェーラプ分派	
チョナン分派	
ゴルパ分派	
ゾンパ分派	
チャルパ分派	
カダンパ宗派	
ナローパ	
アティーシャ（ca.982–1054）が1042年にチベットに到達	
ドロトンパ（1004／1005–63／64）レティン僧院を1054／1057年に建立	
カギュ宗派	
ナローパと彼の弟子マイトリパ	パクモドゥ分派
マルパ・ロツァワ（1012?–1097?）	a．ディグン分派
ミラレパ（1038–1123）	b．タクルン分派
ガムポパ（1079–1153）	c．トプ分派
ツェルパ・カギュ分派	d．ドゥクパ分派
カルマ・カギュ分派	e．マルツァン分派
シャナ転生の系統	f．イェルパ分派
シャマル転生の系統	g．ヤルサン分派
バロム分派	h．シュクセー分派
ゲルク宗派	
ツォンカパ（1357–1419）ガンデン僧院を1409年に建立	
ダライ・ラマ転生の系統	

表6.1　チベット仏教の宗派、分派

出典：Rachel M. McCleary and Leonard van der Kuijp "The Market Approach to the Rise of the Geluk School, 1419–1642" *Journal of Asian Studies* (2010) 69, no.1 (February), 149–180の長いバージョンより。

このシステムによりゲルク派は組織運営の中心を、禁欲的宗教活動と集団的修道共同体づくりに集中させた。

ゲルク派はダライ・ラマを含むすべての僧が一つの僧院に属し、共同活動に参加することを定めとした。本堂で行われる集団的宗教活動に少なくとも日に1回、そして祭の間は日に2回参加することは僧に対してかなりの時間的な制約を課すものだった。ゲルク僧院はまた信者に修道的規律と道徳を要求したが、それには禁欲（すなわち独身を通すこと）も含まれた。最悪の戒律違反は、殺人、窃盗、および異性間の性交である。

ゲルク派の主たる構造的特徴は、（1）俗人でなく、僧による僧院長、（2）修道的規律の強調（禁欲など）、道徳（律と呼ばれる出家僧の規則）を守ること、学問的訓練、（3）正典に含まれる教義的な正統派的信仰、（4）すでに多くの宗派、分派が激しく競合していた宗教市場において比較優位を作り出した大衆の修道生活である。こうしたクラブ的な特徴のなかでも特に有効だったものは、優れた宗教商品を持ったことと、世俗活動や閨閥政治にゲルク派が最小の関与しか行わないことを強調したこと、特に世襲的指導体制に関する紛争がないことだった。

この宗派が俗人の家族の僧院長就任もしくは僧院の行政責務を禁じていることを考慮すると、金持ちで政治的にコネクションがあるパトロンとゲルク派との関係は重要である。一四九三年、有力なチベットのパトロンを失ったゲルク派は、リンプンという一族に保護されていたカルマパ派との深刻な競合を迫られた。リンプンは比較的新しい貴族の一族であり、ゲルク僧院が集中する中部チベットでの政治的支配を目指していた。

生き残りのためにきわめて重要だったこの時期に、ゲルク派は、ダライ・ラマの「転生の地位」と彼の「ラプラン」(財務的遺産)という概念を導入した。ダライ・ラマが生まれ変わりであるという概念の導入は、裕福なパトロンに加え、どうしても必要だった精神的権威、さらに金銭的収入の獲得を有利にした。転生したラマという概念は、すでにカルマパ派の特徴の一つだった。デビッド・カラスコは、ゲルク派がこの方針を取った理由は宗派が単一の氏族からの独立を確保し、世俗的な門閥政治を避けるためだったという仮説を立てた(Carrasco 1959, pp. 23–24)。メルヴィン・ゴールドスタインは、貴族ではない人間もよる転生という概念ができたことにより、土地と小作人世帯が、貴族から宗教組織へ移動し、循環するようになったと指摘した(Goldstein 1973, pp. 445–455)。転生した者はそれぞれの個人的な資産であるラプランを土地や商品という形で所有し、それが一つの転生から次の転生へと蓄積される。ラプラン資産は企業の所有物であり、一人の僧が死ねば、それは輪廻転生が確認されるまでは指定された執事によって管理される。

ゲルク派の僧院は一四九三年に有力なパトロンが亡くなり、チベット中央地域で彼らを援助する貴族を獲得する見込みがなくなったあと、リンプン家に援助された政治的野心が旺盛なカルマパ派の包囲を受けることになった。この紛争は一四九八年のリンプン家によるラサの町への襲撃でエスカレートした。

ダライ・ラマ三世(一五四三〜一五八八)はカルマパ派を中部チベットから追い出す手段がなく、最終的にはモンゴルのトゥメト族族長であるアルタン・ハーンからの庇護を受け入れた。彼の一五八七年のモンゴルへの訪問は、外見上はモンゴルでの布教のためとされたが、実際には戦略的な政治行動だった。[*9] ザヒルディン・アーマッドによれば、このモンゴルの族長はゲルク派に改宗し、ダライ・ラマ三世に「ダライ」の称号を授与した(Ahmad 1970, pp. 89–92)。その返礼として、ダライ・ラマ三世はモンゴルのハーンに「信仰による王、聖なるマハ・ブラフマン」という称号を授与した。[*10] ここにチベットにおける古代からのパトロンとラマの関係が復活し、モンゴルのチベットへの影響拡大が約束されるとともにゲルク仏教のモンゴルへの浸透および歴史的にカルマパ派領域だった東部チベットへの浸透も確実にした。

多くのモンゴル族長およびその部族のなかでゲルク派の信者が存在することは、ゲルク派の生存に必要な政治的基礎を築くのに非常に重要だった（Richardson 1962, p. 41）。ダライ・ラマ三世は内モンゴルで十年間を過ごし、多くの部族に対して改宗活動を行った（Ya 1991, pp. 26, Shakabpa 1967, pp. 94–95）。ダライ・ラマ三世のこの「改宗のエネルギー」のおかげで彼は短期間でトゥメト、チャハル、ハルハのモンゴル諸部族のほとんどの民衆から崇拝を勝ち取ることができた（Richardson 1958, p. 15; 1962, p. 41, Rolf Stein 1983）。このようにゲルク派のモンゴル人と接触したことはカルマパ派との摩擦をいずれは起こすことが予想された。

ダライ・ラマ三世がモンゴル人であるアルタン・ハーンの孫に第四世として生まれ変わったことはカルマパ派にとって政治–宗教的な問題を引き起こした。というのはカルマパ派も彼らの僧侶（ラマ）の一人を転生したダライ・ラマ四世であると主張していたからだ。一六〇二年に大きな護衛団が当時15歳のダライ・ラマ四世を内モンゴルからラサに近いデプン僧院に運んだ。モンゴル人はダライ・ラマがチベットに移ることに消極的だったようだが、ゲルク僧院の院長たちはダライ・ラマの教育環境に疑問を持ち、将来彼が僧院の禁欲生活から抜け出してしまうのではないかとの懸念を持ったのだ。さらに院長たちの懸念を推測すると、ダライ・ラマがチベットにいないと、ゲルク派の宗教組織は外部からの襲撃に弱くてもろいという印象を内外に与えてしまうのではないかとの懸念があった。

一六〇三年から一六二一年にかけてチベットの政治は混乱し、ついに内戦に突入した。カルマパ派はチベットでの権威を固めるためのステップを踏んだ。ダライ・ラマ四世が一六一五年に亡くなると、これを好機ととらえてカルマパ派の貴族のツァン家はラサを侵略し、今度は成功して、セラ寺とデプン寺で数千人の僧を殺害した。[*11]

一六二二年、チベットの貴族家庭の息子だった一人の少年がダライ・ラマ五世（一六一七〜一六八二）として認められ、若い修道僧としてラサのゲルク僧院に送られた。一方、カルマパ派は北部チベット（アムド地方）を征服したモンゴルのハルハ族と同盟を結んだ。ハルハ族はゲルク派を永遠に殲滅するつもりで中部チベットに一万の兵を準備した。このとき、一時的に誓いを捨て戦闘員になったゲルク僧はオーロトというモンゴル部族と行動を共にしており、このモンゴル人の勢力がカルマパ派を破ったのである。そこで一六四二年にダライ・ラマ五世はモンゴル諸族の支援を受けながら、彼の世俗的および聖なる権威を中部チベットに宣言したのである。

ゲルク派は独占宗教として国家を仏教の正統な解釈者として宣言した。その神政主義支配を支るために、ゲルク派のみがラサの中と周辺で僧院を置くことが許された（Sandberg 1906, p. 106）。政治的権威と宗教の間のこの取り決めの結果は、ゲルク派の他の仏教宗派と分派に対する圧力になった。ゲルク派は政府からの補助金と自らの僧院への特権により宗教市場の掌握を確実なものにした。そうした特権のなかには、たとえば僧院に新人が必要な場合に、代々続く世帯の子供を僧院に徴用することをダライ・ラマが許すという特権が含まれていた。農業資源が少ない弱小の僧院についてはダライ・ラマは大麦、バター、茶の形での国家補助を制定した。最終的には他の宗派や分派の僧院はゲルク派の制度的なシステムを受け入れた。それは徹底したものだったから、今日、他の宗派や分派が、ゲルク派が国教の地位に上る以前にいかに独立して機能していたのか、読み取ることができない。

ゲルク派の台頭の歴史は、中央政治権威が不在の場合、同じような神学をもつ宗教集団（この場合は大乗仏教）のどれか一つが圧勝するまで、それらがいかに激しく競争するのかを説明している。したがってこの歴史は、宗派間の競争という形での宗教多元主義が独占宗教というものに押しつぶされる可能性があることを示している。

ゲルク派がチベット仏教全体において独占的地位を占めたことのその他の証拠として、一七世紀末までにモンゴル仏教の宗教政治史がゲルク派の歴史に塗り替えられたことが挙げられる。その他のすべての仏教は「悪い考え」を弁護するものと考えられ、ひとまとめにカルマパ派と分類された（Kollmar-Paulenz 2018, p. 147）。

クラブモデルからの洞察

ローレンス・イアナコーンのクラブモデルは、宗教集団が忠実なメンバーを作るためにコストの高い入会要件をいかに使うかを説明している。こうした要件は本当に覚悟のできた信者しか受け入れられないようなスティグマや自己犠牲を含んでおり、それによりフリーライダーを締め出している。こうして残った均質でまじめな信者たちはメンバーの社会的経験を向上させ、クラブの相互扶助の実行を能率的にしている。暴力的組織の場合には、「クラブ」は優れたテロリスト集団になる可能性がある。

一七世紀のチベットで仏教の国教としてゲルク派が台頭した歴史を分析するに際して、私たちは自分たちの国教の研究結果とクラブモデルを組み合わせた。宗教の独占は、ある特定の宗教に信者が強く集中する場合に自然に発生することが多い（Barro and McCleary 2005）。多くの人々が一つの宗教に帰依するので、さらに多くの人がその宗教に引き込まれる。人々は所属して共有する礼拝経験を持ちたがるだけでなく、他の人と同様の信仰、教義、世界観を共有したいと望むのである。多くの人が単一の信仰に帰依すると、宗教の独占が起きやすくなる。特にそうした集中は多くの種類宗教を維持する国家の固定費を押える効果がある。ゲルク派の独占はそのような事例だ。ゲルク派は大乗仏教に基礎をおく類似した宗教教義をもつ多元的な市場のなかで、目立つ主張をもって台頭した。通常の平和的な仏教のイメージからすると、一六四二年の軍事的衝突のなかでゲルク派が激烈かつ暴力的な紛争を勝ち抜いたことは驚きである。

　クラブモデルは応用範囲が広いが、宗教と経済の分析には一定の制限があることも忘れてはならない。このモデルは基本的に社会組織の理論であり、宗教それ自体の分析ではない。信仰が均質に行き渡ることは組織の維持には役立つだろうし、メンバーの加入や追放には欠かせないかもしれない。しかしこの枠組みは他の形のイデオロギーやクラブに似た活動にも等しく適用されるだろう。このモデルでは宗教は、それが説明不能の超自然的な信仰に依存するからと言って、もしくは救済、地獄行き、魂の転生の形式と奇跡的能力に焦点を当てるからと言って、特別な存在であるわけではない。その意味で、第3章での実証的発見を思い出すべきである。つまりマックス・ヴェーバーのプロテスタンティズムのビジョンに沿って言えば、正式な礼拝への参加で計測した宗教的な信仰の深さこそが経済成長を向上させた主たる宗教の力である。クラブモデルは信仰それ自体というよりも参加を説明するものであり、ヴェーバーとプロテスタンティズムの倫理についてはあまり多くを語ってくれない。

第7章　聖人作りの経済学
――カトリック教会のグローバル戦略

　数年前に私たちは一七七六年までグアテマラの首都だったアンティグアに旅行していた。聖フランシスコ教会を訪問したが、ここにはグアテマラの唯一のローマカトリック聖者であるエルマノ・ペドロの遺物が残っている。*1 数百人もの人々がペドロの墓を見るために長時間待っていた。人々はしばしば木と鉄でできた風格のある棺に擦り膝で近づき、祈りを捧げ、花を置いた。信者たちは奇跡の治療を求める自分の体の部分を模した蠟の彫像を予め準備し、それを墓の周囲に設けられた金属の柵に結び付けるのである。奇跡を嘆願する人たちは聖人が信者の祈りを確かに聞き届けてくれるように、立ち去る前にエルマノ・ペドロの墓をノックしていた。

　エルマノ・ペドロは一六二六年に生まれ、その後、見合い結婚を避けるために故郷のカナリア諸島を離れた。彼はグアテマラへ向かい、そこでフランシスコ会修道士になって、質素、禁欲、従順の三つの規則に従った。彼は病人、足が不自由な人、囚人、孤児の中に交じって働くことを選択した。アンティグアでは病院を設立し、新しい秩序である「ベツレヘムの兄弟会」を創設して、困窮者のための医療提供に身を捧げた。一九八〇年にローマ教皇ヨハネス・パウルス二世は、エルマノ・

ペドロを列福し、さらに二〇〇二年には彼を聖人と呼んだ（後に議論するが、列福は聖人になるまでの第一段階であり、列聖が第二段階である）。

プロテスタントの系譜をひく福音派とペンテコステ派およびネオペンテコステ派教会が他を圧倒して成長している国で、聖エルマノ・ペドロを取り巻くカトリックの聖フランシスコ教会の活動は異彩を放つものだった。一九六四年、すなわちグアテマラの国勢調査が宗教への帰依を報告した最後の年、グアテマラの人口の８・２％はプロテスタントであり、その大多数は福音派とペンテコステ派に属していた。二〇〇一年には推定で30％のグアテマラ人がプロテスタントであり、二〇〇七年には36％だったと思われる。現在はおよそ40％だ。

二〇世紀の初頭以来、エバンヘリコス（ラテンアメリカにおけるプロテスタントの呼称）は、劇的な成長を遂げてきた。一九〇〇年にその占有率はラテンアメリカ総人口の２・６％だった。それが二〇一〇年までに17％、そして二〇一四年には19％に達した（Pew Research Center 2014, p. 26）。このラテンアメリカにおけるプロテスタントの急成長は主としてカトリックからの改宗によるものだった。福音派とペンテコステ派による改宗の努力が成功したのは、彼らが信仰への個人の思いに向き合う方法を取ったためだ。そこで現在のローマ教皇フランシスコにとっての課題は、カトリックからプロテスタントへの改宗の主な対象になっている若者に教会を魅力あるものにすることにより、信者数の減少にストップをかけることだった。カトリックをもっと魅力あるものにする一つの方法は聖人の指名だった。

私たちはカトリック教会がこの戦略をラテンアメリカに適用したかどうかについては、当初疑問があり、またカトリック信者数の再活性化のために聖人位の指名運動を世界の他の地域で行ったかどうかに関しても自信がなかった。そこで一六世紀に遡って聖者の選択についての研究プロジェクトを立ち上げて調べることにした。私たちの分析は主にラテンアメリカにおいてプロテスタント福音派からの激しい競争に対処するために教会が何か方法を見つけたのかどうかを探るものだった。その結果、聖人を増やすことを通じて競争力が増加する証拠を見つけ、それがいかに重要になったかについて数字を示すことができた。

カトリック教会のプロテスタントに対する競争

一五二三年から一九七八年まで数世紀にわたってイタリア人教皇が続いたあと、カトリック教会の枢機卿会は三代続けてイタリア人ではない教皇を選んだ。ポーランド出身のヨハネス・パウルス二世（一九七八～二〇〇五、以下、法王名の後の年代は在位期間を示す）、ドイツからのベネディクテュス一六世（二〇〇五～二〇一三）、およびアルゼンチンのフランシスコ（二〇一三～）の指名は教会のグローバル志向が強まっていることとの反映だ。

ハドリアヌス六世（一五二二～一五二三）以来初めての非イタリア人教皇になったヨハネス・パウルス二世は、驚くべきことに319人を証聖者に列福した（この地位は殉教を除く通常の聖人の位である）。このヨハネス・パウルス二世に列福された人の数は、一五九〇年以来の36人の教皇による列福の合計数259人を超えるものだ。ベネディクトゥス一六世とフランシスコも二〇一七年までに列福の数の速度を緩めず、それぞれ92人と46人を聖人にした。この数字を在位中の1年当たりに直すと、ヨハネス・パウルス二世は1年で12・0人を列福し、ベネディクトゥス一六世は11・7人、フランシスコは（二〇一七年までに）9・6人だった。これらの数字は一五九〇年から一九七八年までの歴代36人の教皇の年間平均0・5人をはるかにしのいでいるのである。

カトリック教会をグローバル化するための政策転換は列福された人の構成にも表れている。数世紀にわたり伝統的に選ばれてきたのは、イタリアとその他の西欧出身の人物だった。遅くとも二〇世紀初頭までに、列福対象者の地理的な拡大が始まり、東欧、ラテンアメリカ、北米、アジア、アフリカにまで広がった。私たちはこうした変化を、歴史的にカトリック国であった地域でのプロテスタントとの宗教的競争のせいだと見ている。

数字とその人の亡くなったときの居住地から見ると、一五九〇年から一八九九年については、イタリアが新たに祝福された（列福された）人の56％を占め、一九〇〇年から二〇一二年にかけては42％に下がっている。他の西洋各国の数字は33％と変化がないが、他のグループが上昇した。ラテンアメリカが6％から8％へ、東欧が4％から7％へ、北米が0％から5％へ、アジアが1％から4％へ、アフリカが0％から2％に上昇した。この地理的な拡大が意味することは、多くの国が最初の聖人を授ったのは、つい最近になってからということである。グアテマラの他に、二〇〇〇年代に最初の聖人を授った国にはメキシコ、ブラジル、スーダン、ウクライナ、アイルランド、マルタ、インド、オーストラリア、ベラルーシが含まれる。

世界でもっともカトリック信者が多く住むラテンアメリカで、新たに列福された人が広がっていることは特に目立つ。一九〇〇年から二〇一二年にかけて列福されたラテンアメリカの人が8％であったのに対して、ヨハネス・パウルス二世の下では10・3％、ベネディクトゥス一六世の下では10・9％、フランシスコの下では（二〇一七年までで）15・2％だった。

ラテンアメリカはカトリックとプロテスタントの競争で、ますます最前線になってきた。この競争の激しさは驚くにあたらない。なぜならラテンアメリカはカトリックの占有率がもっとも高い地域だからだ（Pew Reseach Center 2013によれば二〇一〇年に39％である）。ヨハネス・パウルス二世は一九九二年のラテンアメリカ教区での演説でプロテスタント集団のことを「ラテンアメリカのカトリック信者をローマ教会から誘い出す貪欲な狼のようだ」と生々しく形容した。さらにそれを劇的にするために、彼は付け加えた。「ターゲットをカトリックに絞った福音派の改宗運動には巨額の費用が投じられている」。ヨハネス・パウルス二世はさらに続けて、ラテンアメリカは歴史的にカトリックの大陸であり、プロテスタントはカトリシズムという信仰を意図的に破壊しようとしている、しかしカトリックこそがラテンアメリカ諸国を定義し統一してきた、と強調した。教皇は「これらの諸宗派に対抗するための有効な手段として人気のある宗教性」への回帰を勧めた（Catholic Church 1992, p. 12）。

カトリック教会にとってラテンアメリカのプロテスタントとの競争が心痛の種になったのは、旧スペイン植民地の独立に端を発する（一八一〇年～二四年）。当時、新しく独立した政府がバチカンとの公式な関係を終了させると、プロテスタントはそうした国々に入ってゆき、大っぴらに改宗活動を行った。いくつかの初期の政府は宣教師たちが学校や病院を設立し、先住民にもサービスを提供したので、人々は宣教師たちを歓迎した。政府により移民政策が導入され、外国の非カトリック信者が住み着き、商業や農業企業を開始することが奨励された。

教皇ピウス七世（一八〇〇～一八二三）は、スペイン国王フェルナンド七世との関係で微妙な位置にいて、新規に独立したラテンアメリカ諸国の政府をすぐに承認することができなかった。しかしバチカンが独立国内の教会組織との公式な関係を確立するのが遅れれば遅れるほど、その立場は弱くなった。バチカンの枢機卿エルコール・コンサルヴィは教皇レオ一二世に、ラテンアメリカがローマの下から離れて、「メソジスト派、長老教会派、そして太陽崇拝者すらに」満ち溢れてしまうと警告した。バチカンは長期に不在となった教会の地位を埋める許可をスペイン王朝からもらうことに待ちきれなくなった（Nielsen 1906, p. 10; Mecham 1966, p. 76）。一八二四年五月五日、教皇レオ一二世は全司教へ送る回勅のなかで、トリエント公会議（一五四五年〜六三年）で提示した反プロテスタントの立場を再度明確にし、宗教的寛容、個人が信仰を選ぶ良心の自由、「自分の好きな宗派」に参加する自由、プロテスタントの聖書教会が推奨する聖典の口語体訳をすべて否定した。[*2]

一八二九年三月、教皇ピウス八世はその執務の開始にあたり、プロテスタントの聖書教会を回勅で非難した（Nielsen 1906, pp. 43–44）。一八四四年五月八日に教皇グレゴリウス一六世は、プロテスタントの聖書教会と福音同盟を攻撃する激しい口調で書かれた回勅を発行した。福音同盟とはプロテスタント派がイングランドで形成したばかりのものだった。バチカンの公式な立場はこれらのプロテスタント組織が宗教的寛容を擁護し、プロテスタントの参入を歓迎する政治改革を通じてカトリック教会の支配的な立場を崩そうとしているというものだった（Nielson 1906, p. 78）。

一八六四年、教皇ピウス九世は「誤謬表」と呼ばれる文書を添付した回勅を発行し、このなかで当時の多様な傾向、特に政治的自由主義と宗教的寛容を非難した。この思想の自由と表現を禁止する動きは、カトリック教会がますます大半の欧州とラテンアメリカのエリート層を離反させることにしかならなかった。彼らは市民の自由と政治的権利を拡大する新しい世俗政府を支持していたのだ。

一八九七年五月、教皇レオ一三世は「ディヴィヌム・イルド・ムヌス（神のこの賜物）」という回勅を発行し、カトリック教会内でのカリスマ的動きを奨励した。この動きは米国のホーリネス教会、およびもっと新しいペンテコステ派が過去数十年の間に中国、インド、ラテンアメリカに宣教師を送ったあと、それに対応するかのように出てきたものである。勢いを増すプロテスタントとの競争がバチカンの懸念を強めたために、教皇レオ一三世がその対抗手段としてカリスマ的動きを始めたのかもしれない。

聖人作りと宗教競争

すでに述べたように、私たちの詳細な分析はカトリック教会がプロテスタントとの競争に勝つために用いた手法としての聖人作りの役割に焦点を当てている。私たちの推測によれば、バチカンは聖人を作ることで特に儀礼への参加を通じて全体的な帰属心を高めようとしたものと思われる。儀礼の重要性は、社会学者エミール・デュルケムによって強調されている。第6章のクラブモデルの研究で述べたように、デュルケムは宗教を一つの社会的現象と見ている。すなわち「宗教的表現とは集団的現実を表象する集団的表現である。儀式は集団のなかで生じる行動の方法であり、それはこうした集団のなかで精神を興奮させ、維持し、もしくは再生することが運命づけられたものだ」(Durkheim [1915] 2008, p. 10)。スティーブン・ファフはある集団が聖人を全員で崇拝することはデュルケムの枠組みにぴったり当てはまると論ずる（Pfaff 2013, pp. 197–200）。つまり、聖人に共同で祈りを捧げる行為は、集団全体が感情的、および心理的な経験をすることを通じて忠誠心を再活性化させるという意味である。

実験人類学者のディミトリス・シガラタスは、過激な宗教儀礼についての研究（Xygalatas 2012）のなかで、デュルケムによって仮定された「集団的沸騰の状態」（Durkheim［1915］2008, p. 422）を物理的に計測しようと試みた。スペインのサン・ペドロ・マンリケ村で年に一度行われる火渡り行事では参加者が別の人を背負って裸足で熱い石炭の上を歩く。シガラタスは心拍数モニターを使用することで、この過激な行事への参加者自身と、その背負われた人と、見物人の心拍数が共時性を持つことを発見した。彼の研究は一つの宗教的行事の見物人ですら参加した人と同様の精神的、心理的な恩恵を受けることを示した。

聖人になるためのプロセス

私たちの主な研究は、証聖者として知られる通常の聖人についてのものだ。彼らは有徳な英雄的人生を送り、その信仰のためになんらかの迫害を受けたが殺害は免れた、というような人々である。したがって教会の大義のために迫害を受け殺された、しばしば選ばれる大勢の殉教者については細かく検討しない。たとえばフランシスコは二〇一三年の就任直後、一四八〇年にイタリア南部の都市であるオトラントでオスマン帝国に包囲され処刑された813人の殉教者を列聖した。

聖人位授与の重要な点は、それがしばしば二つの主たる段階という長いプロセスを進むということだ。第一は祝福される人（福者）を指名すること（列福）、第二は聖人位への昇格（列聖）である。列福された人と列聖された人についての私たちのデータは、公式のバチカンの記録が始まった一五八八年以降のものだ。[*3] 入手可能だがより完成度が低い情報は、一二三四年以降のものである。この年以降、聖人の指名は正式な教皇の承認を必要とし、地方の人気だけでは聖人になれなくなった。

選択の手続きの簡単な歴史は次の通りだ。列福には奇跡を行った功績が必要で、ヨハネス・パウルス二世の改革で必要な奇跡は一つになったが、それ以前は二つ以上だった。列聖を受ける第二段階に進むためにはほとんどの場合、列福が必要だ。列聖を受けるためには列福後の別の奇跡（一九八三年以前は二つ以上だった）が要求される。証聖者とは違い、殉教者には列福に奇跡は求められない。

最初に確認された教皇による列聖は、九九三年に教皇ヨハネス一五世がアウグスブルクのウルリッヒに授けたものであり、これはウルリッヒの死後わずか二十年のことだった。これに対して一五九〇年以降の死と列福の間の平均期間はおよそ二〇〇年である。列福のプロセスは一二世紀に至るまでにゆっくりと形式が整えられた。一二三四年、教皇グレゴリウス九世は「聖人」の地位を授与する教皇の独占的権威を宣言した。ところがこの布告があったにもかかわらず、地方の司教は列福を行うことを止めなかったため、「聖人」と「列福」との間に明確な区別ができてしまったのである。

一五八八年に教皇シストゥス五世が創設した礼部聖省は、聖人を作るプロセスを制度化し権威を教皇庁の内部に集中させた。聖省は列福の権威を与えられ、特に奇跡と徳の検証を行うことが責務になった。そしてこのプロセスには初めて医学検査官が含まれるようになった。この検査官はその人物が実際に存在したかどうか（遺物を調べることにより判断）、そして事後の奇跡を行ったかどうか（たとえば、病気を治癒したとされる人物を実際に調べた）を検証する責任を負った。シスゥス五世はまた聖人暦から業績に疑問のある人物を削除した。

一九一七年の重要な出来事は聖典の資料をピウス・ベネディクトウス法典（教皇ピウス一〇世［一九〇三〜一九一四］と教皇ベネディクトゥス一五世［一九一四〜一九二二］に因んで名づけられた）として知られる単一の権威ある参考図書に収蔵したことだ。私たちの目的からは、ピウス・ベネディクトゥス法典はそれが列福と列聖の規則を明確に記しているために重要だ。カノン（教会法）1999には教皇のみが列聖の権威を持つこと、礼部聖省はこのプロセスを監督する責任があること、そして地方の教会権威はカノン法を順守することが定められている。カノン2038と2039は祝福される人物の指名のプロセスは通常地方のカトリック権威から開始されるべきことを定めており、またカノン2101は長年の慣習である、申請がその人の死後五十年を経てからでなければならない、という条件を再確認した。

一九六九年、教皇パウルス六世は列聖省を創設し、これにより礼部聖省を廃止した。教皇ヨハネス・パウルス二世は一九八三年にこのプロセスを分権化したが、報告官を創設して各案件を吟味するバチカンの能力を強化した。報告官とはローマ教皇庁の高位のメンバーであり、列聖省に提示する資料の準備を監督する役割を果たす。ヨハネス・パウルス二世はまた列聖調査審問検事を廃止した。この職は推薦された祝福される人物について反対論を述べる役を何世紀にわたり行ってきた。

今日の制度では候補者が亡くなった場所の司教とその他の高官が列福のプロセスの第一段階で証拠となる資料の収集を監督することになっている。候補者が亡くなって五年間の待機期間が過ぎると列福の案件を審議してもらうための正式な申請をローマに送ることができるようになる（五十年間の待機期間のルールは廃止されている）。ローマで受理されると、地元の教区は請願人を任命し、この人物が証拠となる資料を集める――たとえば候補者の書き残したもの、目撃者の証言、あるいは伝聞による言説などだ。候補者の遺体は発掘され、その候補者が実在したことを確かめる。証拠の収集が完了すると、報告書がローマの報告官に送られ、報告官は報告書を熟読するとともに主張されている奇跡を独立した立場で検証するための医学専門家を任命する。報告官は報告書全体をチェックし、その後それは列聖省に送られる。この組織は25名の枢機卿と司教によって構成される。候補者がカトリックの神学に沿って有徳の生涯を送ったと列聖省に認められると、「尊者」の称号が与えられるが、この称号は教皇ピウス一二世の現在の地位と同じである。列福されるためには、候補者は奇跡を行ったことが立証されなければならない。この検証が終了すると候補者は福者として「祝福」されるが、この地位は二〇一一年の教皇ヨハネス・パウルス二世のものと一致する。候補者が聖人に昇格するためには列福したあとに第二の奇跡が行われ、検証されなければならない。このプロセスは教皇ヨハネス・パウルス二世と教皇ヨハネス二三世について二〇一四年に完了した。

聖人作りについての仮説を検証する

研究では、一五九〇年から二〇一三年までの歴代の教皇38名のそれぞれによって列福された人物と列聖された人物の数の主要な決定要因を抽出する。このサンプルは教皇ベネディクトゥス一六世の在位期間終わりまでに祝福された人物を含むので、フランシスコは含まれない。世界の七つの地域での選択を調査した。すなわちイタリア、その他の西欧、東欧、ラテンアメリカ、北米、アジア、アフリカである。[*4]

表7・1は一五九〇年から二〇一二年まで（教皇フランシスコ就任の前まで）の教皇とそれぞれが祝福した人物の選択の基本的な事実を表している。教皇の在任期間はわずか数週間（一五九〇年のウルバヌス七世、一九七八年のヨハネス・パウルス一世）から二十五年超（ピウス九世の一八四六年から一八七八年、ヨハネス・パウルス二世の一九七八年から二〇〇五年、レオ一三世の一八七八年から一九〇三年）まで大きな幅がある。

ID	名前	就任	退位	在位期間（年）	列福			列聖	
					ストック	期間	フロー	ストック	フロー
250	レオ12世	1823	1829	5.38	41	62	5	92	0
251	ピウス8世	1829	1830	1.67	46	61	0	92	0
252	グレゴリウス16世	1831	1846	15.34	46	62	4	92	5
253	ピウス9世	1846	1878	31.67	45	76	16	97	5
254	レオ13世	1878	1903	25.42	55	88	23	102	11
255	ピウス10世	1903	1914	11.05	68	80	11	113	4
256	ベネディクトゥス15世	1914	1922	7.39	75	80	4	117	3
257	ピウス11世	1922	1939	17.02	76	86	30	120	24
258	ピウス12世	1939	1958	19.62	83	82	38	143	30
259	ヨハネス23世	1958	1963	4.6	92	80	6	173	10
260	パウルス6世	1963	1978	15.14	88	81	33	183	16
261	ヨハネス・パウルス1世	1978	1978	0.09	105	75	0	199	0
262	ヨハネス・パウルス2世	1978	2005	26.52	105	75	319	199	80
263	ベネディクトゥス16世	2005	2013	7.87	344	28	92	279	42
	フランシスコ	2013	—	—	399	30	—	321	—

表7.1　1590年から2013年までの教皇の在位期間

注：列福については、「ストック」は各教皇の在位の開始時点で未決の（まだ列聖されていない）数である。「期間」は各教皇の在位の開始時点で福者が昇格するまでに待たされた平均年数を示す。「フロー」は各教皇によって選ばれた数。列聖については、「ストック」は教皇の在位開始までの選択された累積数であり、「フロー」は各教皇によって選ばれた数。

出典：Barro, Robert J., and Rachel M. McCleary "Saints Marching In, 1590–2012," *Economica* 83 (July 2016), 385–415. John Wiley and Sons.

図7・1は福者の選択における地域のパターンを示す（聖人についても同様のパターンがある）。このグラフはイタリアとその他の西欧が長きに渡って占めていることを示すが、同時にラテンアメリカ、東欧、北米、アジア、アフリカでの最近の上昇も示している。

私たちは祝福された人物の社会経済的な特徴についての情報をつかんでいる。一つの傾向は初期の男性優位（一五九〇年から一八九九年では福者の77％）から男女平等へシフトしていることだ（一九〇〇年以降、男性は51％）。正式な教育を受けた人物の率は一五九〇年から一八九九年まで75％だったが、一九〇〇

ID	名前	就任	退位	在位期間（年）	列福 ストック	列福 期間	列福 フロー	列聖 ストック	列聖 フロー
226	ウルバヌス7世	1590	1590	0.04	4	103	0	35	0
227	グレゴリウス14世	1590	1591	0.87	4	103	0	35	0
228	インノケンティウス9世	1591	1591	0.17	4	104	0	35	0
229	クレメンス8世	1592	1605	13.09	4	104	3	35	2
230	レオ11世	1605	1605	0.07	7	70	0	37	0
231	パウルス5世	1605	1621	15.72	7	70	13	37	2
232	グレゴリウス15世	1621	1623	2.41	20	36	2	39	5
233	ウルバヌス8世	1623	1644	20.99	17	43	8	44	2
234	インノケンティウス10世	1644	1655	10.32	24	40	3	46	0
235	アレクサンデル7世	1655	1667	12.13	27	46	1	46	2
236	クレメンス9世	1667	1669	2.47	26	58	1	48	2
237	クレメンス10世	1670	1676	6.24	25	59	5	50	5
238	インノケンティウス11世	1676	1689	12.9	25	58	3	55	0
239	アレクサンデル8世	1689	1691	1.32	28	64	1	55	5
240	インノケンティウス12世	1691	1700	9.22	24	60	0	60	0
241	クレメンス11世	1700	1721	20.31	24	69	2	60	4
242	インノケンティウス13世	1721	1724	2.83	22	82	0	64	0
243	ベネディクトゥス13世	1724	1730	5.74	22	85	3	64	9
244	クレメン12世	1730	1740	9.58	16	66	4	73	4
245	ベネディクトゥス14世	1740	1758	17.69	16	66	8	77	4
246	クレメンス13世	1758	1769	10.59	20	66	4	81	6
247	クレメンス14世	1769	1774	5.32	18	67	2	87	0
248	ピウス6世	1775	1799	24.53	20	66	19	87	0
249	ピウス7世	1800	1823	23.45	39	52	7	87	4

年以降は85%に上昇した。都市部から来た人の割合はおおむね安定しており、一五九〇年から一八九九年が78%、一九〇〇年以降が74%である。

その他の傾向は福者に占める俗人の割合の増加だ。一五九〇年から一八九九年では35%だったが、一九〇〇年以降では48%である。二〇世紀の初頭までに始まったこのシフトは一九六〇年代中期以降、修道会に参加する男女の数および司祭職の候補になる男性の数がともに劇的に減少したことに関連がある。一部の学者はこの減少が第二バチカン公会議（一九六二年から一九六五年）の影響だと説明する。この公会議では俗人の宗教的献

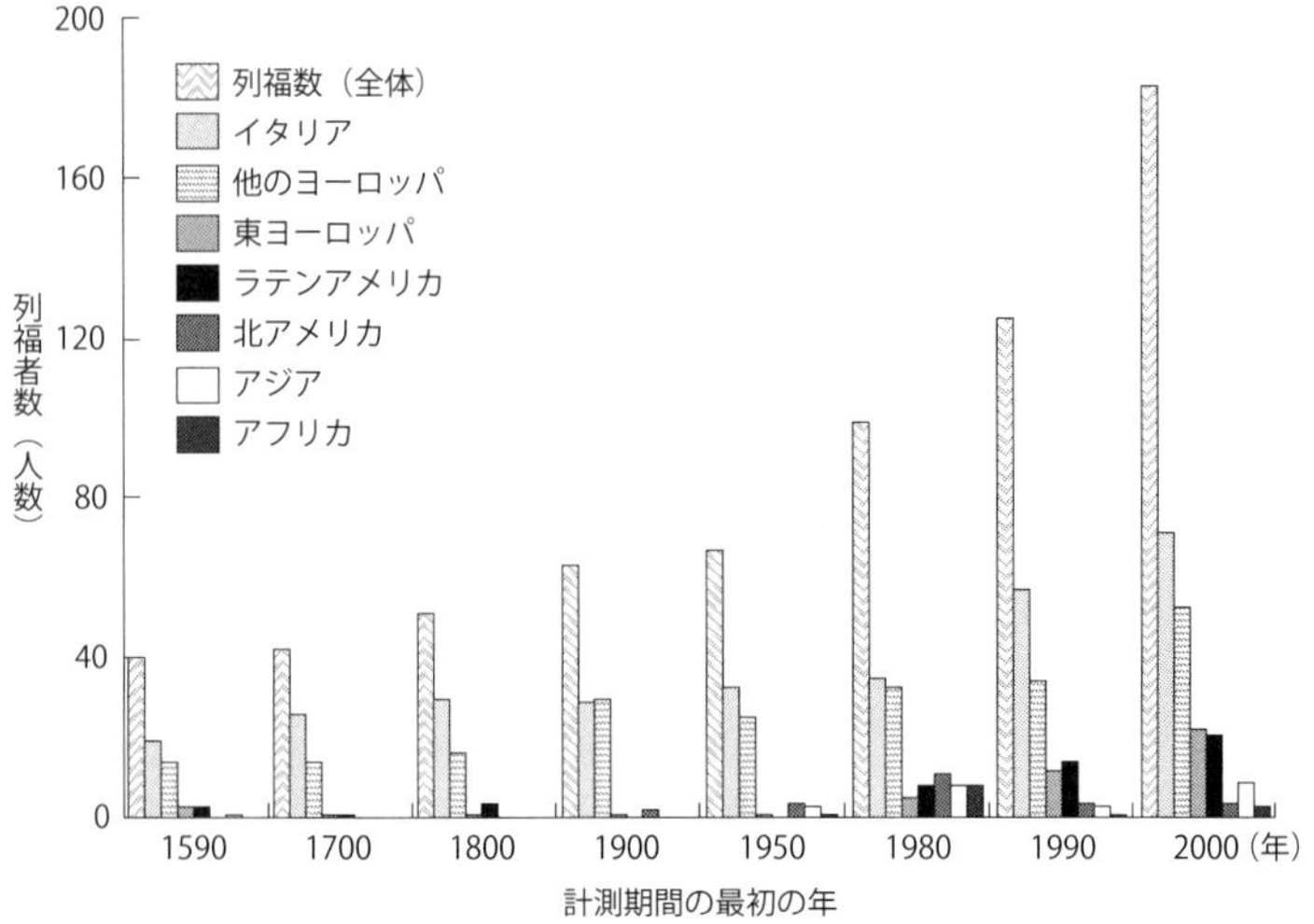

図7.1　長期にわたる各地域別の列福者数

注：各福者の地域はその人の死亡したときの場所を基本とする（多くはその人が教会に在職したときに主として居た場所でもある）。

出典：Barro, Robert J., and Rachel M. McCleary "Saints Marching In, 1590-2012," *Economica* (2016), John Wiley and Sons.

身を聖職者のそれと同レベルに置いたのである。[*5] しかし俗人でありながら祝福される人の数は第二バチカン公会議のずっと前から増えている。

福者の合計数（殉教者を含まず）は、一五九〇年から二〇一二年にかけては670人である（表7・1を参照）。注目するべきことはヨハネス・パウルス二世が319人を選び、ベネディクトゥス一六世が92人を選んだことだ。つまりフランシスコの直前の教皇二人だけで一五九〇年以降の全体数のうち61％を占めているのである。聖人については、一五九〇年以降の全体数が286人であり、そのうち122人、43％がこの二人の教皇によって作られた。

研究では表7・1と図7・1で示されたパターンを詳細に調べた。この分析では各日付における各地域のカトリック信者数、および教皇の在任期間や就任時の年齢などを含むその他の要素を分析対象にした。ある地域でのカトリック信者数が2倍になると、その他の条件は同じとして、おおむね福者の数は2倍になる。同様に、教皇の在任期間が2倍になると、祝福される人の数もおよそ2倍になる。年齢の高い教皇は祝福する人をより早く選ぶ傾向がある（おそらくは望ましい数の人を死ぬまでに選びたいからだろう）。

一つの強いパターンとして挙げられるのは、国や地域によって祝福される人の数に偏りがあることであり、イタリアがトップで、以下その他の西欧、東欧、そして他の地域と続く（ただし国名はその人の亡くなったときの居住地で分類した）。他の条件が同じなら、イタリアから選ばれた福者の数は他の西欧の数の4倍であり、東欧の8倍、北米の19倍、ラテンアメリカの33倍、アジアの37倍、アフリカの50倍だ。したがって地理的な差別をやめるためには、祝福される人の選択を欧州から他の地域に向かって拡げる真に画期的なシフトが必要である。

ヨハネス・パウルス二世とベネディクトゥス一六世の下で列福と列聖のペースが空前のスピードになったことをすでに述べた。この研究の中でヨハネス・パウルス二世が本当に列福と列聖に関しては型破りであることを発見した。他の条件を同じにすると（カトリック信者の人口を含む）、彼はそれまでの教皇に比較して、年に7倍もの福者を選び、4倍もの聖人を選んだ。こうした発見はローレンス・カニングハムが表明した懸念と一致する。すなわち「このプロセス（聖人を作ること）をこのように贅沢に使用することはローマと他の地域の教会で驚きと批判の種になっている。批判は主にこのプロセスがあまりにも急ぎすぎていること、および新聖人を大量に作ることがすでに聖人の列に名を連ねている人の価値を安くしてしまうと考える人たち（ローマ教皇庁の一部を含む）によるものである」

(Cunningham 2005, pp. 121–122)。

対照的に私たちはベネディクトゥス一六世が福者に関してはそれほどの型破りではない（ヨハネス・パウルス二世の前の教皇に比較して4倍）こと、列聖に関しては従来の型に入っていることを見つけた。ベネディクトの教皇在任中42人が列聖されたことは歴史的に見ると多いが、これは主に候補者（すでに列福された人）が異常に多かったためで、すなわちヨハネス・パウルス二世によって祝福された大量の数のためである。

私たちの主たる経済学的な仮説は、カトリック教会が聖人作りをプロテスタントとの競争の手段として使用しているというものだ。これを確かめるために、カトリックとプロテスタントの間の競争の観点から列福と列聖の効果を調べてみた。そこで各国と日付についてこの競争を測る物差しを作った。この物差しは両宗教の信者数が同じくらいであり他の宗教（正教会、イスラム、仏教など）が少数派であるときに最大値を示す。このようにして計測すると、ラテンアメリカとアフリカが、劇的な福音派の成長により二〇世紀にカトリック・プロテスタント競争が鋭く拡大した地域となる。

分析の結果、カトリックとプロテスタントの競争が高まると、教皇が祝福される人をより多く指名することがわかった。この現象は二〇世紀初頭から、とりわけラテンアメリカで顕著だった。この影響は福者に選ばれる数を最大50％も上昇させるほど大きかった。すでに述べたグアテマラのエルマノ・ペドロはおそらくプロテスタントとの競争の観点から福者に選ばれた一人だった。

基本的にカトリック教会はプロテスタント以外の宗教との競争にも聖人作りを使用していたと思われる。私たちは特に正教会に注目した。この宗教は一五一七年の宗教改革のずっと以前、一〇五四年のいわゆる大分裂（大シスマ）の時にカトリックから分離したものだ。だが私たちの分析ではカトリック対正教会の競争が聖人作りに影響を与えた事実はないことがわかった。可能性が高い説明としては、カトリックと正教会がずっと以前に、お互いに相手側の信者との関係に干渉することはしないという了解ができた、というものだ。それに加えて、カトリックと正教会の競争から影響を抽出することは困難という事情がある。なぜなら、カトリックとプロテスタントの場合と異なり、カトリックと正教会は同じ国のなかでの信者の併存が少ないからで、ただ例外として東欧ではかなりの併存が認められる。

他の宗教との競争に加えて、カトリック教会は二〇世紀に入ってから無宗教の台頭に警戒することになった。これは第2章で強調した世俗化の一つの側面である。この場合、カトリックの中での盛り上がりを高めることは――おそらく聖人作りによることになるが――信者が無宗教に進むこと（背教）をある程度は食い止めることができるだろう。つまりカトリック教会が二つの面で競合を強いられていると考えることができる。一つはプロテスタント（もしくは他の宗教）との競争、もう一つは世俗化との競争である。

無宗教との競争を測定するために、私たちは各国の人口のなかで無宗教と分類される人（無神論者と不可知論者より成り立つ）の割合を調査することから始めた。多くの国で二〇世紀になってこのカテゴリーが急成長した。たとえばイタリアでは無宗教の割合は一九〇〇年の0・2%から二〇一〇年の16・5%に上昇し、またドイツでは0・3%から23・2%に上昇している。私たちはこの無宗教の占有率の増加に一九〇〇年でのカトリックの占有率を乗じた（当時イタリアで99・7%、ドイツで35・6%）。その結果の数字は、カトリックに留まることを説得できたかもしれない人の割合（おそらくは聖人作りによって）を表し、世俗化との競争の厳しさを示す指数となった。重要な発見は、この世俗化との競争の指数が主に二〇世紀に、そして特に西欧と東欧で増加したことである。

私たちの分析が解明したことは世俗化との競争が激しくなると聖人作りが増加する傾向がある、という点だ。この効果は二〇世紀において、そして特に西欧において顕著だった。つまり、西欧でのカトリックから無宗教への人間の移動は、もし西欧人が無宗教を選ぶ傾向が強まったことへのカトリック側の対応策がなかったら、そして特に聖人作りが行われていなかったならもっと明白になっていただろうと私たちは考える。

私たちの詳細な分析でとらえることができなかった興味深い事例は英国である。英国ではカトリックの割合が高くなかったので（一九〇〇年で6・3%、二〇一〇年で9・0%）、プロテスタントや無宗教とのカトリックの競争の数値も高くはなかった。英国で支配的な信仰は英国国教会であり、これは一五三四年の国王ヘンリー八世のカトリックからの追放を起源としている。多くの神学的な側面から、英国国教会はカトリック教会と今も共通するところが多い。この近さのゆえに（カトリックの）英国人枢機卿ジョン・ヘンリー・ニューマン（一八〇一〜一八九〇）がベネディクトゥス一六世によって二〇一〇年に列福されたのであろう。この列福の前年、ベネディクトゥス一六世はそれまで断絶していた英国国教会のメンバーと聖職者たちにカトリック教会に参加するよう招待状を送った。バチカンは新しい制度を立ち上げ、その中で英国国教会がその独自性と典礼の多くを維持しながら、すでに結婚した聖職者を含めてカトリックを崇拝することができるようにした。さらにニューマンの列福が行われたのは、ちょうど英国国教会のなかで女性の叙階〔聖職者になること〕とホモセクシュアルの聖職者をめぐって深刻な分裂が起きかねない時だった。それを考慮するとこの特別な列福はカトリック教会が英国国教会からの改宗を目指すという競争状況を反映していたのかもしれない。

私たちのサンプルは一五九〇年以降のものであり、一五一七年の宗教改革に始まり一六四八年のウェストファリア条約による三十戦争終了までの西欧の宗教戦争時代の一部を含んでいる。これらの軍事紛争はカトリックとプロテスタントの競争が特にウェストファリア条約以前の時期に激しかったのではないか、と思わせる。実証的調査の結果はこの仮説によく合う。というのは祝福される人の指名数は一六四八年以前のほうがそれ以降より多かったことがわかったからだ。定量的に述べると、1年当たりの指名の数は一六四八年以前のほうがそれ以降よりも（他の条件が同じとして）列福者で2倍、列聖者で3倍も多かったことを見つけた。

私たちはすでに現在の教皇フランシスコの二人の前任者、特に教皇ヨハネス・パウルス二世が祝福される人選のプロセスを加速させたことを述べた。これと関連すると思われるもう一つの変化は以前の教皇たちを祝福する傾向である。一五九〇年から一九七七年にかけては（ヨハネス・パウルス二世が就任する前）、わずか二人の教皇――一七一二年のピウス五世と一九五四年のピウス一〇世――のみが列聖され、1名――インノケンティウス一一世――が列福されたにすぎない。これに対して近年ではピウス九世とヨハネス十三世（偉大な第二バチカン公会議の改革者）が二〇〇〇年に、ヨハネス・パウルス二世が二〇一一年に、そしてパウルス六世が二〇一四年にそれぞれ列福されている。またヨハネス二三世とヨハネス・パウルス二世が極めて早く二〇一四年に列聖された。さらにはその他の教皇たちの列福が現在積極的に検討されている。これにはピウス一二世（第二次世界大戦中の彼の役割をめぐって論争がある）とヨハネス・パウルス一世（教皇としての在任期間がわずか1ヵ月だった）が含まれている。

祝福された人の出身は証聖者（分析の対象）か殉教者、すなわちカトリック信仰のために命を落とした人物のいずれかである。フランシスコはカトリック信者に本来の信仰を思い出させるために劇的な方法として殉教者のほうに対象を移しているように見える。フランシスコによれば、殉教とは信者らに彼らの信仰心を目撃するよう鼓舞する究極の宣明だという（Schneible 2015）。このカトリックの殉教の目的はイスラムの殉教の役割と似ている（Cook 2007, p. 170）。殉教者は殉教に代表される極限の献身を示すことにより、信者の忠誠心への覚悟を強めるために重要だ。過激な宗教の儀礼に関するシガラタスの研究（Xygalatas 2012）に戻ると、殉教とは自分の命を信仰に捧げるという究極の宗教行為である。この行為は忠実な信者の目の前で、崇拝するべき、そして精神的に（肉体的にではない）見習うべき高みを設定する。殉教は信者のなかにカトリック教徒であることの激情を発生させ、それがプロテスタントから改宗を誘われたときに信仰への忠誠を育成するメカニズムになっている。

さらなる改革として、フランシスコはその在位中の二〇一七年六月に使徒的書簡のなかで「命の提供（oblato vitae）」という新しいカテゴリーの福者を作り出した。このカテゴリーは自分自身の「命を捧げた」結果として死に至ったが、伝統的な殉教者のように「信仰に対する憎しみ（odium fidei）」を受けること（迫害など）で亡くなったのではない人を福者として認めるものだ。この新しいカテゴリーは「当該の人が命を捧げる前に、キリスト教の徳を少なくとも通常のレベル（英雄的にでなく）で実行した」こと、および一つの奇跡を起こしたこと（殉教者は奇跡なしでも列福される点が異なる）が要件となる。この新しいカテゴリーを作るにあたり、フランシスコはヨハネス・パウルス二世が非公式に「慈善の殉教」と呼んだ曖昧な領域を正式に組み込んだのである。

この新しいカテゴリーの一例として挙げられるのは、一九八〇年に右翼暗殺部隊に殺されたエルサルバドルのオスカル・ロメロ大司教である。教会法の学者や一部のラテンアメリカの司教たちは、彼の死がカトリックへの忠誠心ではなく主として彼の政治手法によって引き起こされたものだからという理由で列福には反対を唱えた。ロメロの殺人者たちは「信仰心への憎しみ」によって行動したのではなく、左翼的政治観を持ち、政権に公然と反対し、その延長として人々に人気がある司教を抹殺しようとしていたのである。そのためにバチカンの多くの人たちによれば、殉教の標準的な基準を満たしていなかったのだ。しかしながらフランシスコは二〇一五年にロメロを「慈善の殉教」のカテゴリー——その当時は非公式だったが——に置き、二〇一五年五月に彼を列福したのである。

多くのカトリック学者と神学者たちは、新しいカテゴリーである「命の提供」が列福の有資格候補者の数を増やし、その結果、その時代の教皇が考える模範的カトリックを体現する政治的イデオロギーの色を強めるだろうと考えている。具体的には、一部の保守的カトリック教徒はフランシスコがこの新しいカテゴリーを使って政治的に左翼に近いキリスト教徒やラテンアメリカの軍事的紛争中に亡くなったオスカル・ロメロのような「解放の神学」〔解放者としてのイエスに焦点を当てた運動で、ラテンアメリカで勃興した。キリスト教社会主義の一形態とされる〕の推進者を列福に使用するのではないか、と心配している。どうやら祝福に選ばれ得る人の最近の拡大には左翼的課題が潜んでいるようだ。

福者と聖人の全体的な数の劇的な増加および列福要件の緩和を見る一つの方法は、それらが聖人位にかけられた価値の下落を表しているのではないか、という視点である。すでに述べたように、カニングハムは最近の聖人作り運動のこの見方を肯定し、それをカトリック教会支配層の一部のメンバーのせいだとみなしている（Cunningham 2005, pp. 121–122）。しかし私たちはこの考えには賛成しない。私たちの評価は、祝福される人の数の増加と地理的拡大、および人気のある旧教皇を対象にしたことは、カトリックへの熱情を上昇させるための賢い改革だったというものだ。世界でもっとも長く続く企業体であるカトリック教会は、聖人作りのような手段により、その強力な世界的地位を特にラテンアメリカの福音派プロテスタントに対抗して賢く競争することで維持することに全力をあげてきた。初めに述べたように、この見方はグアテマラのエルマノ・ペドロの墓に全世界から集まる巡礼者の示す高いレベルの熱情や献身とうまく調和する。

聖人の安売りか、カトリック高揚の手段か

本章では聖人作りをカトリック教会の戦略的手段として注目してきた。これには二つの目的が内包されている。その一つは増大するプロテスタント福音派への改宗をいかに食い止めるかの対処、もう一つはカトリック教徒が無宗教に移行する傾向への対処だ。第一の競争は二〇世紀に入ってから特にラテンアメリカとアフリカで重要になったもので、第二はやはり二〇世紀に特に西欧で顕著になったものだ。私たちが主張するのは、この教会側からの対応が、祝福される人の指名をますますグローバル化させていること、特に伝統的に中心だったイタリアやその他の西欧からラテンアメリカに選択の中心を移したことを示している、というものである。

私たちの列福と列聖（殉教を除く）に関する研究は、一五八八年の制度成文化に遡る。その発見によれば、他の条件が同じ場合、ある地域にカトリック教徒が2倍いると祝福される人数も2倍になり、教皇の在任期間が2倍になると指名される人の数もまた2倍になるというものだ。地域的には驚くべき偏りがあり、多い順番にイタリア、その他の西欧、東欧、北米、ラテンアメリカ、アジア、アフリカと続く。二〇世紀のプロテスタント福音派および無宗教との激化する競争のなかでこの伝統的な地

域偏差の一部は解消した。

私たちは一五九〇年から二〇一二年までに証聖者として選ばれた670人のうち、ヨハネス・パウルス二世が一代で319名を列福させたことから、彼を顕著な例外的人物だと考えた。ベネディクトゥス一六世とフランシスコもハイペースで列福を続けたが、ヨハネス・パウルス二世ほどではなかった。そして最後の二人の教皇による列聖の多くはヨハネス・パウルス二世による聖人位候補（すでに福者になっている）が多かったことから説明できる。

人気が高かった旧教皇を列福する傾向が高まったこと――最近のヨハネ一三世やヨハネ・パウルス二世の昇格を含む――は、信者の人気を高めるためのカトリック教会による方策だったとみることができる。一部の識者はこのプロセス、および新たに祝福される人の数が全体的に増加したことについて、聖人に付される価値を引き下げるという意味で貨幣価値の下落に他ならないと非難している。しかし私たちはこれには賛成せず、むしろ最近の出来事はカトリック教会の強力な地位を維持する賢い戦略だと見ている。

私たちの分析が抱える一つの欠損は、カトリック教会の聖人作り拡大戦略が成功したのかどうかの判定方法を明示してこなかったことである。聖人の指名が実際に信者たちをカトリックにもっと夢中にさせ、代替の宗教――特にプロテスタント福音派――や無宗教に移行する流れを減じたというシステム的な証拠がほしい。

この考えに沿った一つの研究が社会学者スティーブン・ファフによるものだ（Pfaff 2013）。彼はドイツの各都市で一五二三年から一五四五年、つまり宗教改革のあと、カトリックから離れて新しいプロテスタント信仰にシフトした傾向を分析した。彼が発見したことは（彼の論文の表3）、カトリックのみを賛美し続けるのでなく、また二つの宗教を持つのでもなく、プロテスタントのみを選択する可能性は、一五三〇年までに建てられた聖人の聖廟の数を1人当たりに直した値と著しく負の相関を示しているということである〔つまり聖廟が増えるとプロテスタント選択が下がる〕。さらにこの聖廟変数の説明的役割は聖人に対する特別な役割を示しているように見える。なぜなら都市のその他の宗教的な設備——たとえば一五〇〇年における1人当たりの修道院の数——はプロテスタントを選択することにまったく説明力をもっていないからだ。このような宗教改革後の事実は、聖人作り利用の増加はカトリック教会が信者数を維持することに役立った、という私たちの仮説にぴったり合う。

別の可能性は、私たちの祝福された人のデータをジョナサン・シュルツによって開発されたデータセットと融合させることである。彼のデータは六世紀の初めから一五〇〇年までの欧州での司教管区の設立数を含んでいる。なおこの時期、地域・国は中世カトリック教会の行政機構に統合されていた(Shultz et al. 2018)。地方の聖人の列福において司教の果たす役割が非常に大きいことを考えると、司教区の拡大の時期に聖人崇敬が拡大したとみることが可能だろう。では司教区が確立してからどのくらい早く列福が起きるようになったのだろうか？　そして司教は地方のカルト信仰や地域の遺物・彫像崇拝をどの程度まで受け入れたのだろうか？　さらにそれらはカトリックの礼拝や信仰にどんな目的で統合されたのだろうか？

一つの考え方は聖人のフレームワークをカトリック教会の枢機卿選任に当てはめることだ。それにあたり、研究者はサルバドール・ミランダによって構築された枢機卿に関する素晴らしいデータセットを使用することができる(Miranda 2018)。このデータセットには四九四年から二〇一七年までに選ばれた4371名の枢機卿の名前、誕生時の住所を含む属性が記録されている。したがってこのデータは非殉教者の祝福された人物のサンプルに比較すると、期間的にもずっと長く、またずっと多くの人物を網羅している。一つのアイディアとしては枢機卿の地理的な構成の変化を研究する、というものがある。小さいながらも具体的な一つの可能な現象として、リチャード・オールト、ロバート・エクランドおよびロバート・トリソンは政治経済学の見地から次のように主張した（Ault, Ekelund and Tollison 1978）。一九六六年にカトリック教会が毎週金曜日に魚を食べなければいけないというルールから離れたことは、枢機卿が選ばれる地域がアメリカのように漁業より畜産が盛んな地域に移ったことによって説明できる、というものである。*6

私たちの分析を証聖者の選択から殉教者の選択に拡大することは重要であるように思われる。長期間にわたる殉教者のデータは入手可能だが、問題は一つの集団として、しばしば同時に選ばれた多くの人をどのように扱うべきかという点だ。一括して殉教者に選ばれた800人もの人々と一人の証聖者の選択をどのように比較するべきだろうか？　祝福された人の二つのカテゴリーに対する異なった要件をどう取り扱うべきだろうか。殉教者は列福に奇跡を必要としないものの、教会との関係で迫害を受けて死亡していなければならない。

エルサルバドルの大司教オスカル・ロメロの場合のように、殉教者の選択には政治がプロセスを複雑なものにする可能性がある。有名なケースはジャンヌ・ダルクだ。それぞれの立場により、彼女は殉教者であり（フランスのカトリック）、魔女と信じられた異教の政治的罪人でもある（イングランド）。私たちのデータを拡大して殉教者を含めるならば、現在の教皇フランシスコによって行われている選択を詳細に吟味することもまた可能である。すでに述べたように、私たちの簡単的な検査によると殉教者へと比重が大きくなっている。ただ、この推論は詳細な歴史的比較により吟味することが望ましい。

最後に、正教会、イスラム、ヒンズー教、仏教などの他の宗教にも聖人と殉教者のカテゴリーがある。これらの宗教での聖人の選択の手続きはカトリックで適用されているものに比べると明確性を欠いているが、しかし一般的に聖人と認識されている人たちがいることは間違いない。他の宗教の聖人と殉教者のデータセットを作成することにより、これらの宗教でどんなことが聖人や殉教者の資格になるのかが評価できるようになるだろう。また、カトリック教会について実施したように、祝福される人の選択が宗教同士の競争に左右されるのかどうか、またこうした選択がこの競争の将来にどう影響するのかも調べることができるだろう。

第8章　宗教の富

何年か前に、私たちは韓国のソウル国立大学で宗教と政治経済学についての一連の講義を行った。韓国ではこの数十年で宗教への関心が劇的に高まり、主としてプロテスタント福音派が台頭してきた。その第一回目の講義で、最前列に座った若い韓国人の男性が、笑みを浮かべながら大切そうに身に着けた立派な銀の十字架を指さした。彼は私たち講師が同じ精神を持ち、伝統的な世俗地域にキリスト教を広めるためにやってきたと思い込んでいた。しかし私たちの分析的なアプローチは、結局彼を失望させた。

思うに、この青年は規範的なアプローチを求めていたのだろう。つまり特定の、福音派のプロテスタンティズムのような宗教的教義が本質的に正しく、それが現状よりも社会的選択でもっと大きな影響をもつべきであると話してくれると思ったのだろう。しかし私たちが追求しているのはジョン・ネヴィル・ケインズ（Keynes 1890, pp. 34-35, 46）やミルトン・フリードマン（Freidman 1953, pp. 3-7）が「実証科学」あるいはもっと具体的に「実証経済学」と呼んだものである。[*1]

フリードマンによれば「実証経済学とは基本的に特定の倫理的立場もしくは規範的判断から独立し

たものであり（…）物事は、これこれであるべきだ、ではなく、これこれである、という見方をする。その仕事とは（…）環境変化の結果についての正しい予測を行うことだ。（…）実証的経済学は客観的な科学である、あるいはそうなり得る」（Freidman 1953 p. 4）。これに対して、ケインズは「規範的科学（…）はどうあるべきかの基準に関するシステム的知識をまとめたものであり、したがって現実よりも理想に関心を向ける」（Keynes 1890, p. 34）と言っている。しかしフリードマンは次のように締めくくっている。「規範的経済学は（…）実証的経済学から独立ではありえない。あらゆる政策上の結論はいろいろな選択肢のなかのある一つのことをやったらどうなるかの予測に立脚するのであり、その予測は（…）実証的経済学に基礎をおかなければならない」（Freidman 1953, p. 5）。

宗教およびその政治経済との相互作用について実証分析を行うにあたって、私たちはもちろん宗教神学に関心を持つ。特に、宗教がいかに経済発展とその他の社会の側面に影響するかに関して、「たしかに影響する」と予想をするためには信者の持つ信仰が中心的な役割を果たすと私たちは考える。私たちのフレームワークでは、所属意識との関係で考えたときに信仰が特に重要になる。所属要因は正式な礼拝への参加や宗教セクターにより使用されるその他の資源の要因で計測する。つまり、私たちは信じることと所属することに多大な重きを置いているのである。

信じることと所属すること

宗教が社会に特別な貢献をしているのは、その信仰のゆえであると私たちは考える。宗教は救済や地獄行きや来世の生活などの概念を持つ、独自の存在である。このような検証不可の超自然な信仰というものは信者にとってこの世での振る舞いに大きな動機づけになり得る。マックス・ヴェーバーが論じたように、宗教改革は信仰を強調し、それは労働倫理、節約、正直などの個人の特性への基礎としての役割を果たした。これらの特性はおそらくは一八世紀の西欧の産業革命を支え、それにより近代の資本主義の成功を導いた。

ヴェーバーによれば、富の蓄積と資本主義が宗教の力に頼った時期は、彼自身の生涯が終わる少し前に終了した。彼の生涯は一八六四年に始まったのだが、「近代資本主義は支配的な力を持つようになり、それまでの宗教からの支援を受ける必要がなくなった」（Weber［1904–1905］1930, p. 72）。しかしながら、第2章と第3章で述べたように、私たちはヴェーバーの資本主義の精神に関する考え方を現代のデータで調査した。その結論は宗教心――代表的なものとしては天国と地獄――が依然として経済成長の重要な駆動要素である、というものだ。さらに具体的には、信じることが所属すること（正式な礼拝に参加する率で計測）よりもヴェーバー自身よりもヴェーバー派になったと言っても過言ではない。なぜなら彼は二〇世紀から二一世紀をカバーするデータがこのような結果を生むとは予想しなかったであろうから。

もし信じることが所属することよりも経済成長を促進するとすれば、所属することはそれがいろいろな資源（宗教活動や祈りに使う時間や、宗教施設や人に使うお金を含む）を直接に使用する以上に信仰に貢献する場合のみ生産的であるということになる。宗教の社会資本の側面――共同の奉仕、儀式、教育された階級――は、それらが宗教心を吹き込む限りにおいてこのフレームワークで生産的になる。私たちの研究結果によれば、信仰心の深さが一定の場合、公式の宗教に資源（個人の時間など）が多く使われれば使われるほど、そうした宗教部門がより非生産的になることを暗示する。宗教が社会資本を作る多くの方法の一つであるという見方があり、仮にそうだとしたら、そのような社会資本は経済成長の主たる決定要因になるだろうが、私たちの発見はそのような見方と食い違うのである。

第6章ではクラブモデルを宗教の経済学に適用することを詳述した。このモデルは宗教集団がコストの高い入会条件（自己犠牲やスティグマ）を使っていかに献身的なメンバーを維持できるかをうまく説明した。この方法により異常な宗教カルトや標準的な宗教宗派を理解することが容易になった。このアプローチはまたテロリズムを支援するものも含めて、非宗教的組織への洞察も与えてくれる。したがってクラブモデルは重要な概念的な前進である。ところが、このモデルは私たちの宗教と政治経済の考え方に合うことは合うのだが、「信じること」対「所属すること」のパラダイム上、所属の部分を理解することにしか役立たないのである。私たちは、プロテスタンティズムの倫理が経済成長を刺激したのは労働倫理や節約といった主要な特性を向上させる宗教を通じてである、というマックス・ヴェーバーの理論を評価するためにどこか別のところを探さなければならない。

またマルティン・ルターが主張した個人による聖書精読の重要性に関連して、プロテスタンティズムが教育と人的資本の充実を奨励することで経済成長に影響を与えることができた、という考えの妥当性を私たちは評価した。ベッカーとヴェスマン（Becker and Woessmann 2009）の一九世紀プロイセン、およびボッパルトら（Boppart et al. 2014）の一九世紀スイスの研究がこの効果の道筋を立証した。しかしこれらの発見はヴェーバーのプロテスタント倫理――つまり労働倫理の重要性――を排除していないのだ。ヴェーバーの仮説を援護するのは、バステンとベッツ（Basten and Betz 2013）およびスペンクフ（Spenkuch 2017）である。彼らはプロテスタンティズムの経済への好ましい影響の一部が、プロテスタンティズムと労働倫理の強い結びつきからもたらされたことを、それぞれスイスとドイツの現代のデータから発見したのである。

将来の研究のためには宗教性が及ぼす影響を、勤勉や節約などの個人の特性に対するものと、教育に対するものとに分離することが望ましい。個人の特性を計測するのには世界価値観調査のアンケートを使うとうまくいくかもしれない。その質問の一つ目は、生活のなかで仕事はどれほど重要か、と問い、二つ目は勤勉と節約は子供たちが家庭で学ぶように奨励されるリストに入れるべきか、と問うている。これらのアンケート調査データは、個人がどの宗教を持つかのデータや、教育と収入がもたらす結果（財務状況データ）へとリンクすることができる。

また宗教が基礎にある法律や規制が経済にもたらす影響の解析をさらに拡張することも価値があると思う。第3章と第5章では国教および政府の規制が宗教市場にどんな意味をもつかを検討した。第4章では産業革命以降のイスラム諸国の経済成長が、貧弱な法律と規制の制度によって阻害されたと主張した。イスラムの歴史のなかで問題だった例は、厳格な相続法、信用と保険への制限、契約の執行力の弱さ、そしておそらくもっとも重要なものは企業構造ための法的基盤の欠如である。ただ、この分析は定量的というよりは印象的なものだったので、もっと厳格かつ定量的な研究を行うことが望ましい。この分析のためにはジョナサン・フォックス（Fox 2018）による国際的データ（一九九一年まで遡って入手可能）を使って宗教が原動力になった法律や規制を各国別に測定することが可能だろう。つまり、この作業は宗教が基礎にある法律と規制がどんな経済的結果をもたらしたのかを広い縦断的なサンプルから吟味することを可能にする。

第4章で述べたように宗教の経済的な意味を問う研究はキリスト教に偏ってきた。それはおそらくはマックス・ヴェーバーの画期的な仕事（Weber［1904–1905］1930）に大いに影響されているのであろう。この理論では宗教改革後のプロテスタンティズムとカトリシズムの違いに焦点をあてていた。私たちはたしかにイスラムの法と規制の経済的影響を議論してきた。私たちはまたヒンズー教、仏教、ユダヤ教などのその他の宗教の経済的な内容についても触れてきた。ただこうしたその他の宗教についてはもっと多くの研究がなされれば有益だろう。検討されるべきいくつかの問題はつぎのとおりである。ヒンズー教と仏教が経済成長に与える影響は、高すぎも低すぎもしない、むしろ中程度の成長になる傾向があるのは何か理由があるのだろうか？　ユダヤ人が来世のビジョンを失ったように見えることは、何か経済的な帰結を招いているのだろうか？　儒教や無宗教の道徳律のような哲学が正式な宗教を十分に代替できるというのは本当だろうか？　そして経済成長を離れて、宗教的自由やさらに広い市民的自由と民主主義の維持に国教および宗教的規制が及ぼす影響はどのようなものか？

宗教の拡散

宗教がいかに空間に拡散していくのかという問題は、現在研究が進んでいる分野の一つである。歴史的に布教活動の広がりは、多分に征服と貿易の間の相互的な影響に関わりがあった。その例として、七世紀初期のムハンマドの時代から一六世紀のオスマン帝国とその他のイスラム帝国のピークに至るイスラムの地理的拡大が挙げられる。多くの場合、征服された領土の住民はおおむね自分の意志でイスラムに改宗した。多くのイスラム教徒は商人の才があるが、征服と宗教の拡大の後にはしばしば交易ルートが生じた。ブラッドリー・スキーンが言うように、「職業としての交易は、欧州よりイスラム世界での方がより恵まれていた。多くのイスラム教徒にとって交易はほとんど欠くべからざるものだった。なぜなら少量の商品を運んで売ることは、イスラム教徒が一生の間に一度はやらなければならないメッカへの巡礼の旅費を作るための普通の手段だったからだ」（Skeen 2008）。だからイスラム信者の拡大が歴史的な交易パターンに密接に関係すると予測できるのには理由がある。

交易ルートがイスラム布教に及ぼした影響については、ステリオス・マイカロプーロス、アリーレザー・ナガーヴィ、ジョバンニ・プラロロによって詳細に研究された（Michalopoulos, Naghavi and Prarolo 2018）。彼らは欧州、アジア、アフリカの127ヵ国にわたる一九〇〇年におけるイスラム信奉の分布が六〇〇年以前の交易ネットワークからの場所の距離と強く負の相関を示す（ルートから遠いほど信者が少ない）ことを発見した（彼らの表1）。ところがこの交易ルートからの距離はキリスト教信奉には正の相関がある（彼らの表5）。またイスラム信奉に負の相関があるもう一つの点は、歴史的なイスラムの中心であるサウジアラビアのメッカからの距離だ（彼らの表1）。このメッカからの距離は、ベッカーとヴェスマン（Becker and Woessmann 2009）が一六世紀の宗教改革後のドイツにおけるプロテスタントの拡大を研究したときの変数、すなわちヴィッテンベルクからの距離に類似している。すでに第3章で述べたように、このヴィッテンベルク変数は、一八七〇年代のドイツ人口に占めるカトリックではなくてむしろプロテスタントの割合に強い負の関係をもっていたのだ（つまりヴィッテンブルグから遠いほどプロテスタントが少ない」。同様に、メッカからの距離変数はメッカという原点からのイスラムの拡散を説明するのに役立つ。

アフリカでは征服、植民地化、そして宣教師による布教の組み合わさった影響により、二〇〇〇年ではイスラムが40％、カトリックが14％、プロテスタントが28％（その他はおおむね土着の宗教）という結果になっている。[*2] サハラ以南の地域ではイスラムが29％、カトリックが17％、プロテスタントが

34%であるが、北アフリカではイスラムが92%、カトリックが0・2%、プロテスタントが0・7%である。

西欧と北米ではイスラム教徒の占有率が増えているが、それは特にアフリカとアジアからの移民のためである。例としては旧フランス領の北アフリカからフランスに来るイスラム教徒、パキスタンとインド（ともに旧植民地）から英国にやってくるイスラム教徒である。移民の他にも西欧でイスラム教徒の占有率が高まっている理由として、イスラム教徒の出産率が非イスラム教徒より高いことが挙げられる。

インド亜大陸では、イスラムの拡大は南方の良港に恵まれた海岸地域については主として交易によるもので（Saumitra Jha 2013の主張）、内陸地域については主として征服と宗教活動による。*3 私たちの推測では、イスラムが海上交易によって広がったものの「支配的な宗教」にならなかった場所では、労働市場やその他の指標から見てイスラム教徒は今日主流の社会にうまく溶け込んでいるようだ。

インドの南海岸はもっと大きな大洋交易ネットワークの一部だった。イスラム以前のアラブの海洋商人たちはインド海岸に沿って交易活動をしていた。アッバース朝（七六二年〜一二五八年）がイラクのバクダッドで確立した後、イスラム商人たちはスマトラの港まで航行してきた。九世紀までにバスラ（イラク）やシーラーフ（イラン）のイスラム港の商人たちはインドや東南アジアへの通常の交易ルートを確立した。そしてイスラム教徒の交易共同体が恒久的にマラバール海岸と東南アジアに住み着き、アラビア海からベンガル湾、南シナ海までの商業ルートを作りだした。アラビア海交易ネットワーク、南方（マラバール）海岸、および海域東南アジアとの商業的接触が完成することにより、イスラムは多くの信者を得ることができた。

ビルマ（現在のミャンマー）、アラブ、ペルシャおよびインドのイスラム交易商人たちは海岸に沿って海上交易を行い、ゆっくりと地元共同体に溶け込んでいった。一八五二年の英国による下ビルマ併合のあとインドからの大量のイスラム教徒移民がビルマに流入し、ビルマの宗教的な少数民族経済の経路を変化させた。これらの大量の移民は工業、交通、商業、輸出入ビジネス、および軍隊や警察などの職業を獲得したが、彼らは人口の3、4%を超えることがなかった。最近、インドのイスラム教徒の子孫は、明白な文化的パターンを固守しているが、ビルマのイスラム教徒は数世紀にもわたり主流の文化に溶け込み、仏教を信じる周囲の市民とは宗教だけは異なるという生活をしてきている。

信仰を征服で拡大した地域では、今日のイスラム教徒はもっと目立たない存在になっている。たとえばポール・ブラッスは、一九四七年のインド・パキスタン分離独立直後の初期にウッタルプラデシ州警察がいかに「脱イスラム化」を意図的に行っていたのかを説いている（Brass 2010）。その警察の内部では当初イスラム教徒が大きな比率を占めすぎていたからだった。その結果、最終的には逆に北インド全体の地方警察組織におけるイスラム教徒の割合が極端に減ることになった。

もう一つイスラムがインドの職業構造に拡散していったチャンネルとしては、イスラムが交易を通じて到着し、イスラム教徒が交易業者として仕事を始めた場所で、イスラム教徒は今も交易活動をする傾向が考えられる。それに対して、イスラムが征服によって到着し、そのプロセスの一部として新しい町ができた場合、イスラム教徒は行政官や職人になっている傾向がある。インドが独立したあと、行政官は圧倒的にヒンズー信者であり、その一方イスラム教徒の職人が残った。したがって、インドでは特にカースト制による硬直性が強いために、イスラム教徒の交易業者とイスラム教徒の職人の最初の区分けは今日まで続いている可能性が高い。

植民地化という形の征服は、欧州からアメリカ、アフリカ、そしてアジアの一部へのキリスト教の拡大には重要な役割を担った。たとえばラテンアメリカではスペインとポルトガルによる一六世紀の植民地化の後、民衆の大多数はカトリック教徒になった。しかし第7章で検討したように、プロテスタント福音派との競争は多くの改宗を生み、二一世紀には多くのラテンアメリカ諸国でカトリックとプロテスタントはほぼ拮抗するようになった。北米においてはプロテスタントとカトリックが支配的になっているが、その理由は英国とフランスによる植民地化の影響、およびそのずっとあとからの大量の移民が持つ宗教の影響が相半ばしている。

私たちは現在、ラテンアメリカへのイスラムの普及がなぜゆっくりしたものであったのかを研究している。世界宗教データベース（WRD）によれば、ラテンアメリカのイスラム教徒の人口は一九〇〇年で5万8000人（0・09％）であり、一九五〇年には23万人（0・14％）、一九七〇年に42万5000人（0・15％）、二〇〇〇年に144万人（0・27％）、二〇一五年に172万人（0・27％）だった。したがって人口の占有率が増加したのは主に一九七〇年から二〇〇〇年だが、それでもまだ1％に満たない。

ラテンアメリカのなかでWRDが二〇一五年にイスラム教徒が多い国として認定しているのはアルゼンチンである（93万人で全体の2・1％）。アルゼンチンにおけるイスラム教徒の存在の歴史は一九世紀、この国がアラブからの移民に人気があった時期にまで遡る（Akmir 2009）。イスラム教徒のアルゼンチンでの役割を研究するのは特に興味深い。というのはイスラムがこの国で目立つようになったのは一九九〇年代からであるからだ。一方マイナス面でいえば一九九二年と一九九四年のイスラエル大使館およびユダヤ人コミュニティセンターの爆破事件だ。ヒズボラとイランの関与およびアルゼンチン政治家のもみ消しが絡むこれらの事件の捜査は現在も続いている。もっと明るい話としては、ラテンアメリカで最大のモスクであるファハド国王イスラム文化センターが一九九六年にブエノスアイレスに建築された。この建物はサウジアラビアからの基金により、当時大統領だったカルロス・メネム（シリア人の子孫であり、イスラム教徒と結婚し、彼自身もかつてはイスラム教徒だった）によって提供された土地に建てられた。二〇一一年にクリスティーナ・キルチネル大統領は、アルゼンチンのイスラム少数派に対してリベラルなアプローチを取り、女性が公の場でヒジャブを身に着けることを許可する法律を通した。

イスラム教徒が人口のかなりを占めるその他のラテンアメリカの小国としては、二〇一五年時点では、ガイアナ（7・5％、5万8000人）、スリナム（5・9％、8万6000人）、トリニダードトバゴ（6・4％、8万8000人）がある。ブラジルには二〇一五年時点でかなりのイスラム教徒がいる（20万7000人）が、人口に占める比率は低い（0・1％）。

ラテンアメリカにイスラム教徒が少ないのは、主として地理的な影響だという仮説がある。ラテンアメリカは神学的中心であるサウジアラビアのメッカからの距離からも、あるいはインドネシア、インド、パキスタン、バングラデシュ、ナイジェリア、エジプト、イラン、トルコなどのようなイスラム教徒の人口密集地からも、イスラムからもっとも離れている（WRDによると、これら主要8ヵ国は二〇一五年において10・4億人、あるいは地球上の17・2億人のイスラム教徒合計の60％を占めている）。イスラム教徒の中心地からラテンアメリカに旅行するのは、たとえば欧州に旅行するより困難だ。この概念はマイカロプーロス、ナガーヴィ、プラロロによる主張（Michalopoulos, Naghavi and Prarolo 2018、表1）、すなわち欧州、アジア、アフリカの127ヵ国のそれぞれの国の人口に対するイスラム教徒の割合が、各国のメッカからの距離に逆比例する、という知見にうまく符合する。

私たちはメッカからの距離という変数を使って、ラテンアメリカに居住する少数のイスラム教徒についての考察を深めたいと計画している。少数である理由の可能性のなかには、昔のイスラム交易ルートや征服との結びつきの欠如（征服については北米についても同じ）、イスラム教徒が非常に多い国の植民地がないこと（これは西欧の一部の国々にとって重要だった）が考えられる。別の考察としては、どのタイプの移住者でも、同じ民族や同じ宗教の人々がすでに住んでいる数が臨界を超えると、その地域に移住しやすくなる傾向があることだ。したがってこの臨界点を超えたときに大量のイスラム教徒がラテンアメリカに移住してくることが将来あるかもしれない。

宗教と科学

宗教と科学の関係は昔から議論されてきた。科学が特定の宗教的な主張、たとえば聖書の天地創造の物語を誤りと証明すると、宗教の無謬性と合理性は弱まると予想される。しかし宗教の重要性は聖書、もしくはもっと広く神学の文字通りの解釈に依存するものではない。そして信仰と想像力は、私たちが仮定する〔科学的に〕意味のある問題の範囲を拡大できるし、現にそうしている。宇宙はなぜ作られたのか？　この地球は宇宙全体のなかでいかに特別な存在なのか？　天使や悪魔のような超自然的な存在への信仰からは、宇宙の他の知的な生命体が自然に想起される。

私たちは科学者カール・セーガン（Sagan［1985］2006）の主張に賛同する。すなわち、科学的な調査は、実証的発見によって宇宙の聖なる解釈を正したり、奴隷制度のような害のある旧弊については誤った根拠を暴露するという意味において、宗教を啓発することが可能だ。超越的な意志という神秘は常に私たちの周りに存在し、それらに対して私たちは批判的思考、開かれた態度、そして忍耐をもって接する必要がある。

トマス・アクィナスは天使を精神的存在の純粋な知性として理解した（Aquinas［1920］2017, p. Q50）。ディオニシウスは天使を「神々しい精神」と呼んだ（Dionyusius 1897-1899, IX, Sec.II）。アルバート・アインシュタインは、同様の見方を持ち、次のように言及している。「それは現実の世界に自らを現した高位の心が、深い感覚をもって私たちを包み込む信仰であり、私の神の概念そのものだ」（Seelig 1954, pp. 261-262からの引用）。人間の子孫のなかに生きる宗教心と想像力とは私たちに箱の外のものを考えさせてくれ、私たち自身の限界を超える可能性を心のなかに宿すことを許してくれる。こうした信仰は、社会科学を含めて、科学的な探求の限界を押し広げると同時に、実証研究の対象となり、そしてときには知的なやり方で世俗化される。しかし、もちろん、一部の超自然的信仰は立証不可能であり、直接的には科学的な確認や論駁の対象にならない。

世俗化論の仮説は人々は社会が豊かになるにつれて、信仰心の深さや礼拝参加率で計られるように、宗教から離れていく。私たちの発見はこの推論と軌を一にするものであり、国々をまたぎ、時間を超えて、経済が発展すると宗教性が低下する傾向がみられるのである。ただし、本書の全体で述べてきたように、世俗化は全世界的な真実ではない。宗教行事への参加率は、一部の社会では鋭く下落している。英国、ドイツ、フランス、イタリアではそうだ。しかしその他の国、たとえばポーランド、アイルランド、フィリピン、米国、イスラム教徒の世界、そしてサハラ以南のアフリカではその傾向がない。これらの例は世俗化と宗教性というものが、それぞれの文化によって異なってくることを物語っている。さらに世俗化というものが宗教の終焉を意味するのか、それとも宗教が今まで通り抜けてきた様々な段階の一つにすぎないのか、議論が続いている。

豊かな地域の人々はより教育を受けており、したがって、より科学的なのだが、だからと言って経済発展と宗教性との相反する関係というものが生じていないということを私たちは発見した。都市化が宗教性に負の影響があることには明確な証拠があるのだが、教育からの影響はないのだ。これらのパターンは宗教と知識あるいは科学との間に基本的な不適合性があるとは示さないのである。

この議論に沿ってさらに考えると、私たちがこの世俗化についての発見を改宗に当てはめるなら、豊かな地域では改宗の率も低くなると予想される。しかし実際はそうではない。改宗率はおおむね経済発展の全体的なレベルとは無関係であり、むしろ教育とは正の相関がある。もし宗教が基本的に知識や科学とは不適合であるならば、より教育を受けた人が改宗のために必要なお金をわざわざつぎ込むだろうか?

政府の宗教市場への規制が競争を抑え込み、それにより宗教商品の品質低下および正式な礼拝参加率を下げる可能性がある、という事実を私たちは見てきた。その一方、政府の介入は宗教組織への補助金、およびスポーツイベントや礼拝日の商業といった競争関係にある世俗的な活動の禁止などにより、礼拝参加を押し上げる可能性がある。政府はまた指定したセクトや宗派を禁止することにより競争を規制することができる。このタイプの制限を補完するものとして、好ましい宗教からの改宗や、それへの改宗を禁止するという方法がある。しばしば、と言ってもいつもではないが、こうした制限は国教の設立を伴うものである。

クラブモデルに沿って述べるなら、宗教はしばしば個人が一つの宗教に帰依することのハードルを上げることがあり、たとえば長時間の宗教訓練を課したり、特定の言語の習得を義務付けることさえある。一部の宗教は離反することのハードルを上げるために、離反者を除け者にしたり、死者として扱ったり、離反する者は地獄に行くと宣言したりする。改宗へのその他の制限として、宗教組織自体ででなく、政府が課すものがある。たとえば、多くのイスラム諸国ではイスラムから離れることへの制限がある。改宗への直接的な制限がない場合であっても、一部の国は改宗に強く関係する活動である改宗勧誘や異教徒との結婚を制限している。私たちはこれらの制限が実際に改宗を少なくしていることを確認した。

宗教の監督機関としての政府の役割については、アダム・スミスの『国富論』で論じられている（Smith 1791, Book V, chap.I, art. III）。スミスは、宗教というものは教会と国家の間に制度的な分離がある場合には、より活気に満ちていると認める。国教や強い規制がない場合には競争が生まれ、それにより社会に複数の宗教が存在する環境が作られる。国家が特定の宗教だけに恩恵を与えることがないことを示すことで、オープンな市場が生まれ、宗教集団は信仰についての合理的な議論を行い、そのときに「朗らかさと節度」の雰囲気が醸成される。このような社会では宗教市場の多元的な性質のゆえに人々は別の信仰を試してみようとすることが多くなり、改宗も起こりやすくなる。これに対して、宗教が国家による独占状態にあると、熱望や、大衆への思想の押し付け、そして宗教的な信仰のロックイン（他への乗り換えができない状況、縛り付け）を作り出す傾向が見られる。

ロドニー・スタークとウイリアム・S・ベインブリッジは、スミスの論理を使って宗教儀式参加の「サプライサイド」モデルを作り出した（Stark and Bainbridge 1987）。彼らのフレームワークでは、宗教の多元化が進めば進むほど――この定量化は、たとえばある国や地域内で信仰される宗教の数で測る――宗教商品はより良質でより顧客ニーズに沿うものになり、それにより宗教儀式への参加率も向上する。また宗教の提供が多種類になればなるほど、一つの宗教から他の宗教への乗り換えも盛んになる。

チャールズ・テイラーの見解も、テイラーの用語である「世俗化」をスミスやトクヴィルのいう宗教的多元化に相当すると考えるならば、同様の考えとみることができる（Taylor 2010）。テイラーによれば、世俗化の鍵となる特徴とは「第一に宗教の領域では誰も強制されてはならない。（…）これは宗教の自由としてしばしば定義されるもので、もちろん、信じないことの自由も含まれる。（…）第二に、異なった信仰を持つ人々の平等が担保されなければならない。（…）いかなる宗教も特権的な地位を得てはならず、まして国家の公式な見解として採用されてはならない。（…）第三に、すべての霊的な家族の言葉には耳を傾けなければならない。（…）第四に（…）私たちは異なる宗教の信者の間の調和と礼節の関係を維持するために可能な限りの努力を行う」（Taylor 2010, p. 23）。テイラーは次に以下のように説く（Taylor 2010, p. 29）。これらの世俗化の原理は時に衝突することがある。その例はフランスが公立学校においてイスラム教徒女性がヒジャブを着ることを制限したことなどだ。このような種類の衝突を作りだすその他の話題としては、妊娠中絶、同性間の結婚、複婚（一夫多妻のような）が含まれる。

一つの明白な傾向としては、人々が生まれたときの信仰に留まるように縛られることなく、宗教を変える事例が増加していることがある。ピュー・リサーチ・センターはアメリカ人のおよそ半数が一生の間に少なくとも1回は宗教を変えることを突き止めた（Pew Research Center 2009, 2015b）。このように改宗の傾向が高まっていることは、子ども時代の信仰への忠誠が、それに代わる宗教行事や信仰の経験を跳ね除けるほど強いアイデンティティ指標ではないことを意味している。逆に、子ども時代の宗教を離れることが社会的烙印を押されること（スティグマ）や共同社会からの追放のきっかけにはなっていない。

もう一つの傾向は組織宗教に参加していることが信仰を持ち続けていることに、もはや完全には結びついていないということだ。特に、どの宗派にも属さない、つまり「どれでもない」（ナンズ）のカテゴリーに集まる世界的な傾向が見られるのだ。このグループに属する人は霊的な答えを伝統的な組織宗教の外に求めようとする。こうしたナンズは既存の教義に帰依するとか、教会、寺院、モスクなどの公式な会員になることはないが、それでも自分たちは宗教心をもっていると考える。その一部は宗教に入る可能性を残しているが、その他の一部は無神論者もしくは不可知論者となっている。

アルバート・アインシュタインは一種の「ナンズ」であったようだ。彼は量子力学の「不確定性」を宇宙を支配する物理学法則についての彼の理解と矛盾すると考え、これらの法則の基礎となる調和が神によってもたらされたと見た。アルベルト・マルティネスはアインシュタインの次の言葉を引用している。「存在する物の秩序ある調和のなかに自らを出現させるというスピノザの神を私は信じるのであり、人間の運命や行動に関与するような神ではない」（Martinez 2011, p. 166）。したがって、アインシュタインは公的な宗教や神の教義的な解釈を否定するという意味では「ナンズ」だった。その一方でアインシュタインは宗教を宇宙の美と秩序に対する畏敬の念として見ていた。人間の理解力をはるかに超えるものへの畏怖の霊性は信者であろうとナンズであろうと、共に分かち合うものなのだ。

私たちはこの本の最初に、何と多くの読者たちが私たちの個人的な信仰や思いを知りたがるのだろう、と書いた。それはおそらくはこうした個人的性格が宗教と政治経済の力関係への研究に影響すると思ったからに違いない。そこで、私たちの宗教的なバックグラウンドを手短に紹介することで終わりにしたい。経済学者のロバート・バローはユダヤ教徒であり、宗教的な帰属よりも民族的な帰属意識が高い。哲学者のレイチェル・マックリアリーはメソジスト派であり、宗教心を持つ。私たち二人の宗教的なアイデンティティは、たまたまある宗教の家庭に生まれ、成人してから、それぞれの宗教的伝統に自分の意志でとどまった、というにすぎない。私たちはこうした個人的な宗教のバックグラウンドが宗教と政治経済間の相互作用の調査に多少とも影響したとは思わない。ただ、それが正しいかどうかの判断は読者に委ねたい。

『宗教の経済学』解説

大垣昌夫

著者たちと本書の分野の紹介

本書の二人の著者の一人は、多くの経済学徒によく名前を知られている経済学者のロバート・J・バローである。バローはノーベル経済学賞の有力候補として名前があがる水準の業績をあげている。[*1] 特に本書の第3章で言及されている一九九一年に経済学の権威ある学術誌「クォータリー・ジャーナル・オブ・エコノミクス」に掲載した多くの国々のマクロデータを用いた回帰分析（クロスカントリー成長回帰）によって経済成長の決定要因を研究する論文は、その後の経済成長の実証研究に大きな影響を与えた。書籍としては、マクロ経済学の教科書とX・サラ-イ-マーティンと共著の経済成長論の教科書などが邦訳されている。

本書のもう一人の著者のレイチェル・M・マックリアリーは、本書では倫理学者とだけ紹介されているが、政治学、社会学、経済学等の多くの分野にまたがる研究を行っている（McCleary 2011）。彼女はバローと結婚した後、第3章に紹介されている二人の共著で二〇〇三年に宗教と経済成長についての影響力の強い論文を刊行して以来、彼との共著や単著で宗教と経済学に関わる研究を数多く発表している。

本書は「宗教の経済学」の分野のさまざまな研究を、著者たち自身の研究をベースに一般向けに説明したものである。[*2] この「宗教の経済学」の分野の定義を経済学者のアイヤーは「経済学の道具と方法を用い、宗教を従属変数（他の変数で説明される変数）として、あるいは他の社会経済変数を説明する独立変数として探究する研究分野」と説明している（Iyer 2017）。

この分野を理解するためには、本書の第1章が分かりやすい。アダム・スミスは経済学の古典である『国富論』の中で宗教に対する規制が宗教の供給に与える影響を考察した。これは宗教を従属変数とする研究である。有名なところでは社会学者のマックス・ヴェーバーは『プロテスタンティズムの倫理と資本主義の精神』において、宗教を独立変数として経済成長を説明する研究をした。本書でも繰り返し説明されているように、信仰は人間の職業倫理、正直、節約などの特性を育てることを通じて経済成長を促す、という彼の考えは、依然としてこの分野の多くの研究の背景となっている。経済学者のアッズィとエーレンバーグは、一九七五年の研究で「あの世」での消費が可能であると消費者が信じているという仮定を導入することで経済学における基本的なツールである合理的選択アプローチを用いて宗教サービスへの需要を分析した（Azzi and Ehrenberg 1975）。

これらの重要な研究があったものの、第二次世界大戦以降一九八〇年代中期までの経済学ではほとんどこの分野の研究はなされてこなかった。この状況を大きく変えたのが合理的選択アプローチ（Iannacone 1988, 1992）でラディカルな宗教やカルトと一般的なキリスト教の教会の両方を統一して分析した経済学者のローレンス・イアナコーンであった。その後多くの経済学者が彼のアプローチに興味を持ってこの分野の研究をするようになり、彼が創設した宗教、経済学、文化研究の学会[*3]は世界各国から多くの学者が毎年大会に参加する学会に発展していった。この分野の研究対象となる宗教はキリスト教が多いのだが、本書の第4章で紹介されているようにイスラムなど多くの宗教も研究対象となりつつある。

日本における「宗教の経済学」の本書の意義

本書のテーマの「宗教の経済学」と聞いて、日本の読者はどう感じられるだろうか。地下鉄サリン事件や、二〇〇一年の米国同時多発テロ、中東のイスラム国（ISIS）による紛争などから、「経済学で宗教を研究したり学習したりすることは危険である」、と感じられる方も多いかもしれない。また、宗教に熱心な人々の多い米国などの国々では意義があっても、日本ではほとんどない、と感じる方も多いのではないだろうか。この解説ではまず本書とその属する「宗教の経済学」という分野の日本における意義を考えてみたい。

それには私自身が宗教の経済学に興味を持つようになった経緯が参考になるかもしれない。

大阪大学の経済学部に入学して生まれて初めて受けた経済学の授業はマックス・ヴェーバーの前述の本についてであった。当時の私はこの研究に全く興味を感じることができなかった。科学が経済成長に大きく貢献したことは明らかだが、ヴァーバーの主張するような宗教の経済成長に対する役割はヨーロッパに対して言えたとしても、現代ではもう重要性はない、と考えたからである。

その後一九八四年にシカゴ大学に留学したが、この年にちょうどシカゴ大学で七二年から教えていたバローがロチェスター大学に移り、イアナコーンは博士号を取得して卒業したため、彼らに会うことはなかった。しかしイアナコーンの研究の背後にある、家族間での資源配分など通常の経済学が対象としなかった分野にも経済学を応用していく手法や考えに触れることができた。

シカゴ大学で博士号を取得後に私は、一九八八年からロチェスター大学で助教授として教えたのだが、その後オハイオ州立大学に移ることになった。引っ越しをしたときに、ロチェスターの小学校の息子の同級生の家族も偶然に引っ越しをして再びオハイオでも同級生となった。息子は誰とでも親しくなるタイプではなかったのだが、同時期の引っ越しを機会に親しくなった。この親友をつくるきっかけとなった「偶然」は、息子にとってとても幸運であった。このことがきっかけで「偶然」を支配する力を持った人間社会を超越した存在が人間社会を導いている、と私は確信するようになった。第2章で著者たちは宗教を「人間社会を超越した存在に信仰を提供するもの」と定義しており、この意味では特定の宗教に属していない人も「宗教」を持つとしている。私は神道で結婚式をあげ、クリスマスを祝い、葬式は仏教で、と考えていた典型的な日本人だったが、この経験から「宗教」を持つようになった。

二〇〇一年の米国同時多発テロのとき、崩れ去ったマリオット・ホテルに泊まったことのある私は、家族と自分の命も狙われていると感じて個人的にテロリストたちに憎しみを感じた。しかし約二年がすぎたときに、ふと、自分とテロリストは憎しみの連鎖の中にいるという意味で本質的な違いはないのではないか、この連鎖から抜け出す道は「敵をも愛する」以外にないのでは、と考えるようになった。私はそれまで生物学者の父の影響もあってキリスト教という宗教が嫌いだったのだが、「汝の敵を愛せよ」というの言葉が気になって聖書を読むようになり、しばらくしてキリストを信じるようになった。当初、私はキリスト教という宗教を信じることと、キリストを信じることを区別しておらず、他の宗教も進化論も間違っていると考えた。またシカゴ大学で学んで研究してきた利己的な経済人の仮定の下での合理的選択アプローチにも疑問を感じ始めた。

一時期は経済学者をやめようかと思い悩んだが、自分が信仰を持ってからの経済行動の変化とその原因について考えてみたところ、宗教の変化ではなく、世界観の変化が自分の経済行動に影響を与えたことが分かった。その後世界観が経済行動に与える影響を研究するようになっていった。

私の父は、ダーウィンの進化論を絶対に正しいと考え、神道と仏教を大切にしていた。しかし、私とキリスト教について話し合ううちに、神道の神々のうちの創造主たる神が「偶然」を支配し、進化を用いて人間を創造したと考えるようになった。そしてその神の子であるキリストによる贖罪を信じるようになり洗礼を受けた。このことはキリスト教という「カテゴリー」に所属することを重視するとおかしなことかもしれないが、父は超越的な存在と自分との「関係性」を重視した、と私は理解している。この経験から、大垣・田中（2018）の第10章で説明している意識されない世界観については、西洋でカテゴリー重視、東洋で関係性重視となる、という研究を始めるようになった。

このような経験と今までの研究から、宗教の経済学の中で特に現代と将来の日本で重要なのは、宗教というカテゴリーよりも超越した存在との関係性を中心にした世界観に関する研究と思われる。本書では「世界観の研究」という言葉が使われているわけではないが、このような方向性の研究も紹介されている。本書の第1章で説明されているアッズィとエーレンバーグの合理的選択アプローチでは、「あの世」での消費が可能であるという世界観信条が取り入れられていること、本書の第3章で説明されている著者2人による二〇〇三年の研究で天国と地獄の世界観信条が取り入れられている。[*4]

日本では例えば、二〇一三年に行なわれた統計数理研究所の国民性調査の結果では、日本人が「あの世」を「信じる」と答えた割合は40％、「どちらとも決めかねる」と答えた割合は19％で、60％近い日本人は広義で「宗教を持っている」ことになる。ただ日本語としては特定の宗教に属していない人が「宗教を持っている」という言い方は誤解を招くので文化人類学などで用いられている世界観という言葉を使うと、「あの世」という世界観を60％近い日本人が肯定し持っている、と言える。多くの日本人が初詣で神社仏閣に行くだけではなく祈ることも、このような考え方と整合的である。日本経済を深く理解するために、世界観をベースとした宗教の経済学は役立つであろう[*5]。

残された課題

宗教の経済学の研究者たちの将来の研究課題として次のようなものが重要であると思われる。グライフ（2009）の比較歴史制度分析はゲーム理論と経済史を融合させた研究だが、この分野ではほとんど取り入れられていない。比較歴史制度分析では制度をゲーム理論の均衡と捉える。経済から宗教、宗教から経済の二つの因果関係の方向を統合した研究をしていくためには、宗教に関わる制度を所与としないグライフの議論を取りいれていくことが有益であろう。

これまでの宗教の経済学では一神教に関する研究が多い。例外として本書の第6章で紹介されている著者たち自身のチベット訪問を契機とする仏教の研究がある。また、Okuyama et al. (2018) はさまざまな宗教の信仰者のいるマレーシアでのアンケート調査のデータで、仏教とヒンズー教の「輪廻」という世界観信条により大きな主観的確率を付与している人たちは、環境保護により良い態度を持つ傾向があることを示している。仏教やヒンズー教などの一神教以外の宗教の世界観やその信条の経済への影響のさらなる研究の発展に期待したい。

またこの分野ではまだ行動経済学の成果が十分に取り入られていない。大垣・田中（2018）で説明されているような、限定合理性、社会的選好、内生的選好、エウダイモニアなどの効用以外の厚生概念や、厚生主義以外の倫理観などのさまざまな概念をこの分野に取り入れることにより、新しい知見を得ることができよう。例えば大垣・大竹（2019）は、本書で強調されている「信ずること」と「参加すること」の整理方法として「参加すること」は社会資本、「信ずること」を人的資本（労働倫理や節約など）とスピリチュアル資本（使命感など）と三種類の資本に分け分析している。*6

もう一つの例として行動経済学で重要となる内生的選好と関連する文化経済学で重要となる異世代選好伝達モデルを用いた研究にドゥプケとジリボッティ（2020）の第8章の中で一般向けに説明している産業革命時代の子育てと経済成長の相互関係に関するものがある。この分析は時間選好と労働選好が遺伝で決定されず親の子育てによって影響を受ける理論モデルに基づいている。こうしたモデルは、本書で繰り返し強調されているヴェーバーの労働倫理と節約の重要な側面を内生的選好によって理論モデル化している。

本書の出版を契機にして、経済学と他分野の協働が広がり、また多くの日本の人々が関係性を重視する日本文化が誠実な労働倫理や節約のための忍耐強さなどから経済に与えてきた影響や、宗教や世界観と経済の相互関係により深い洞察が得られることを祈念したい。

注

*1　彼の受賞の可能性がこれまでで最も高かったのは二〇一七〜一八年の時期であろう。クラリヴェイト・アナリティクスは、二〇〇二年から毎年、研究の引用数に基づいてノーベル賞候補の予想リ

ストを発表していた。Carmignani（2017）はこの予想リストそのうち45人について実現したことを指摘しつつ、リストに基づいて、ポール・ローマーとバローの二人を主要候補として挙げ二人が一九六〇年代と七〇年代にはほとんど主流経済学のレーダーから消えていた経済成長論を再興した貢献を指摘した。二〇一八年にローマー教授がノーベル経済学賞を受賞した。

＊2　経済学で権威のある研究者向け概観論文を刊行している「ジャーナル・オブ・エコノミック・リテラチャー」誌に一九九八年にローレンス・イアナコーンが、また二〇一六年にスリヤ・アイヤーが論文を刊行している（Iyer 2016）。中田（２０１８）はアイヤー論文を参考にした日本におけるこの分野の概観論文である。

＊3　Association of the Study of Religion, Economics, and Culture（ASREC, http://www.asrec.org/）。

＊4　彼らの結果はDurlauf, Kourtellos, and Tan（2012）に示されたように、可能と思われる多くの分析の統計モデルへの変更を考慮すると頑健な結果ではないという批判がある。国レベルのデータではなく個人レベルでのデータによる結果の背後にあるメカニズムの検証が課題である。

＊5　広義の宗教の経済学の日本への応用を含む研究として、中島（２０１０）による日本仏教の経済分析、寺西（２０１２）による仏教の変化とその経済行動へのインパクトに関する日英比較史分析による日英の経済システムの研究、岡部（２０１７）による仏教経済学の研究がある。また、岡部（２０１７）は、一九七〇年代の日本の新新宗教ブームを牽引したGod Light Association（GLA）の二代目教祖の高橋佳子氏の教説（GLAの教説については渡邉［２０１１］が参考になる）に基づいた実践哲学と経済学の関係を説明する研究も行っている。

＊6　伊藤・窪田・大竹（２０１９）は小学校の頃に通学路や近隣に寺院・地蔵・神社があれば社会資本が増加することを示す結果を得ている。

引用文献

伊藤高弘・窪田康平・大竹文雄「寺院・地蔵・神社の社会・経済的帰結：ソーシャル・キャピタルを通じた所得・幸福度・健康への影響」鶴光太郎編著『雇用システムの再構築に向けて』日本評論社、339―368頁、2019年

大垣昌夫・大竹文雄「規範行動経済学と共同体」『行動経済学』12、75―86頁、2019年

大垣昌夫・田中沙織『行動経済学〔新版〕――伝統的経済学との統合による新しい経済学を目指して』有斐閣、2018年

岡部光明『人間性と経済学――社会科学の新しいパラダイムをめざして』日本評論社、2017年

グライフ、アブナー『比較歴史制度分析』岡崎哲二・神取道宏監訳、ちくま学芸文庫、2020年

寺西重郎『経済行動と宗教――日本経済システムの誕生』勁草書房、2014年

ドゥプケ、マティアス・ジリボッティ、ファブリツィオ『子育ての経済学――愛情・お金・育児スタイル』鹿田昌美訳、大垣昌夫解説、慶應義塾大学出版会、2020年

中島隆信『お寺の経済学』筑摩書房、2010年

中田大悟「近年における宗教経済学の新展開：ショートサーベイ」『季刊　創価経済論集』47、67-77頁、2018年

渡邉典子「「心理学主義化」する新新宗教の教説―GLAを事例に」『一神教世界』2、43-59頁、2011年

Carmignani, Fabrizio. 2017. “What the Nobel Prize tells us about the state of economics.” *The Conversation*,（Ocotber 6）. https://theconversation.com/what-the-nobel-prize-tells-us-about-the-state-of-economics-85177

Durlauf, Steven, Andros Kourtellos, and Chih Ming Tan. 2012. "Is God in the Detail? A Reexamination of the Role of Religion in Economic Growth." *Journal of Applied Econometrics* 27: 1059–1075.

Iannaccone, Lawrence R. 1998. "Introduction to the Economics of Religion." *Journal of Economic Literature* 36, 1464–1496.

Iyer, Sriya. 2016. "The New Economics of Religion." *Journal of Economic Literature* 54 (2): 395–441.

McCleary, Rachel M. (ed.) 2011. *The Oxford Handbook of the Economics of Religion*. Oxfored, New York.

Okuyama, Naoko, Yee Keong Choy, Masao Ogaki, and Ayumi Onuma. 2018. Pro-environmental and Other Altruistic Attitudes in Malaysia: Effects of Worldviews, Paper presented at the 6th World Congress of Environmental and Resource Economists, Gothenburg, Sweden, June 2018.

索引

A–Z

ア行

カ行

サ行

タ行

ナ行

ハ行

マ行

ヤ行

ラ行

ワ行

参考文献

Abramitzky, Ran. 2008. "The Limits of Equality: Insights from the Israeli Kibbutz." *Quarterly Journal of Economics* 123, no. 3 (August): 1111–1159.

———. 2018. *The Mystery of the Kibbutz: Egalitarian Principles in a Capitalist World*. Princeton, NJ: Princeton University Press.

Ahdar, Rex. 2013. "Is Secularism Neutral?" *Ratio Juris* 26, no. 3 (September): 409–411.

Ahmad, Zahiruddin. 1970. *Sino-Tibetan Relations in the Seventeenth Century*. Serie Orientale Roma Vol. 40. Rome: Instituto Italiano per Il Medio ed Estremo Oriente.

Aimone, Jason A., Laurence R. Iannaccone, Michael D. Makowsky, and Jared Rubin. 2013. "Endogenous Group Formation via Unproductive Costs." *Review of Economic Studies* 80, no. 4 (October): 1215–1236.

Akmir, Abdeluahed. 2009. *Los Arabes en America Latina. Historia de una Emigracion*. Madrid: Siglo XXI.

Aquinas, Thomas. [1920] 2017. *The Summa Theologia of St. Thomas Aquinas*. 2nd and rev. ed. Fathers of the English Dominican Province (trans.). http://www.newadvent.org/summa.〔『神学大全』全2巻、山田晶訳、中央公論新社、2014年〕

Aristotle. 1941. "Nicomachean Ethics." In Richard McKeon (ed.), *The Basic Works of Aristotle*. New York: Random House.〔『ニコマコス倫理学』全2巻、高田三郎訳、岩波文庫、1971年〕

Arjomand, Said Amir. 1999. "The Law, Agency, and Policy in Medieval Islamic Society: Development of the Institutions of Learning from the Tenth to the Fifteenth Century." *Comparative Study of Society and History* 41, no. 2 (April): 263–293.

Arruñada, Benito. 2004. "Catholic Confession of Sins as Third-Party Moral Enforcement." Economics Working Paper 58. Barcelona: Universitat Pompeu Fabra.

Ault, Richard W., Robert B. Ekelund Jr., and Robert D. Tollison. 1987. "The Pope and the Price of Meat." *Kyklos* 40: 399–413.

Azzi, Corry, and Ronald Ehrenberg. 1975. "House Allocation of Time and Church Attendance." *Journal of Political Economy* 83, no. 1 (February): 27–51.

Barrett, David. 1982. *World Christian Encyclopedia*. 1st ed. Oxford: Oxford University Press.

Barrett, David, George Kurian, and Todd Johnson. 2001. *World Christian Encyclopedia*. 2nd ed. Oxford: Oxford University Press.

Barro, Robert J. 1991. "Economic Growth in a Cross Section of Countries." *Quarterly Journal of Economics* 106, no. 2 (May): 407–443.

Barro, Robert J., Jason Hwang, and Rachel M. McCleary. 2010. "Religious Conversion in 40 Countries." *Journal for the Scientific Study of Religion* 49, no. 1: 15–36.

Barro, Robert J., and Rachel M. McCleary. 2003. "Religion and Economic Growth." *American Sociological Review* 68, no. 5 (October): 760–781.

———. 2005. "Which Countries Have State Religions?" *Quarterly Journal of Economics* 120, no. 4 (November): 1331–1370.

———. 2016. "Saints Marching In, 1590–2012." *Economica* 83 (July): 385–415.

Barro, Robert J., and Xavier Sala-i-Martin.2004. *Economic Growth*. 2nd ed. Cambridge,MA: MIT Press.〔『内生的経済成長論』大住圭介訳、九州大学出版会、2006年〕

Barro, Robert J., and Jose Ursúa. 2010. "Barro-Ursúa Macroeconomic Data."http://scholar.harvard.edu/barro/data_sets.

Basten, Christoph, and Frank Betz. 2013. "Beyond Work Ethic: Religion, Individual,and Political Preferences." *American Economic Journal: Economic Policy* 5, no. 3 (August): 67–91.

Becker, Gary S. 1976. *The Economic Approach to Human Behavior*. Chicago: University of Chicago Press.

Becker, Sascha O., and Ludger Woessmann. 2008. "Luther and the Girls: Religious Denomination and the Female Education Gap in Nineteenth-Century Prussia." *Scandinavian Journal of Economics* 110, no. 4 (December): 777–805.

———. 2009. "Was Weber Wrong? A Human Capital Theory of Protestant Economic History." *Quarterly Journal of Economics* 124 (May): 531–596.

Bell, Frederick W. 1968. "The Pope and the Price of Fish." *American Economic Review* 58, no. 5 (December): 1346–1350.

Belloc, Marianna, Francesco Drago, and Roberto Galbiati. 2016. "Earthquakes, Religion, and Transition to Self-Government in Italian Cities." *Quarterly Journal of Economics* 131, no. 4 (November): 1875–1926.

Berger, Peter L. 1967. *The Sacred Canopy: Elements of a Sociological Theory of Religion*. New York: Anchor.〔『聖なる天蓋』薗田稔訳、筑摩学芸文庫、2018年〕

———. 1996. "Secularism in Retreat." *National Interest* 46 (Winter): 3–12.

Berggren, John L. 2016. *Episodes in the Mathematics of Medieval Islam*. 2nd ed. New York: Springer.

Berman, Eli. 2003. "Hamas, Taliban, and the Jewish Underground: An Economist's View of Radical Religious Militias." Working Paper 10004. Cambridge, MA: National Bureau of Economic Research.

———. 2009. *Radical, Religious, and Violence: The New Economics of Terrorism.*

Cambridge, MA: MIT Press.

Bernard, G. W. 2011. "The Dissolution of the Monasteries." *History* 96, no. 324 (September): 390–409.

Bernstein, Moshe Yehuda. 2017. *Globalization, Translation, and Transmission Sino-Judaic Cultural Identity in Kaifeng, China*. Bern: Peter Lang.

Binzel, Christine, and Jean-Paul Carvalho. 2017. "Education, Social Mobility and Religious Movements: The Islamic Revival in Egypt." *Economic Journal* 607 (December): 2553–2580.

Boppart, Timo, Josef Falkinger, and Volker Grossmann. 2014. "Protestantism and Education: Reading (the Bible) and Other Skills." *Economic Inquiry* 52, no. 2 (April): 874–895.

Boppart, Timo, Josef Falkinger, Volker Grossmann, Ulrich Woitek, and Gabriela Wüthrich. 2013. "Under What Conditions Does Religion Affect Educational Outcomes?" *Explorations in Economic History* 50, no. 2 (April): 242–266.

Botticini, Maristella, and Zvi Eckstein. 2012. *The Chosen Few: How Education Shaped Jewish History*. Princeton, NJ: Princeton University Press.

Bowler, Kate. 2013. *Blessed: A History of the American Prosperity Gospel*. New York: Oxford University Press.

Brass, Paul R. 2010. *South Asian Politics: India, Pakistan, Bangladesh, Sri Lanka, and Nepal*. London: Taylor & Francis.

Bruce, Steve. 1986. "A House Divided: Protestant Schisms and the Rise of Religious Tolerance." *Sociological Analysis* 47, no. 1 (Spring): 21–28.

Buchanan, James. 1965. "An Economic Theory of Clubs." *Economica* 32, no. 125 (February): 1–14.

Burnett, Charles. 2013. "Translation and Transmission of Greek and Islamic Science to Latin Christendom." In Michael H. Shank and David C. Lindberg (eds.), *The Cambridge History of Science*, vol. 2: *Medieval Science*. Cambridge: Cambridge University Press, 341–364.

Calvin, John. [1541] 1845. *Institutes of the Christian Religion*. Henry Beveridge (trans.). Grand Rapids, MI: Christian Classics Ethereal Library.

———. [1563] 1845. *Commentary on the Book of Psalms*. Vol. 1. Rev. James Anderson (trans.). Edinburgh: Calvin Translation Society.

Campante, Filipe, and David Yanagizawa-Drott.2015. "Does Religion Affect Economic Growth and Happiness? Evidence from Ramadan." *Quarterly Journal of Economics* 130, no. 2 (May): 615–658.

Campbell, Joseph E. 1951. *The Pentecostal Holiness Church 1898—1948: Its Background and History*. Franklin Springs, GA: Pentecostal Holiness Church Publishing House.

Carrasco, David. 1959. *Land and Polity in Tibet.* Seattle: University of Washington Press.

Carvalho, Jean-Paul. 2013. "Veiling." *Quarterly Journal of Economics* 128, no. 1 (February): 337–370.

Casert, Raf, and Aleksandar Furtula. 2018. "Dutch Parliament Approves Limited Ban on Burqa Niqab." AP News, June 26. http://apnews.com/bc2355e0b7d546e2b01d4bcea3ca02d8.

Catholic Church, Congregatione pro Causis Sanctorum. 1999. *Index ac Status Causarum.* 2nd ed. Vatican City: Congregatio ac Causis Sanctorum.

Catholic Church, Pope John Paul II. 1992. *Discurso Inaugural de la IV Conferencia General del Episcopado Latinoamericano.* La Santa Sede: Libreria Editrice Vaticana, October 12.

Chaney, Eric. 2013. "Revolt on the Nile: Economic Shocks, Religion, and Political Power." *Econometrica* 81, no. 5: 2033–2053.

——— . 2016. "Religion and the Rise and Fall of Islamic Science." Unpublished manuscript, Harvard University, May.

Chaves, Mark, and David E. Cann. 1992. "Regulation, Pluralism, and Religious Market Structure: Explaining Religion's Vitality." *Rationality and Society* 4, no. 3 (July): 272–290.

Chen, Daniel L. 2010. "Club Goods and Group Identity: Evidence from Islamic Resurgence during the Indonesian Financial Crisis." *Journal of Political Economy* 118, no. 2 (April): 300–354.

China Aid. 2018. "Bomb Destroys Persecuted Church." http://chinaaid.org/2018/01/bomb-destroys-persecuted-church.

Clingingsmith, David, Asim Khwaja, and Michael Kremer. 2009. "Estimating the Impact of the Hajj: Religion and Tolerance in Islam's Global Gathering." *Quarterly Journal of Economics* 124, no. 3 (August): 1133–1170.

Coleman, James S. 1999. *Foundations of Social Theory*. Cambridge, MA: Harvard University Press.〔『社会理論の基礎』全2巻、久慈利武訳、青木書店、2004、2006年〕

Cook, David. 2007. *Martyrdom in Islam.* Cambridge: Cambridge University Press.

Crane, Tim. 2017. *The Meaning of Belief: Religion from an Atheist's Point of View.* Cambridge, MA: Harvard University Press.

Cunningham, Lawrence S. 2005. *A Brief History of Saints.* Oxford: Blackwell.

Davie, Grace. 1994. *Religion in Britain since 1945: Believing without Belonging.* Oxford: Blackwell.

Davis, Leesa S. 2016. "Enacting the Violent Imaginary: Reflections on the Dynamics of Nonviolence and Violence in Buddhism." *Sophia* 5 (April): 15–30.

Delphy, Christine. 2015. *Separate and Dominate: Feminism and Racism after the War on Terror.* New York: Verso.

de Mortanges, Rene Pahud. 2010. "Religion and the Secular State in Switzerland." In Javier Martínez-Torrón and W. Cole Durham Jr. (eds.), *Religion and the Secular State* (La religion et l'État laique). Provo, UT: International Center for Law and Religion Studies, Brigham Young University, 687–701.

de Tocqueville, Alexis. [1835] 2000. *Democracy in America.* Chicago: University of Chicago Press.〔『アメリカのデモクラシー』全4巻、松本礼二訳、岩波文庫、2005 ～ 2008年〕

Dionysius. 1897–1899. *The Works of Dionysius the Areopagite*. London: James Parker.

Dittmar, Jeremiah. 2011. "Information Technology and Economic Change: The Impact of the Printing Press." *Quarterly Journal of Economics* 126 (August): 1133–1172.

Dreyer, Edward L. 1982. *Early Ming China: A Political History, 1355–1435.* Stanford, CA: Stanford University Press.

Durkheim, Émile. [1915] 2008. *The Elementary Forms of the Religious Life.* Mineola, NY: Dover.〔『宗教生活の原初形態』全2巻、古野清人訳、岩波文庫、1975年〕

Ehrstine, Glenn. 2018. "Raymond Peraudi in Zerbst: Corpus Christi Theater, Material Devotion, and the Indulgence Microeconomy on the Eve of the Reformation." *Speculum* 93, no. 2 (April): 319–356.

Ekelund, Robert B., Jr., Robert F. Hébert, and Robert D. Tollison. 2002. "An Economic Analysis of the Protestant Reformation." *Journal of Political Economy* 110 (June): 646–671.

——— . 2006. *The Marketplace of Christianity*. Cambridge, MA: MIT Press.

Ekelund, Robert B., Jr., Robert D. Tollison, Gary M. Anderson, Robert F. Hébert, and Audrey B. Davidson. 1996. *Sacred Trust: The Medieval Church as an Economic Firm.* Oxford: Oxford University Press.

Elliott, Charles. 1841. *Delineation of Roman Catholicism.* Vol. 1. New York: George Lane.

Farmer, Edward L. 1976. *Early Ming Government: The Evolution of Dual Capitals.* Cambridge, MA: Harvard University Press.

Finke, Roger, Robert R. Martin, and Jonathan Fox. 2017. "Explaining Discrimination against Religious Minorities." *Politics and Religion* 10 (April): 389–416.

Finke, Roger, and Rodney Stark. 1992. *The Churching of America 1776–1990: Winners and Losers in Our Religious Economy.* New Brunswick, NJ: Rutgers University Press.

Fischer, Claude S. 1978. "Urban-to-Rural Diffusion of Opinions in Contemporary America." *American Journal of Sociology* 84 (July): 151–159.

Fox, Jonathan. 2008. *A World Survey of Religion and the State.* Cambridge: Cambridge

University Press.
——— . 2018. “The Religion and State Project. Round 3 Data Set.” http://thearda.com.
Freud, Sigmund. [1927] 1964a. *The Future of an Illusion.* In James Strachey (ed.), *The Standard Edition of the Complete Psychological Works of Sigmund Freud.* Vol. 21.London: Hogarth Press, 1–56.〔『幻想の未来/文化への不満』中山元訳、光文社古典新訳文庫、2007年〕
——— . [1939] 1964b. *Moses and Monotheism.* In James Strachey (ed.), *The Standard Edition of the Complete Psychological Works of Sigmund Freud.* Vol. 23. London:Hogarth Press, 1–312.〔『モーセと一神教』中山元訳、光文社古典新訳文庫、2020年〕
Friedman, Milton. 1953. *Essays in Positive Economics.* Chicago: University of Chicago Press.〔『実証的経済学の方法と展開』佐藤隆三・長谷川啓之訳、富士書房刊、1977年〕
Froese, Paul. 2008. *The Plot to Kill God: Findings from the Soviet Experiment in Secularization.* Berkeley: University of California Press.
Gaspard, Francoise, and Farhad Khosrokhavar. 1995. *Le Foulard et La Republique.* Paris: La Decouverte.
Gellner, Ernest. 1995. “Marx's Failure and Mohammed's Triumph.” *New Presence,* March.
General Social Survey. Various years. http://gss.norc.org.
Germano, David. 2007. “Tibetan and Himalayan Religions and Sects.” Tibetan and Himalayan Digital Library. http://thdl.org/collections/religion/sects/index.html.
Gill, Anthony. 2005. “The Political Origins of Religious Liberty: A Theoretical Outline.” *Interdisciplinary Journal of Research on Religion* 1, no. 1: 1–35.
Glaeser, Edward, and Bruce Sacerdote. 2008. “Education and Religion.” *Journal of Human Capital* 2, no. 2: 188–215.
Glenn, Charles L. 2017. “Secularism: A Militant Faith in a Post-secular Age.” In Barry Kanpol and Mary Poplin (eds.), *Christianity and the Secular Border Patrol.* New York: Peter Lang, 61–82.
Glock, Charles Y., and Rodney Stark. 1965. *Religion and Society in Tension.* Chicago: Rand McNally.
Goldstein, Melvyn C. 1973. “The Circulation of Estates in Tibet: Reincarnation, Land and Politics.” *Journal of Asian Studies* 32, no. 3 (May): 445–455.
Gorski, Philip S. 2003. *The Disciplinary Revolution: Calvinism and the Rise of the State in Early Modern Europe.* Chicago: University of Chicago Press.
Green, Alex. 2018. “Non-believers Call on God When Faced with a Crisis—Despite Insisting They're Not Religious.” *Daily Mail*, January 30.
Grosfeld, Irena, Alexander Rodnyansky, and Ekaterina Zhuravskaya. 2013. “Persistent

Antimarket Culture: A Legacy of the Pale Settlement after the Holocaust." *American Economic Journal: Economic Policy* 5, no. 3 (August): 189–226.

Groves, Rosemary Bernard. 1988. "Being Godly at 'Godless Harvard': The Experiences of Religious Students." Doctoral thesis, Harvard University.

Gruber, Jonathan, and Daniel Hungerman. 2008. "The Church versus the Mall: What Happens When Religion Faces Increased Secular Competition?" *Quarterly Journal of Economics* 123, no. 2 (May): 831–862.

Hart, Ian. 1995. "The Teaching of Luther and Calvin about Ordinary Work: 1. Martin Luther (1483–1546)." *Evangelical Quarterly* 67, no. 1: 35–52.

Harvard Crimson. 2015. http://features.thecrimson.com/2015/freshmen-survey/lifestyle.

Hodgson, Marshall G. 1974. *The Venture of Islam: Conscience and History in a World Civilization.* Vols. 1–3. Chicago: University of Chicago Press.

Holmes, J. Nickels and Wife. [1920] 1973. *Life Sketches and Sermons.* Royston, GA: Pentecostal Holiness Church Press.

Hout, Michael. 2017. "Religious Ambivalence, Liminality, and the Increase of No Religious Preference in the United States, 2006–2014."*Journal for the Scientific Study of Religion* 56, no. 1: 52–63.

Hout, Michael, and Claude S. Fischer. 2014. "Explaining Why More Americans Have No Religious Preference: Political Backlash and Generational Succession, 1987–2012." *Sociological Science* 1, no. 9: 423–447.

Huber, John D. 2005. "Religious Belief, Religious Participation, and Social Policy Attitudes across Countries." Unpublished manuscript, September 29.

Hume, David. [1757] 1993. *The Natural History of Religion.* J.C.A. Gaskin (ed.). Oxford: Oxford University Press.〔『宗教の自然史』福鎌忠恕・斉藤繁雄訳、法政大学出版会、1972年〕

———. 1998. *Dialogues Concerning Natural Religion and Natural History of Religion.* New York: Oxford University Press.〔『自然宗教をめぐる対話』犬塚元訳、岩波文庫、2020年〕

———. 2006. *Essays: Moral, Political and Literary.* New York: Cosimo Classics.〔『道徳・政治・文学論集』田中敏弘訳、名古屋大学出版会、2011年〕

Iannaccone, Laurence. 1988. "A Formal Model of Church and Sect." *American Journal of Sociology* 94 (suppl.): S241–S268.

———. 1990. "Religious Participation: A Human Capital Approach." *Journal for the Scientific Study of Religion* 29, no. 3 (September): 297–314.

———. 1991. "The Consequences of Religious Market Regulation: Adam Smith and the Economics of Religion." *Rationality and Society* 3 (April): 156–177.

———. 1992. "Sacrifice and Stigma: Reducing Free-Riding in Cults, Communes, and

Other Collectives." *Journal of Political Economy* 100, no. 2 (April): 271–291.
——— . 2003. "Looking Backward: A Cross-National Study of Religious Trends." Unpublished manuscript, Chapman University.
Iannaccone, Lawrence R., and Eli Berman. 2006. "Religious Extremism: The Good, the Bad, and the Deadly." *Public Choice* 128 (July): 109–129.
Iannaccone, Laurence, and Roger Finke. 1993. "Supply-Side Explanations for Religious Change in America." *Annals of the American Association of Political and Social Science* 527 (May): 27–39.
Iannaccone, Laurence, and Rodney Stark. 1994. "A Supply-Side Reinterpretation of the 'Secularization' of Europe." *Journal for the Scientific Study of Religion* 33, no. 3 (September): 230–252.
International Social Survey Programme. Various years. http://issp.org.Israel, Jonathan. 2006. *Enlightenment Contested.* New York: Oxford University Press.
Iyer, Sriya. 2018. *The Economics of Religion in India.* Cambridge, MA: Harvard University Press.
Iyigun, Murat. 2008. "Luther and Suleyman." *Quarterly Journal of Economics* 123, no. 4 (November): 1465–1494.
Jerryson, Michael. 2013. "Buddhist Traditions and Violence." In Michael Jerryson, Mark Juergensmeyer, and Margo Kitts (eds.), *The Oxford Handbook of Religion and Violence.* Oxford: Oxford University Press, 1–29.
Jha, Saumitra. 2013. "Trade, Institutions and Ethnic Tolerance: Evidence from South Asia." *American Political Science Review* 107, no. 4: 806–832.
Johansen, Baber. 1995. "Casuistry: Between Legal Concept and Social Praxis." *Islamic Law and Society* 2, no. 2: 135–156.
Johnson, Ian. 2017. *The Souls of China: The Return of Religion after Mao.* New York: Pantheon.
Johnson, Noel D., and Mark Koyama. 2017. "Jewish Communities and City Growth in Preindustrial Europe." *Journal of Development Economics* 127: 339–354.
Kassir, Alexandra, and Jeffrey G. Reitz. 2016. "Protesting Headscarf Ban: A Path to Becoming More French? A Case Study of 'Mamans Toutes Egales' and 'Sorties Scolaires avec Nous.'" *Ethnic and Racial Studies* 39, no. 15: 2683–2700.
Keyes, Charles. 2016. "Theravada Buddhism and Buddhist Nationalism: SriLanka, Myanmar, Cambodia, and Thailand." *Review of Faith and International Affairs* 14, no. 4: 41–52.
Keynes, John Neville. 1890. *The Scope and Method of Political Economy.* London: Macmillan.〔『経済学の領域と方法』上宮正一郎訳、日本経済評論社、2000年〕
Kingdon, Robert M. 1959. "The Economic Behavior of Ministers in Geneva in the Middle of the Sixteenth Century." *Archiv fur Reformationsgeschichte—Archive*

for Reformation History 50 (January): 33–39.

Kollmar-Paulenz, Karenina. 2018. "History Writing and the Making of Mongolian Buddhism." *Archiv fur Religionsgeschichte* 20, no. 1 (March): 135–155.

Kosmin, Barry A. 2014. "The Vitality of Soft Secularism in the United States and the Challenge Posed by the Growth of the Nones." In Jacques Berlinerblau, Sarah Fainberg, and Aurora Nou (eds.), *Secularism on the Edge: Rethinking Church-State Relations in the United States, France, and Israel.* New York: Palgrave Macmillan, 35–38.

Krueger, Alan B. 2007. *What Makes a Terrorist: Economics and the Roots of Terrorism.* Princeton, NJ: Princeton University Press. 〔テロの経済学――人はなぜテロリストになるのか』薮下史郎訳、東洋経済新報社、2008年〕

Krueger, Alan B., and Jitka Maleckova. 2003. "Education, Poverty, Political Violence and Terrorism: Is There a Causal Connection?" *Journal of Economic Perspectives* 17, no. 4 (Fall): 119–144.

Kuijp, Leonard W. J. van der. 2004. *The Kālacakra and the Patronage of Tibetan Buddhism by the Mongol Imperial Family.* Central Eurasian Studies Lectures no. 4. F. Venturi (ed.). Bloomington: University of Indiana, Department of Central Eurasian Studies.

Kuran, Timur. 1987. "Preference Falsification, Policy Continuity and Collective Conservatism." *Economic Journal* 97, no. 387 (September): 642–665.

———. 1995. *Private Truths, Public Lies: The Social Consequences of Preference Falsification.* Cambridge, MA: Harvard University Press.

———. 2004. "Why the Middle East Is Economically Underdeveloped: Historical Mechanisms of Institutional Stagnation." *Journal of Economic Perspectives* 18, no. 3 (Summer): 71–90.

———. 2010. *The Long Divergence How Islamic Law Held Back the Middle East.* Princeton, NJ: Princeton University Press.

Lacey, Robert. 2009. *Inside the Kingdom: Kings, Clerics, Modernists, Terrorists, and the Struggle for Saudi Arabia.* New York: Viking.

Lewis, Bernard. 1993. *Islam in History: Ideas, People, and Events in the Middle East.* 2nd ed. Oxford: Oxford University Press.

Lim, Chaeyoon, Carol Ann MacGregor, and Robert D. Putnam. 2010. "Secular and Liminal: Discovering Heterogeneity among Religious Nones." *Journal for the Scientific Study of Religion* 49, no. 4: 596–618.

Little, Angela W. 1997. "The Value of Examination Success in Sri Lanka 1971–1996: The Effects of Ethnicity, Political Patronage and Youth Insurgency." *Policy and Practice* 4, no. 1: 67–86.

Marissen, Michael. 2016. *Bach and God.* New York: Oxford University Press.

Marsden, George M. 1994. *The Soul of the American University: From Protestant Establishment to Established Nonbelief.* New York: Oxford University Press.

Martin, Dan. 1994. "Tibet at the Center: A Historical Study of Some Tibetan Geographical Conceptions Based on Two Types of Country-Lists Found in Bon Histories." In Per Kvaerne (ed.), *Tibetan Studies. Proceedings of the 6th Seminar of the International Association for Tibetan Studies, Fagernes 1992.* Vol. 1. Oslo: Institute for Comparative Research in Human Culture, 517–532.

Martin, David. 1978. *A General Theory of Secularization.* Aldershot: Gregg Revivals.

Martinez, Alberto A. 2011. *Science Secrets: The Truth about Darwin's Finches, Einstein's Wife, and Other Myths.* Pittsburgh: University of Pittsburgh Press.

Marx, Karl. [1859] 1913. *A Contribution to the Critique of Political Economy.* Chicago:Kerr.〔『経済学批判』武田隆夫ほか訳、岩波文庫、1956年〕

McBride, Michael. 2010. "Religious Market Competition in a Richer World." *Economica* 77, no. 305 (January): 148–171.

McCleary, Rachel M. 2007. "Salvation, Damnation, and Economic Incentives." *Journal of Contemporary Religion* 22, no. 1 (January): 49–74.

McCleary, Rachel M., and Leonard van der Kuijp. 2010. "The Market Approach to the Rise of the Geluk School, 1419–1642." *Journal of Asian Studies* 69, no. 1 (February): 149–180.

Mecham, J. Lloyd. 1966. *Church and State in Latin America: A History of Politico-Ecclesiastical Relations.* Rev. ed. Chapel Hill: University of North Carolina Press.

Melton, J. Gordon. 2000. "Brainwashing and the Cults: The Rise and Fall of a Theory." Originally published in German in J. Gordon Melton and Massimo Introvigne (eds.), *Gehirnwasche und Secten. Interdisziplinare Annaherungen.* Marburg: Dialogonal-Verlag. Available in English at http://cesnur.org/testi/melton.html.

Michalopoulos, Stelios, Alireza Naghavi, and Giovanni Prarolo. 2018. "Trade and Geography in the Spread of Islam." *Economic Journal* 128: 1–32.

Miranda, Salvador. 2018. "The Cardinals of the Holy Roman Church." http://webdept.fiu.edu/～mirandas/cardinals.htm.

Mironova, Vera. 2017. "The Human Resources of Non-state Armed Groups: From Democracy to Jihad in the Syrian Civil War." Doctoral thesis, University of Maryland.

Mironova, Vera, Ekaterina Sergatskova, and Karam Alhamad. 2017. "The Bloody Split within ISIS: Inside the Group's Crackdown on Ultra-extremists." *Foreign Affairs*, December 8. https://www.foreignaffairs.com/articles/syria/2017-12-08/bloody-split-within-isis.

Nagel, Thomas. 1986. *The View from Nowhere.* New York: Oxford University Press.〔『どこからでもないところからの眺め』中村昇訳、春秋社、2009年〕

Nichols, Joe D. 2017. "An Argument for Service Learning as a Spiritual Avenue for Christian and Secular Border Crossings in Higher Education." In Barry Kanpol and Mary Poplin (eds.), *Christianity and the Secular Border Patrol: The Loss of Judeo-Christian Knowledge.* New York: Peter Lang, 163–188.

Nielsen, Frederick. 1906. *The History of the Papacy in the XIXth Century.* London:John Murray.

Norman, Edward R. 1968. *The Conscience of the State in North America.* Cambridge:Cambridge University Press.

Olds, Kelly. 1994. "Privatizing the Church: Disestablishment in Connecticut and Massachusetts." *Journal of Political Economy* 102, no. 2 (April): 277–297.

Öztürk, Ahmet Erdi. 2016. "Turkey's Diyanet under AKP Rule: From Protector to Imposer of State Ideology?" *Southeast European and Black Sea Studies* 16,no. 4 (October): 619–635.

Petech, Luciano. 1973. *Aristocracy and Government in Tibet: 1728—1959.* Serie Orientale Roma Vol. 45. Rome: Instituto Italiano per il Medio ed Estremo Oriente.

Pew Research Center. 2009. *Faith in Flux: Changes in Religious Affiliation in the U.S.* Washington, DC: Pew Research Center, April.

———. 2012a. *The World's Muslims: Unity and Diversity.* Washington, DC: Pew Research Center, August 9.

———. 2012b. *"Nones" on the Rise: One-in Five Adults Have No Religious Affiliation.* Washington, DC: Pew Research Center, October 9.

———. 2013. *The Global Catholic Population.* Washington, DC: Pew Research Center, February 13.

———. 2014. *Religion in Latin America: Widespread Change in a Historically Catholic Region.* Washington, DC: Pew Research Center, November 13.

———. 2015a. *The Future of World Religions: Population Growth Projections, 2010—2050. Why Muslims Are Rising Fastest and the Unaffiliated Are Shrinking as a Share of the World's Population.* Washington, DC: Pew Research Center, April 2.

———. 2015b. *Millennials Increasingly Are Driving Growth of "Nones."* Washington, DC: Pew Research Center, May 12.

———. 2017a. *A Wider Partisan and Ideological Gap between Younger, Older Generations.* Washington, DC: Pew Research Center, March 20.

———. 2017b. *Many Countries Favor Specific Religions, Officially or Unofficially.* Washington, DC: Pew Research Center, October 3.

Pfaff, Steven. 2013. "The True Citizens of God: The Cult of Saints, the Catholic Social Order, and the Urban Reformation in Germany." *Theory and Society* 42, no. 2 (March): 189–218.

Reza, Sadiq. 2007. "Torture and Islamic Law." *Chicago Journal of International Law* 8, no. 1 (Summer): 21–42.

Richardson, Hugh E. 1958. "The Karma-pa Sect, A Historical Note." *Journal of the Royal Asiatic Society* 1–2 (April): 1–18.

——— . 1962. *A Short History of Tibet*. New York: E.P. Dutton.

Richardson, James T. 1993. "A Social Psychological Critique of 'Brainwashing' Claims about Recruitment to New Religions." In David G. Bromley and Jeffrey K. Hadden (eds.), *The Handbook of Cults and Sects in America: Religion and the Social Order.* Vol. 3, pt. B. Bingley: Emerald, 75–97.

Richardson, James T., and David G. Bromley (eds.). 1983. *The Brainwashing/Deprogramming Controversy.* Lewiston, NY: Edwin Mellen.

Robertson, Hector M. 1959. *Aspects of the Rise of Economic Individualism: A Criticism of Max Weber and His School.* New York: Kelley and Millman.

Rodrik, Dani, and Arvind Subramanian. 2005. "From 'Hindu Growth' to Productivity Surge: The Mystery of the Indian Growth Transition." *IMF Staff Papers* 52, no. 2: 193–228.

Rosen, Lawrence. 2000. *The Justice of Islam: Comparative Perspectives on Islamic Law and Society.* New York: Oxford University Press.

Rossman, Parker, John R. Adler, Dana L. Farnsworth, and Charles S. Maier. 1960. "Religious Values at Harvard." *Religious Education* 55, no. 1: 24–42.

Rubin, Jared. 2017. *Rulers, Religion, and Riches: Why the West Got Rich and the Middle East Did Not.* New York: Cambridge University Press.

Sagan, Carl. [1985] 2006. *The Varieties of Scientific Experience: A Personal View of the Search for God: 1985 Gifford Lectures.* Ann Druyan (ed.). New York: Penguin.

Sandberg, Graham. 1906. *Tibet and the Tibetans.* London: Society for Promoting Christian Knowledge.

Sarat, Chandra Das. 1904. "The Hierarchy of the Dalai Lama (1406–1745)." *Journal of the Asiatic Society of Bengal*, pt. 1. Vol. LXXIII, Issue 1 (1904): 80–93.

Schluchter, Wolfgang. 2017. "Dialectics of Disenchantment: A Weberian Look at Western Modernity." *Max Weber Studies* 17, no. 1: 24–47.

Schneible, Ann. 2015. "Pope Francis: Get Ready to Be Martyrs—Even in the Little Things." *Catholic News Agency*, May 11. https://www.catholicnewsagency.com/news/pope-francis-get-ready-to-be-martyrs-even-in-the-little-things-67893.

Seelig, Karl (ed.). 1954. *Ideas and Opinions by Albert Einstein.* New York: Crown.

Shakabpa, Tsepon. 1967. *Tibet: A Political History.* New Haven, CT: Yale University Press.

Shellnutt, Kate. 2017. "Pete Holmes: Believing in God Gave Me Hope as Comic."

Christianity Today, April 7. http://www.christianitytoday.com/ct/2017/april-web-only/pete-holmes-believing-in-god-gave-me-hope-as-comic.html.

Shultz, Jonathan, Duman Bahrami-Rad, Jonathan Beauchamp, and Joseph Henrich. 2018. "The Origins of WEIRD Psychology." Unpublished manuscript, Harvard University, June 22.

Skeen, Bradley A. 2008. "Trade and Exchange in the Medieval Islamic World." In *Encyclopedia of Society and Culture in the Medieval World*. https://www.scribd.com/document/352783202/Trade-and-Exchange-in theMedievalIslamic-World.

Smith, Adam. 1791. *An Inquiry into the Nature and Causes of the Wealth of Nations.* 6th ed. London: Strahan.〔『国富論』全4巻、水田洋監訳、岩波文庫、2000年〕

——— . 1797. *The Theory of Moral Sentiments.* 8th ed. London: Strahan.〔『道徳感情論』高哲男訳、講談社学術文庫、2013年〕

Smith, Christian. 2017. *Religion: What It Is, How It Works, and Why It Matters.* Princeton, NJ: Princeton University Press.

Solow, Robert M. 1956. "A Contribution to the Theory of Economic Growth."*Quarterly Journal of Economics* 70, no. 1: 65–94.〔「成長理論への一寄与」福岡正夫・神谷傳造・川俣邦雄訳『資本・成長・技術進歩』（新装増補改訂版）竹内書店、1988年所収〕

Spenkuch, Jörg L. 2017. "Religion and Work: Micro Evidence from Contemporary Germany." *Journal of Economic Behavior & Organization* 135 (February): 193–214.

Sperling, Elliot. 2001. "Orientalism and Aspects of Violence in the Tibetan Tradition." In Thierry Dodin and Heinz Rather (eds.), *Imagining Tibet: Perceptions, Projections and Fantasies.* Boston: Wisdom, 317–329.

Stark, Rodney. 2015. *The Triumph of Faith: Why the World Is More Religious Than Ever.* Wilmington, DE: Intercollegiate Studies Institute.

Stark, Rodney, and William S. Bainbridge. 1987. *A Theory of Religion.* New York: Peter Lang.

Stark, Rodney, and Roger Finke. 2000. "Catholic Religious Vocations: Decline and Revival." *Review of Religious Research* (December): 125–145.

Stein, Rolf. 1983. "Tibetica Antiqua I: Les deux vocabulaires des traductions indo-tibétaines et sino-tibétaines dans les manuscrits Touen-Houang." *Bulletin de l'Ecole francaise d'Extreme Orient* 72: 149–236.

Stern, Jessica, and J. M. Berger. 2015. "ISIS and the Foreign-Fighter Phenomenon." *Atlantic,* March 8.

Stigler, George J. 1982. *The Economist as Preacher and Other Essays*. Chicago: University of Chicago Press.

Sweet, William Warren. 1954. *Methodism in American History*. New York: Abingdon

Press.
Tawney, R. H. 1930. Foreword to Max Weber's *The Protestant Ethic and the Spirit of Capitalism.* London: Alley & Unwyn.
——— . 1936. *Religion and the Rise of Capitalism*. London: J. Murray.〔『宗教と資本主義の興隆』全2巻、出口勇蔵訳、岩波文庫、1959年〕
Taylor, Charles. 2007. *A Secular Age*. Cambridge, MA: Belknap.
——— . 2010. "The Meaning of Secularism." *Hedgehog Review* 12, no. 2 (October): 23–34.
Thuesen, Peter J. 2010. "Geneva's Crystalline Clarity: Harriet Beecher Stowe and Max Weber on Calvinism and the American Character." In Thomas Davis (ed.), *John Calvin's American Legacy*. Oxford: Oxford University Press, 219–238.
Toulmin, Stephen. 1982. *The Return to Cosmology: Postmodern Science and the Theology of Nature*. Berkeley: University of California Press.〔『ポストモダン科学と宇宙論』地人書館、1991年〕
Troeltsch, Ernst. [1931] 1992. *The Social Teaching of the Christian Churches.* Vol. 2. Olive Wyon (trans.). Louisville, KY: Westminster/John Knox Press.
Turner, Bryan S. 2010. "Revisiting Weber and Islam." *British Journal of Sociology* 61 (January): 161–166.
UNESCO. 2018. "What Is Intangible Cultural Heritage?" http://unesco.org/en/what-is-intangible-heritage-00003.
Voigtländer, Nico, and Hans-Joachim Voth. 2012. "Persecution Perpetuated: The Medieval Origins of Anti-Semitic Violence in Nazi Germany." *Quarterly Journal of Economics* 127, no. 3: 1339–1392.
Wacker, Grant. 2001. *Heaven Below: Early Pentecostals and American Culture.* Cambridge, MA: Harvard University Press.
Weber, Max. [1904–1905] 1930. *The Protestant Ethic and the Spirit of Capitalism.* Talcott Parsons (trans.). London: Allen and Unwin.〔『プロテスタンティズムの倫理と資本主義の精神』大塚久雄訳、岩波文庫、1989年〕
Wesley, John. 1978. "The Use of Money, a Sermon on Luke." In *Sermons on Several Occasions*, reprinted from the 1872 edition in *The Works of John Wesley*. Vol. 6. London: Wesley Methodist Book Room.
Westminster Confession of Faith. 1688. London: Printed for the Company of Stationers.
Wilson, Bryan. 1966. *Religion in Secular Society.* London: Oxford University Press.
Wintrobe, Ronald. 2006. *Rational Extremism: The Political Economy of Extremism.* Cambridge: Cambridge University Press.
Wittberg, Patricia. 1994. *The Rise and Fall of Catholic Religious Orders.* Albany: State University of New York Press.

World Christian Database. Various years. http://worldchristiandatabase.org.
World Religion Database. Various years. http://worldreligiondatabase.org.
World Values Survey. Various years. http://worldvaluessurvey.org.
Xygalatas, Dimitris. 2012. *The Burning Saints: Cognition and Culture in the Fire-Walking Rituals of the Anastenaria.* London: Acumen.
Ya, Hanzhang. 1991. *The Biographies of the Dalia Lamas.* Wang Wenjiong (trans.).Beijing:

注

第1章　市場としての宗教

1）Richardson and Bromley 1983, Richardson 1993 およびMelton 2000を参照。
2）このアプローチは「教会−セクト」パラダイムと呼ばれ、マックス・ヴェーバー（[1904−1905] 1930）および彼の生徒、エルンスト・トレルチ（Troeltsch [1931] 1992）らによって創始され、社会学者チャールズ・グロックとロドニー・スターク（Glock and Stark 1965）によって発展した。
3）Thuesen 2010, p. 229を参照。
4）Mironova 2017, Berman 2003, 2009およびAbramitzky 2008, 2018を参照。

第2章　何が宗教性を決めるのか

1）宗教と経済の間の双方向の因果関係という概念はR・H・トーニーの研究の中心的テーマである。たとえばトーニー（Tawney 1930, p. 11）は「宗教的概念の経済発展への影響をヴェーバーとともに再検討することは有益である。一つの時代で受け入れられた経済的な仕組みが宗教の分野で成立する意見にいかに影響するのかを把握するのは、同様に重要である」と言っている。
2）懺悔の役割についての議論は、Aruñada 2004を参照。
3）宗教についての市場アプローチは社会学者ロジャー・フィンケとロドニー・スターク、および経済学者ローレンス・イアナコーンにより詳細に議論されている。Finke and Stark 1992, Iannaccone and Finke 1993, Iannaccone and Stark 1994およびIannaccone 1991を参照。
4）メソジスト派についてはいくつかの歴史研究があり、そのなかにはウィリアム・ウォーレン・スウィート（Sweet 1954）があるが、宗教市場アプローチとしてはフィンケとスターク（Finke and Stark 1992）がある。
5）宗教の規制についてのそのほかの指標がフォックス（Fox 2018）によって提供されている。
6）彼らのサンプル期間にはブルー法は実施されなかった。ブルー法を撤廃した州は、フロリダ、インディアナ、アイオワ、カンザス、ミネソタ、ノースダコタ、オハイオ、ペンシルヴェニア、サウスカロライナ、サウスダコタ、テネシー、ユタ、ヴァーモント、ヴァージニア、ワシントンの各州である。8つの州はブルー法を設けたことがなかった。20の州は地方レベルではそうした決定を認可し、また6州ではブルー法についての不明確な例外事項があった。
7）中国の宗教市場についての初期的な分析については、Johnson 2017を参照。Bernstein 2017 は、古代中国の開封市に存在したユダヤ人コミュニティを通じて見た中国のユダヤ教について論じている。
8）無形文化遺産の定義についてはUNESCO（2018）を参照。
9）China Aidという組織は中国における宗教の自由を監視する非営利組織であ

る。キリスト教に対する中国政府の規制については、China Aid 2018を参照。

10）ローレンス・イアナコーン（Iannaccone 2003）。驚くべきことにこの画期的な研究は出版されておらず、また更新もされていない。

11）しかしながら、アイルランドの礼拝参加はその後鋭く下落し、2008年には16歳以上の人口の61％にまで下がった。

12）この「リミナル」という用語はLim, MacGregor and Putnam 2010によって造語されたものだ。その議論については、Hout 2017を参照。

13）Kate Shellnuttによるインタビュー、*Christianity Today*, April 7, 2007を参照。

14）Groves 1988によれば、「ハーバードはいまだに「神のいないハーバード」と呼ばれることを真には克服していない。このレッテルは1886年に義務的なチャペルを廃止したときに遡るものと広く伝えられており、ハーバードが大学として最初にこのアクションを取ったのである」。

15）このフレームワークの全面的な展開についてはStark and Finke 2000およびBarro, Hwang and McCleary 2010を参照。

16）ローレンス・イアナコーン（Iannaccone 1990, pp. 301–302）も同様に、米国におけるカトリックへの改宗者のなかで、85％が30歳以前に改宗していることを発見した。

17）この数字は2回以上改宗した人を含んでいる。1988年のGSS宗教モジュールによれば、1988年までに少なくとも1回改宗した人のなかで、67％が1回、25％が2回、そして8％が3回以上の改宗経験をもっていた。ただし、この調査は無宗教から、もしくは無宗教への改宗、およびプロテスタントなどの主要な宗教集団の中でのシフトも含んでいる。

第3章　宗教は経済成長を促すのか

1）様々な宗教における宗教信仰と経済的なインセンティブの間の関係についての詳細は、McCleary 2007を参照。

2）現代のイスラム諸国の文脈での議論については、Reza 2007を参照。

3）この点は、アルフレッド・ヒッチコックの映画『知りすぎた男』のオープニングシーンのバスを思い出させる。アメリカ人の少年ハンクが動いているバスの通路を歩いていると、バスが急に大きく揺れ、ハンクは前方に投げ出された。彼が座席の端をつかもうとして、手が滑り、座っていたアラブ人の女性のベールをつかみ、それをぐいと外してしまう。女性は恐怖で悲鳴をあげ、手で顔を隠した。彼女の男性の同伴者が立ち上がり、ハンクを口頭で脅した。同じバスに乗っていたフランス人ルイ・ベルナールが仲介に入る。その場が収まると、ハンクの母がベルナールに言う。「なぜ彼はそんなに怒ったのです？　アクシデントではありませんか？」。するとベルナールは言う。「イスラム教徒はめったにアクシデントを許さないのです」。

4）マルティン・ルターが彼の95ヵ条の論題の宣言を教会の北の扉に釘で張り付

けたというこの話はしばしば論争の対象になったが、これを最初に書いたのはルターの親友であるフィリップ・メランヒトンである。

5) この点の分析については、Hart 1995, pp. 43–45を参照。ルターの主張は2つの段階になっている。(1) 各人は神から働くようにとの呼びかけを受ける。(2) すべての呼びかけは神の前に等しい恩恵がある。次にルターは系（必然的命題）を提供した。人間は神の呼びかけに応じて、勤勉に働くべきであり、その場を変えようとしてはならない、というものだ。

6) カルヴァンのジュネーブにおける神聖社会のビジョンについてはこの章の範囲の外になる。Gorski 2003を参照。

7) 天啓説は神が人間に示した教義によって成り立っている。

8)「自らが信頼する後見人に命を捧げるために、神の摂理に依存しない人は、生きることの何かをいまだ十分に学んでいないのである。その一方、その命を神の加護に委ねることを信じる者は、その安全を死の時ですら疑うことがない。したがって私たちは命を神の手に委ね、この世での安全を守ってもらうだけでなく、それを死の破壊のときにも守ってもらうようにしなければならず、そのことをキリスト自身が自ら私たちに教えたのである。ダビデが死の危機の中で自らの命の延長を望んだときに、キリストは束の間の命を捨てて彼の魂が死の中で救われるようにしたのである」。(Calvin [1563] 1845, p. 503)。

9) 経済成長の中心モデルの発展については、Barro and Sala-i-Martin 2004, introductionを参照。

10) ここでの基礎となる統計分析は正式な宗教行事への参加率と信仰心を潜在的に内生的変数と扱う。つまりこれらの変数は経済成長の動きによって変化するのである。この可能性を説明するために、推定は宗教性変数に対する「操作変数」として、1970年ごろの国教の存在、1970年代の宗教市場の規制の内容、信者占有率の分散をベースとする宗教市場の多様性の指標、1970年の10の主要宗教の信者占有率を使用する。この手続きにより宗教性指標から経済成長への因果関係を分離すること（その逆の因果関係ではなく）が容易になる。

11) この記述は2つの変数が比例関係にあると考えられるときに当てはまる。つまり、私たちは信仰を2倍にする（信者の割合）ことを考えることができるし、同時に参加率を2倍にすること（最低月に1回礼拝する人の割合）も考えることができる。

12) 特にベッカーとヴェスマンはヴィッテンベルクからの距離を全国回帰のプロテスタント人口占有率の操作変数として使用し、かつ識字率の数字を従属変数として使用した。プロテスタンティズムの拡大という文脈で距離変数を使用するというこの手法が成功したことを受けて、ジェレマイア・ディットマー（Dittmar 2011）は印刷技術の地理的影響に同様の研究を適用し、まず1450年ごろのマインツでグーテンベルクが可動式の印刷を実施したところか

ら調査を開始した。マインツからの印刷技術の拡大は16世紀の都市人口の拡大と一致した。マインツに近い場所では印刷技術をより早期に採用する可能性が高く、そのために、人口の増加もより高くなる傾向があった。

第4章　イスラムと経済成長

1）このデータはBarro-Ursúaのデータセットであり、http://scholar.harvard.edu/barro/publications/barro-ursua-macroeconomic-dataに記述されている。OECDに含まれる国はオーストラリア、オーストリア、ベルギー、カナダ、デンマーク、フィンランド、フランス、ドイツ、イタリア、日本、オランダ、ニュージーランド、ノルウェイ、ポルトガル、スペイン、スウェーデン、スイス、英国、米国である。このデータセットは長期的に他の2つの国をカバーしている―― 1880年以降のインドネシアと1900年以降のマレーシアである。インドネシアの1人当たりGDPは1880年ではトルコの65％であり、2016年には47％である。マレーシアの1人当たりGDPはトルコに対して1900年では37％だが、2016年には117％である。1960年代以降、マレーシアは香港、シンガポール、韓国、台湾、タイなどと並び東アジアの奇跡的経済成長を文字通り実現した。

2）イスラムに関する歴史書の中で高く評価されているものとして、Hodgson 1974を参照。

3）軍事的な見地からはオスマン帝国の最盛期はおそらく1520年から1566年のスレイマンの統治時期、もしくはその少しあと、1571年のレパントの海戦での敗戦直前までだった。

4）これらの数字は以前に宝くじで2度外れた人、したがって自動的にビザを支給された人の数は含まない。

5）しかしながら、極端な場合、北欧の北部のような場合には調整が行われたので、ラマダンの一日は正確に日の出から日没までには合致しない。

第5章　どのような国が国教を持つのか

1）長い歴史をもつ国家独占の形態としては、他には海洋と土地の交易ルート支配がある。都市国家によるこの形の独占は少なくとも3000年前にまで遡る。交易ルートを覇権で抑えることにより、各種の徴税、特定の商品の交易禁止、特定の交易相手や宗教家の出入り禁止が関わってくる。宗教が古代の交易ルートを経由して広がったことはよく知られており、その例がシルクロードだ。交易ルート経由の宗教の伝搬は最終的には国教の設立にまで影響した可能性がある。

2）Barrett 1982, pp. 800–801、およびBarrett, Kurian and Johnson 2001, pp. 834–835を参照。

3）1990年から2008年における国教の別の分類方法が、Fox 2018およびフォックスのReligion and Stateのデータセットで示されている。フォックスのフ

レームワークは事実上の環境よりも法規定のほうに重点を置いており、したがって公的宗教を持つ国を少なめに分類している。たとえば2000年にフォックスは1つまたは複数の公式の宗教を持つ国として175ヵ国中42（24.0％）を認定したが、私たちは1つの支配的宗教による国教のある国として188ヵ国中75（39.9％）を選んだ。特に、私たちの指定とは異なり、フォックスはイタリア、ポルトガル、スペインが1990年から2008年に公式の宗教を持たない国と分類した。

4）Martin 1978.特にchap.2を参照。

5）2000年時点で存在した188の独立国の多くは1970年では独立しておらず、1900年ではもっとその数が多かった。1970年あるいは1900年に独立していなかった国の場合、国教の指定は当該地域の政権に依存していた。非独立国のいくつかは、たとえばアフリカのように植民地だったし、またその他はたとえば1970年のソビエト連邦やユーゴスラビアの中の共和国、あるいは1900年でのオスマン帝国の一部のように、大きな国の一部だった。

6）前に述べたフォックスの分類では1990年から2008年までに公式宗教で変化したのはわずか2ヵ国だけである。スウェーデンは2000年にルター派を公式宗教から外し、スーダンは暫定憲法の下で2005年に公式の宗教としてのイスラムの役割を終了させた（これは2011年に南スーダンが独立する以前である）。スウェーデンの国教廃止は私たちのデータに入っているが、スーダンが国教を2005年に終了したとは分類していない。

7）この件のさらなる議論のためには、Norman 1968, chaps. 1 and 2、Finke and Stark 1992, chap. 3、およびOlds 1994を参照。

8）私たちはこれらの国で20世紀の他の時期（サンプル時期の他）に国教を一時的にやめたかどうかの詳細な調査を行っていない。ただはっきりしているのは2つのケースで、1つはアフガニスタンが1978年のマルクス主義者のクーデターから1990年代中期のタリバンの登場までの期間、国教をもっていないことだ。そしてカンボジアは1970年代中頃の共産主義の導入から1989年まで国教がなかった。

9）この4つの国とはカザフスタン、キルギス共和国、トルクメニスタン、ウズベキスタンである。

10）トルコ宗務庁は1924年（Law 429）に、宗教を統制するために設立された。1961年のトルコの憲法は宗務庁の権能を変更し、明示的にイスラムの信仰、儀礼、道徳律を育成、奨励すること、その際に主としてスンニ派に重きをおくこと、大衆に宗教的なことを教育すること、モスクを管理すること、とした（Ozturk 2016）。

第6章　クラブとしての宗教

1）「Moonies（ムーニーズ）」というニックネームは、創始者、文鮮明（ムン・ソンミョン）師の姓からとられた。

2) イアナコーンのアイディアの一部はジェームズ・ブキャナン（1965）が創出したクラブの理論から来ている。
3) デビッド・ジェルマーノ（Germano 2007）は、「セクト」を次の特徴を持つものと定義している。明確に認識できる創始者、それに固有の多くの文献、他の宗教的運動から離れた独自性の宣言、常設の中心施設、共有された運営上のヒエラルキー、巡礼や祭りのイベントなどの共通の儀式活動。
4) 仏教徒の比率が高い旧植民地国（スリランカ、ミャンマー、カンボジア、タイなど）は仏教が国の政治に絡んできたことを経験してきた。仏教は少数民族に対する差別的、暴力的な政策を正当化するのに使われてきた。ときに、仏僧コミュニティのメンバーが暴力的活動に参加した（Keyes 2016）。したがって仏教もまたほかの宗教と同様、政治的になることがあり得る。
5) この節はイアナコーン（1992）とトレルチ（[1931] 1992）の著作によるところが大きい。
6) Holmes and Wife [1920] 1973, pp. 143–148, 153–159、Campbell 1951, pp. 134–140、およびWacker 2001, pp. 101–102, 187を参照。ホーリネス教団およびペンテコステ派の新聞、たとえば*Apostolic Faith, Bridegroom's Messenger, Church of God Evangel,* および*Pentecostal Evangel*はこれらの宗教サービスや迫害の事例を報告している。
7) この節はBerman 2003, 2009, Iannaccone and Berman 2006, Mironova, Sergatskova and Alhamad 2017、およびMironova 2017の著作をベースにしている。
8) ゲルク（Geluk）とはこの宗派の固有名詞である。Gelukに接尾辞の「pa」をつけるとGelukに属するとか、関連しているという意味になる。
9) Petech 1973, pp. 53–54を参照。ルチアーノ・ペテックはカルマパ派とゲルク派の確執は「純粋に政治的な」競争関係だったと考えている。それが政治的な支配権を求めることと、あるセクトを国家宗教として確立することの組み合わせだったと主張することも可能かもしれない。
10) このダライ・ラマ3世とアルタン・ハーンの同盟は「モンゴル研究の学者により額面どおり受け取られた」モンゴルの修正主義史の一部である（Karenina Kollmar-Paulenz [2018, pp. 144–145]）。ダライ・ラマ5世はダライ・ラマ3世の一代記を記し、その中で同盟のことを述べ、事実として扱っている。
11) Ahmad 1970, p. 103、Sarat 1904, p. 86およびShakabpa 1967, p. 100 を参照。

第7章　聖人作りの経済学

1) 彼のフルネームはHermano Pedro de San Hose Betancurである。
2) 教皇レオ12世のアイルランド系司教に対する回勅VI、1824年5月3日。Charles Elliott（1841, pp. 45–66）により引用されている。
3) このデータはほとんどCatholic Church（1999）からのものである。近年の情報はバチカンのウェブサイトおよびその他の情報源からのものだ。

4) 詳細はBarro and McClearry 2016に記されている。
5) Wittberg 1994およびStark and Finke 2000参照。
6) Bell 1968, Table 1は金曜日に魚を食べる要件を廃したことが、実際に魚の値段を引き下げたことを発見した。

第8章　宗教の富

1) ジョン・ネヴィル・ケインズは有名なジョン・メイメード・ケインズの父である。
2) これの下地になったデータは、Barret, Kurian and Johnson 2001のものである。
3) これとその次のパラグラフについては、スリヤ・アイヤーとの議論から恩恵を受けた。

【著者】

ロバート・J・バロー（Robert J. Barro）

ハーバード大学経済学部 Paul M. Warburg 経済学教授。カリフォルニア大学で物理学を学んだ後、1970 年にハーバード大学で Ph.D.（Economics）。専門はマクロ経済学、特に経済成長についての理論・実証分析で多く業績を残す一方で「ウォールストリート・ジャーナル」や「ビジネスウィーク」誌でコラムを執筆。著書に『内生的経済成長理論Ⅰ・Ⅱ』（共著、大住圭介訳、九州大学出版会）、『バロー　マクロ経済学』（谷内満監訳、センゲージラーニング）、『バロー教授の経済学でここまでできる！』（中村康治訳、東洋経済新報社）等がある。

レイチェル・M・マックリアリー（Rachel M. McCleary）

ハーバード大学経済学部講師。フーバー研究所のシニアフェロー。1986 年にシカゴ大学で Ph.D.（political theory and moral philosophy）。専門は宗教の政治経済学。社会学、人類学、経済学の手法を用いる。近年の研究は、意識と道徳心理の関係に注目している。編著に *Oxford Handbook of the Economics of Religion*, Oxford University Press, 2011 がある。

【訳者】

田中健彦（たなか・たけひこ）

著作家、翻訳家。1968 年、慶應義塾大学工学部計測工学科卒業。富士通株式会社入社。米国富士通パーソナルシステムズ、ドイツ富士通シーメンス・コンピューターズ副社長、富士通パソコンシステムズ社長等を経て退社後、現職。訳書にウィーフリング『土壇場プロジェクト　成功の方程式』（日経 BP）、ボーモル他『良い資本主義　悪い資本主義』（書肆工房早山）等がある。

【解説】

大垣昌夫（おおがき・まさお）

慶應義塾大学経済学部教授。1988 年シカゴ大学で Ph.D.（Economics）。オハイオ州立大学等を経て現職。専門は行動経済学、文化経済学、マクロ経済学、国際経済学、計量経済学。第 5 期行動経済学会会長を務める。著書に『行動経済学』（共著、有斐閣）等がある。

宗教の経済学
——信仰は経済を発展させるのか

2021年3月30日　初版第1刷発行

著　者————ロバート・J・バロー＋レイチェル・M・マックリアリー
訳　者————田中健彦
発行者————依田俊之
発行所————慶應義塾大学出版会株式会社
〒108-8346　東京都港区三田2-19-30
TEL〔編集部〕03-3451-0931
〔営業部〕03-3451-3584〈ご注文〉
〔　〃　〕03-3451-6926
FAX〔営業部〕03-3451-3122
振替　00190-8-155497
https://www.keio-up.co.jp/
装　丁————Boogie Design
ＤＴＰ————アイランド・コレクション
印刷・製本——中央精版印刷株式会社
カバー印刷——株式会社太平印刷社

Printed in Japan ISBN 978-4-7664-2683-0